2025年度版

奈良県の特別支援学校教諭

過去問

協同教育研究会 編

協同出版

本書には，奈良県の教員採用試験の過去問題を収録しています。各問題ごとに，以下のように5段階表記で，難易度，頻出度を示しています。

難易度

非常に難しい ☆☆☆☆☆
やや難しい ☆☆☆☆
普通の難易度 ☆☆☆
やや易しい ☆☆
非常に易しい ☆

頻出度

◎ ほとんど出題されない
◎◎ あまり出題されない
◎◎◎ 普通の頻出度
◎◎◎◎ よく出題される
◎◎◎◎◎ 非常によく出題される

※本書の過去問題における資料，法令文等の取り扱いについて

本書の過去問題で使用されている資料や法令文の表記や基準は，出題された当時の内容に準拠しているため，解答・解説も当時のものを使用しています。ご了承ください。

はじめに～「過去問」シリーズ利用に際して～

教育を取り巻く環境は変化しつつあり，日本の公教育そのものも，教員免許更新制の廃止やGIGAスクール構想の実現などの改革が進められています。また，現行の学習指導要領では「主体的・対話的で深い学び」を実現するため，指導方法や指導体制の工夫改善により，「個に応じた指導」の充実を図るとともに，コンピュータや情報通信ネットワーク等の情報手段を活用するために必要な環境を整えることが示されています。

一方で，いじめや体罰，不登校，暴力行為など，教育現場の問題もあいかわらず取り沙汰されており，教員に求められるスキルは，今後さらに高いものになっていくことが予想されます。

本書の基本構成としては，出題傾向と対策，過去5年間の出題傾向分析表，過去問題，解答および解説を掲載しています。各自治体や教科によって掲載年数をはじめ，「チェックテスト」や「問題演習」を掲載するなど，内容が異なります。

また原則的には一般受験を対象としております。特別選考等については対応していない場合があります。なお，実際に配布された問題の順番や構成を，編集の都合上，変更している場合があります。あらかじめご了承ください。

最後に，この「過去問」シリーズは，「参考書」シリーズとの併用を前提に編集されております。参考書で要点整理を行い，過去問で実力試しを行う，セットでの活用をおすすめいたします。

みなさまが，この書籍を徹底的に活用し，教員採用試験の合格を勝ち取って，教壇に立っていただければ，それはわたくしたちにとって最上の喜びです。

協同教育研究会

CONTENTS

第１部

奈良県の
特別支援学校教諭
出題傾向分析

奈良県の
特別支援学校教諭　傾向と対策

奈良県の特別支援教育について，2024年度は大問9問で，試験時間は60分，解答は記述式と記号選択式，正誤判断であった。

奈良県の特徴として，まずあげられるのが，作文形式の問題が設定されていることであろう。これまでの問題を見ると，詩や文章などの資料に関連付けて，「あなたが目指す特別支援学校の教師像と特別支援教育の推進に向けた抱負」について書かせる問題が出題された。資料については，2024年度は肢体不自由者のNHKハートネット展作品と「全国学力・学習状況調査」の将来の夢や目標に対する回答割合であった。2023年度は，聴覚障害の生徒のNHKハートネット展作品と「インクルーシブ教育システム構築の現状に関する調査」(国立特別支援教育総合研究所)から交流及び共同学習の実施状況であった。2022年度は，肢体不自由の生徒のNHKハートネット展作品と「大学，短期大学及び高等専門学校における障害のある学生の就学支援に関する実態調査」(独立行政法人日本学生支援機構)における障害学生数の資料であった。この問題は，特別支援教育教員としての知識の広さや教員としての資質，人間性などが問われている。作文対策の一つの方法としては，特別支援教育を目指す者としての抱負等について，事前に大まかな文章(要点)を何パターンか用意しておくことが重要と考える。そして，資料の意図を解釈・活用して表現できるよう過去問から練習しておくのがよいだろう。文字数は500字程度を目安にするとよいだろう。

他の問題を見ると，内容は法令，特別支援学校学習指導要領が頻出といえる。特に学習指導要領については総則，各教科，各教科を合わせた指導，自立活動と幅広く出題されており，また，様々な障害種で，具体的にどのような指導を行うとよいか記述を求める設問もあるため，学習指導要領解説を中心に熟読しておきたい。さらに，教育課程に関連する語句や制度の理由を説明させる問題もあるため，過去問などを参照しておこう。法令については，条文の空所補充形式の出題が多いことから，まずは頻出条文からその大意とキーワードを把握すること。そのうえで，できるだけ多くの条文を暗記するように心がけたい。近年では各障害の内容に関する知識を問う問題が散見される。出典としては学習指導要領解説，および「障害のある子供の教育支援の手引き」が多いので，これらの資料は学習しておこう。

問題の難易度だが，問題数，試験時間などを考慮すると全国的に見てやや難易度が高いといえる。ただし，これは作文があるためであり，問題そのものは基礎レベルのものが多い。空欄補充問題は多肢択一式と記述式が混在しているため，学習は記述式を想定して行う。したがって，漢字を含めた誤字・脱字をなくすなど丁寧な学習が求められる。本番では，試験時間の使い方を含めた戦略が求められることから，模擬試験を活用することや，試験時間内に過去問を解き時間配分を検討することが求められるだろう。日頃からこのような点を意識して学習を進め，本番に備えたい。

過去5年間の出題傾向分析

分　類	主な出題事項	2020年度	2021年度	2022年度	2023年度	2024年度
特別支援教育の考え方	DSM-Ⅳ，ICIDH，インクルーシブ教育システム，障害者の権利に関する条約				●	●
特別支援教育の制度	通級による指導，特別支援教育に関する法律，学校教育法施行令第22条の3，教科用特定図書，特別支援学校のセンター的機能			●	●	●
特別支援教育の現状	ハローワーク，障害者就業・生活支援センター，母子健康手帳，ユニバーサルデザイン，バリアフリー，通常学校における特別支援教育体制整備，「特別支援教育の推進について」，就学指導委員会，リソースルーム，交流及び共同学習，障害のある子供の教育支援の手引			●	●	●
障害児教育の歴史	「自立活動」の変遷，法令の変遷，病気の変遷					
学習指導要領と教育課程	特別支援学校小学部・中学部学習指導要領（教育課程の変遷，重複障害者等に関する教育課程の取り扱い，各教科，各教科等を合わせた指導，教育課程を構成する内容と指導の形態），特別支援学校高等部学習指導要領（進路指導の充実），自立活動，6区分27項目の内容　など			●	●	●
個別の指導計画，教育支援計画	個別の指導計画作成について「特別支援学校小学部・中学部学習指導要領」と「盲学校，聾学校及び養護学校小学部・中学部学習指導要領」における規定の異なる点，関係機関と連携した個別の教育支援計画作成			●	●	●
指導法，アセスメント	聴覚障害のある児童生徒への教育，オージオグラムの読み取り，聴覚障害児への情報保障，聴覚障害児への言語による思考力を高める指導，知的障害特別支援学校高等部指導内容，キャリア教育，新版K式発達検査，自立活動の指導（知的・肢体），病弱児の指導，生活科の内容　など			●	●	●
視覚障害	オプトメトリスト，触地図，視機能，網膜色素変性症			●	●	
聴覚障害	ノイズキャンセリング機能，混合性難聴，伝音性難聴，感音性難聴，聴覚器官			●	●	
知的障害	自閉症，ダウン症，レット症候群，生活単元学習，教育的対応の基本			●	●	●
肢体不自由	脳性まひの病型，医療的ケアの内容や学校で行う意義，筋ジストロフィー，レット症候群など			●	●	●
病弱・身体虚弱	アナフィラキシーショック，ネフローゼ症候群，プラダー・ウィリー症候群，ペルテス病				●	
重複障害				●		
言語障害	音韻障害，ことばの獲得					
情緒障害	選択性かん黙					
発達障害	LDI-R，学習障害の説明，発達性協調運動障害の説明，ADHDの基本症状，高機能自閉症の特徴，障害特性を踏まえた災害時の避難所生活における配慮点			●		

第2部

奈良県の
教員採用試験
実施問題

2024年度　実施問題

【1】次の□内は，「特別支援学校教育要領・学習指導要領解説自立活動編(幼稚部・小学部・中学部)」(平成30年3月文部科学省)の一部である。(a)～(f)に当てはまる語句を以下の1～5からそれぞれ1つ選べ。

> 第2章　今回の改訂の要点
> 　2　障害の捉え方と自立活動
> 　　(2)　障害の捉え方の変化と自立活動とのかかわり
> 　　　(略)
> 　自立活動が指導の対象とする「障害による学習上又は生活上の困難」は，WHOにおいて(a)が採択されたことにより，それとの関連で捉えることが必要である。つまり，精神機能や視覚・聴覚などの「(b)・身体構造」，歩行やADL(食事や排泄，入浴等の日常生活動作)などの「(c)」，趣味や地域活動などの「(d)」といった生活機能との関連で「(e)」を把握することが大切であるということである。そして，個人因子や(f)等とのかかわりなども踏まえて，個々の幼児児童生徒の「学習上又は生活上の困難」を把握したり，その改善・克服を図るための指導の方向性や関係機関等との連携の在り方などを検討したりすることが，これまで以上に求められている。

a　1　OAE　　2　ICIDH　　3　QOL　　4　ICD
　 5　ICF
b　1　心身機能　　2　刺激の調整　　3　視覚器官　　4　認知特性
　 5　感覚機能
c　1　訓練　　2　移動　　3　活動　　4　運動

5　体験

d　1　社会生活　2　参加　3　余暇　4　協働

5　疑似体験

e　1　障害　2　個性　3　現状　4　実態

5　特性

f　1　遺伝的要因　2　外的因子　3　悪化因子　4　環境因子

5　内的要因

(☆☆☆◎◎◎)

【2】次のア～エの文は，「障害のある子供の教育支援の手引～子供たち一人一人の教育的ニーズを踏まえた学びの充実に向けて～」(令和3年6月文部科学省初等中等教育局特別支援教育課)で示されている脳性まひ等にみられる特性について述べたものである。下線部が正しいものには1，誤っているものには2を書け。

ア　脳性まひの主な症状の一つとして，筋緊張の異常，特に亢（こう)進あるいは低下とその変動を伴う随意運動が見られる。

イ　脳性まひ児の多くは，言語障害を随伴していると言われている。脳性まひ児に最も多く見られるのは，まひ性構音障害とよばれる神経筋の障害によるものである。

ウ　手や足，特に足のふくらはぎの筋肉等に痙性(けいせい)が見られ，円滑な運動が妨げられているのを「痙性まひ」と言い，痙性まひを主な症状とする脳性まひの一群を「アテトーゼ型」と分類している。

エ　感覚障害の代表的なものに，認知を含む視覚障害と聴覚障害がある。脳性まひ児の視覚障害については，屈折異常(近視や遠視など)，眼筋の不均衡又は斜視，眼球運動の障害などが見られる。

(☆☆☆◎◎◎)

【3】次の□内は，「障害のある児童及び生徒のための教科用特定図書等の普及の促進等に関する法律」(平成20年法律第81号)の一部である。(　a　)～(　f　)に当てはまる語句を以下の1～5からそれぞれ1つ

選べ。

> 第1章　総則
>
> 第1条　この法律は，教育の(　a　)の趣旨にのっとり，障害のある児童及び生徒のための教科用特定図書等の発行の促進を図るとともに，その使用の(　b　)について必要な措置を講ずること等により，教科用特定図書等の普及の促進等を図り，もって障害その他の特性の有無にかかわらず児童及び生徒が十分な(　c　)を受けることができる学校教育の推進に資することを目的とする。
>
> 第2条　この法律において「教科用特定図書等」とは，(　d　)のある児童及び生徒の学習の用に供するため文字，図形等を(　e　)して検定教科用図書等を複製した図書(略)，(　f　)により検定教科用図書等を複製した図書その他障害のある児童及び生徒の学習の用に供するため作成した教材であって検定教科用図書等に代えて使用し得るものをいう。

a　1　普及　2　水準の維持　3　機会均等
　4　発展　5　平等

b　1　指導　2　発展　3　活性化
　4　普及　5　支援

c　1　指導　2　支援　3　療育
　4　教育　5　相談

d　1　学習障害　2　聴覚障害　3　視覚障害
　4　知的障害　5　発達障害

e　1　着色　2　分かりやすく　3　明確に
　4　拡大　5　音声

f　1　平仮名　2　点字　3　イラストや写真
　4　音読　5　UDフォント

(☆☆☆◎◎◎)

【4】次の[　　　]内は,「特別支援学校小学部・中学部学習指導要領」(平成29年4月文部科学省告示)の一部である。各問いに答えよ。

> 第1章　総則
> 　第6節　学校運営上の留意事項
> 　　2　家庭や地域社会との連携及び協働と学校間の連携
> 　　(2)　他の特別支援学校や，幼稚園，認定こども園，保育所，小学校，中学校，高等学校などとの間の連携や交流を図るとともに，障害のない幼児児童生徒との<u>A交流及び共同学習</u>の機会を設け，共に尊重し合いながら協働して生活していく態度を育むようにすること。
> 　　特に，小学部の児童又は中学部の生徒の(　a　)を広げて積極的な態度を養い，社会性や豊かな人間性を育むために，学校の(　b　)を通じて，小学校の児童又は中学校の生徒などと交流及び共同学習を計画的，(　c　)に行うとともに，地域の人々などと活動を共にする機会を積極的に設けること。

(1)　(　a　)～(　c　)に当てはまる語句を次の1～5からそれぞれ1つ選べ。

a　1　興味の幅　　2　視野　　3　自分の世界
　　4　経験　　5　学びの場
b　1　授業全般　　2　特別活動　　3　教育活動全体
　　4　総合的な学習の時間　　5　人権学習
c　1　組織的　　2　持続的　　3　継続的
　　4　発展的　　5　弾力的

(2)　下線部Aについて述べた次のア～ウの文のうち,正しいものには1,誤っているものには2を書け。

ア　特別支援学校の児童生徒等が，小・中学校等において授業時間内に交流及び共同学習を行う際，小・中学校等の教育課程に位置付けられていることに十分留意する必要がある。

イ　平成23年8月の障害者基本法の改正によって，「国及び地方公共団体は，障害者である児童及び生徒と障害者でない児童及び生徒との交流及び共同学習を積極的に進めることによつて，その相互理解を促進しなければならない。」と規定されている。

ウ　交流及び共同学習を，スポーツや文化芸術活動に関するイベントのような形で行う場合は，時間や費用などを考慮し，日常において無理なく継続的に行えるものを計画することが大切である。

(☆☆☆◎◎◎)

【5】次の［　　　］内は，「特別支援学校小学部・中学部学習指導要領」(平成29年4月文部科学省告示)の一部である。各問いに答えよ。

> 第1章　総則
>
> 第6節　学校運営上の留意事項
>
> 3　小学校又は中学校等の要請により，障害のある児童若しくは生徒又は当該児童若しくは生徒の教育を担当する教師等に対して必要な助言又は援助を行ったり，(a)や家庭の要請等により保護者等に対して教育相談を行ったりするなど，各学校の教師の(b)や施設・設備を生かした地域における[A]<u>特別支援教育のセンターとしての役割</u>を果たすよう努めること。その際，学校として組織的に取り組むことができるよう(c)を整備するとともに，他の特別支援学校や地域の小学校又は中学校等との連携を図ること。

(1)　(a)～(c)に当てはまる語句を次の1～5からそれぞれ1つ選べ。

a　1　障害の特性　　2　発達の段階　　3　地域の実態
　 4　社会教育関係団体等　　5　学校運営協議会

b　1　連携　　2　専門性　　3　協働
　 4　個性　　5　経験

c　1　校務分掌　　2　運営体制　　3　役割分担

4　カリキュラム　　　　　5　校内体制

(2)　下線部Aについて述べた次のア～ウの文のうち，正しいものには1，誤っているものには2を書け。

ア　特別支援学校における特別支援教育コーディネーターは，校内における取組を行うだけではなく，例えば，小学校や中学校等に在籍する児童生徒に対する巡回による指導を行ったり，特別支援学校の教師の専門性を活用しながら就学先の決定を行ったりするなど，域内の教育資源の組合わせの中で，コーディネーターとしての機能を発揮する。

イ　小・中学校等の教師に対する研修協力や，障害のある幼児児童生徒への施設・設備等の提供を行う。

ウ　小・中学校等に対する具体的な支援の活動内容としては，例えば，個別の指導計画や個別の教育支援計画を作成する際の支援のほか，自立活動の指導に関する支援，難聴の児童生徒の聴力測定の実施や補聴器の調整，弱視の児童生徒に対する教材・教具の提供，授業に集中しにくい児童生徒の理解や対応に関する具体的な支援等が考えられる。

(☆☆☆◎◎◎)

【6】次の□内は，「学校教育法施行規則」(昭和22年文部省令第11号)の一部である。各問いに答えよ。

> 第126条　特別支援学校の小学部の教育課程は，国語，社会，算数，理科，生活，音楽，図画工作，家庭，体育及び外国語の各教科，特別の教科である道徳，外国語活動，総合的な学習の時間，特別活動並びに自立活動によつて編成するものとする。
>
> 2　前項の規定にかかわらず，知的障害者である児童を教育する場合は，A生活，国語，算数，音楽，図画工作及び体育の各教科，特別の教科である道徳，特別活動並びに自立活動によって教育課程を編成するものとする。ただし，必要がある場合には，

外国語活動を加えて教育課程を編成することができる。

(略)

第130条　特別支援学校の小学部，中学部又は高等部においては，特に必要がある場合は，第126条から第128条までに規定する各教科(次項において「各教科」という。)又は別表第三及び別表第五に定める各教科に属する科目の全部又は一部について，合わせて授業を行うことができる。

2　特別支援学校の小学部，中学部又は高等部においては，知的障害者である児童若しくは生徒又は$_{B}$複数の種類の障害を併せ有する児童若しくは生徒を教育する場合において特に必要があるときは，各教科，特別の教科である道徳，外国語活動，特別活動及び自立活動の全部又は一部について，$_{C}$合わせて授業を行うことができる。

(1)　下線部Aは，12の内容から構成されている。「基本的生活習慣」，「安全」，「日課・予定」，「遊び」，「人との関わり」，「手伝い・仕事」，「きまり」，「社会の仕組みと公共施設」のほか，4つを書け。

(2)　下線部Bについて述べた次のア～エの文のうち，正しいものには○，誤っているものには×を書け。

ア　児童又は生徒の障害の状態により特に必要がある場合には，各教科及び外国語活動の目標及び内容に関する事項の全部を取り扱わないことができる。

イ　児童又は生徒の障害の状態により特に必要がある場合には，各教科の各学年の目標及び内容の一部又は全部を，当該各学年より前の各学年の目標及び内容の一部又は全部によって，替えることができる。

ウ　児童又は生徒の障害の状態により特に必要がある場合には，幼稚部教育要領に示す各領域のねらい及び内容の一部を取り入れることができる。

エ　視覚障害者，聴覚障害者，肢体不自由者又は病弱者である生徒に対する教育を行う特別支援学校に就学する生徒のうち，知的障害を併せ有する中学部の生徒については，外国語科及び総合的な学習の時間を設けないことができる。

(3) 下線部Cの指導の形態の一つに「生活単元学習」がある。「生活単元学習」とはどのようなものか，「目標」，「課題」，「組織的」の3つの語句を用いて書け。

(☆☆☆◎◎◎)

【7】次の□内は，「特別支援学校小学部・中学部学習指導要領」(平成29年4月文部科学省告示)の一部である。各問いに答えよ。

第7章　自立活動 　第2　A内容 　　　　(略) 　第3　個別の指導計画の作成と内容の取扱い 　　2　個別の指導計画の作成に当たっては，次の事項に配慮するものとする。 　　(1)　個々の児童又は生徒について，障害の状態，発達や経験の程度，興味・関心，(　a　)や学習環境などの実態を的確に把握すること。 　　(2)　児童又は生徒の実態把握に基づいて得られた指導すべき課題相互の(　b　)を検討すること。その際，これまでの学習状況や将来の(　c　)を見通しながら，長期的及び短期的な観点から指導目標を設定し，それらを達成するために必要な指導内容を(　d　)に取り上げること。

(1) (　a　)～(　d　)に当てはまる語句をそれぞれ書け。

(2) 下線部Aに含まれる6つの区分を書け。

(3) 聴覚障害者である児童に対する教育を行う特別支援学校に通う小学部3年生のXさんは，主に手話で他者とやりとりを行っている。身近なことを表す語句の量が増え，言葉には意味による語句のまとまりがあることに気付いているが，文章にすることに困難さがある。Xさんの「自立活動」の指導を行うとき，「言語の形成と活用に関すること」の具体的な指導内容を書け。

(☆☆☆◎◎◎)

【8】次の［　　］内は，知的障害者である児童に対する教育を行う特別支援学校に通う中学部2年生のYさんの実態と保護者の願いを書いたものである。各問いに答えよ。

〈実態〉
- A知的障害と診断されている。
- てんかんの小発作が起きることが多いが，自覚しにくい。
- 時刻を読むことができる。
- 朝の会などの開始時刻に気付きにくく，友だちの行動を見て移動している。

〈保護者の願い〉
- B定期的な服薬により，てんかんの発作をうまくコントロールできるようになってほしい。
- C日課に沿って行動ができるようになってほしい。

(1)　次のア～エは，下線部Aのある児童生徒の学習上の特性を踏まえた教育的対応を述べた文である。(　a　)～(　d　)に当てはまる語句をそれぞれ書け。ただし，同じ空欄記号には，同じ語句が入る。

ア　望ましい(　a　)を目指し，日常生活や社会生活に生きて働く知識及び技能，習慣や学びに向かう力が身に付くよう指導する。

イ　(　b　)教育を重視し，将来の(　b　)生活に必要な基礎的な知識や技能，態度及び人間性等が育つよう指導する。その際に，多様な進路や将来の生活について関わりのある指導内容を組織する。

ウ　児童生徒一人一人が集団において(　c　)が得られるよう工夫し，その活動を遂行できるようにするとともに，活動後には充実感や達成感，自己肯定感が得られるように指導する。

エ　児童生徒一人一人の発達の側面に着目し，意欲や意思，情緒の不安定さなどの課題に応じるとともに，児童生徒の(　d　)年齢に即した指導を徹底する。

(2)　下線部Bについて，Yさんの「自立活動」の指導を行うとき，「病気の状態の理解と生活管理に関すること」の具体的な指導内容を書け。

(3)　下線部Cを実現するために，Yさんの「数学科」の「測定」の観点から具体的な指導内容を書け。

(☆☆☆◎◎◎)

【9】あなたが目指す特別支援学校の教師像と特別支援教育の推進に向けた抱負について，次に示した資料1，資料2と関連付けて書け。

資料1

何　どう生きる　何して生きる

いっぱい人の心を使って
生きてきたけど
物もいっぱい壊したけど
人のためにどう生きる僕は

田口　昴大〈26歳　肢体不自由〉
「何　どう生きる　何して生きる」
第24回NHKハートネット展作品

資料２「将来の夢や目標を持っていますか」の質問に対する回答の割合

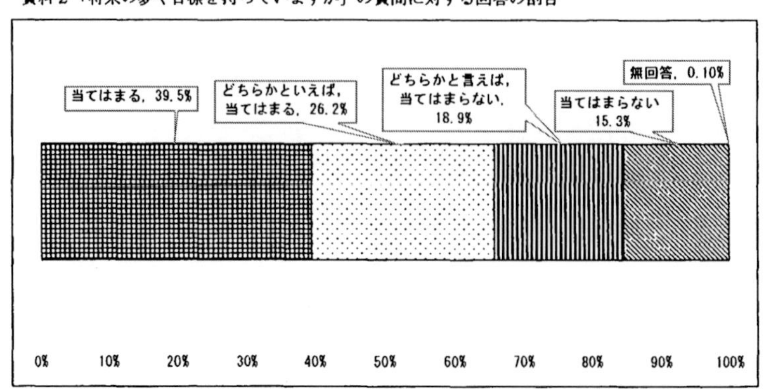

令和４年度全国学力・学習状況調査　中学校調査
回答結果集計［生徒質問紙］奈良県-生徒（公立）より

(☆☆☆◎◎◎)

解答・解説

【1】a　5　　b　1　　c　3　　d　2　　e　1　　f　4

〈解説〉2001(平成13)年5月のWHO総会の採択により，障害の捉え方が，国際障害分類(ICIDH)から国際生活機能分類(ICF)へと変更された。従来のICIDHの考え方では，疾病等によって機能的な障害がもたらされ，生活上の困難さや社会生活上の不利益があり，疾病等の障害が困難さの始まりにあるという考え方である。一方，ICFでは，人間の生活機能を「心身機能・身体構造」，「活動」，「参加」の3つの要素で捉え，それらの生活機能に支障がある状態を「障害」と捉えている。よって，障害や困難さは，個人因子や環境因子と相互に影響し合うものという考え方である。b，c，dは，生活機能の3つの要素と具体例を結び付けて解答する。

【2】ア 2　イ 1　ウ 2　エ 1

〈解説〉アは「随意運動」ではなく「不随意運動」である。ウは「アテトーゼ型」ではなく「痙直型」である。アテトーゼ型は，頸部と上肢に不随意運動がよく見られ，下肢にもそれが現れる一群のことである。

【3】a 3　b 5　c 4　d 3　e 4　f 2

〈解説〉「障害のある児童及び生徒のための教科用特定図書等の普及の促進等に関する法律(教科用特定図書等普及促進法)」は，教育の機会均等の趣旨にのっとり，障害の有無に関わらず，児童生徒が十分な教育を受けることができる学校教育の推進を支援するためのものである。教科用特定図書等とは，教科用拡大図書，教科用点字図書，その他障害のある児童及び生徒の学習の用に供するために作成した教材であって，検定教科用図書等に代えて使用し得るものとされている。

【4】(1)　a 4　b 3　c 1　(2)　ア 2　イ 1　ウ 1

〈解説〉(1)　交流及び共同学習は，児童生徒の経験を広め，社会性を養い，豊かな人間性を育てる上で大きな意義がある。学校の教育活動全体を通じて行うものであり，計画的かつ組織的に実施することが求められている。　(2)　「交流及び共同学習ガイド」(平成31年3月　文部科学省」を参照するとよい。アは「小・中学校等の教育課程に位置付けられている」ではなく，「児童生徒等の在籍校の授業として位置付けられている」点に留意する必要がある。

【5】(1)　a 3　b 2　c 5　(2)　ア 2　イ 1　ウ 1

〈解説〉(1)　特別支援学校のセンター的機能に関しては，中央教育審議会答申「特別教育を推進するための制度の在り方について」(平成17年12月)において，6つの点が示された。①小・中学校等の教師への支援機能，②特別支援教育等に関する相談・情報提供機能，③障害のある幼児児童生徒への指導・支援機能，④医療，福祉，労働等の関係機関等との連絡・調整機能，⑤小・中学校等の教師に対する研修協力機能，

⑥障害のある幼児児童生徒への施設・設備等の提供機能である。特別支援学校における特別支援教育コーディネーターは，校内における取組だけでなく，小・中学校等や地域の実態に応じて，専門性を発揮することが求められている。　(2)　アは「就学先の決定を行ったりする」ではなく「教育相談を行ったりする」である。就学先の決定は就学支援委員会を通じて総合的に行うものである。

【6】(1)　・役割　・金銭の扱い　・生命・自然　・ものの仕組みと働き　(2)　ア　×　イ　○　ウ　○　エ　×　(3)　児童生徒が生活上の目標を達成したり，課題を解決したりするために，一連の活動を組織的・体系的に経験することによって，自立や社会参加のために必要な事柄を実際的・総合的に学習するもの。

〈解説〉(1)　生活科の内容には，主に基本的生活習慣に関する内容として「基本的生活習慣，安全，日課・予定」があり，主に生活や家庭に関する内容として「遊び，人との関わり，役割，手伝い・仕事，金銭の扱い」がある。「きまり，社会の仕組みと公共施設」は中学部における社会の内容につながる。「生命・自然，ものの仕組みと働き」は中学部の理解につながる内容である。　(2)　重複障害者等に関する教育課程の取扱いについての問いである。アは「全部を取り扱わないことができる」ではなく「一部を取り扱わないことができる」である。イ，ウは正しい。エは，「中学部」ではなく「小学部」が正しい。中学部は外国語科を設けないことができるとされている。　(3)　生活単元学習は，生活の上の目標や課題に沿って指導目標や指導内容が設定されることが大切である。課題意識や目標意識を児童生徒が持つことができるような活動が望ましい。また，自立や社会参加を視野に入れ，必要な活動を組織的かつ体系的に計画・実施することが求められている。

【7】(1)　a　生活　b　関連　c　可能性　d　段階的　(2)　・健康の保持　・心理的な安定　・人間関係の形成　・環境の把握

・身体の動き　・コミュニケーション　(3)　体験した出来事を手話で表現し「何を書くか」内容を決めさせた後，5W1Hなどの構文を用いて「どのように書くか」を文章で表現できるように指導する。

〈解説〉(1)　個別の指導計画を作成する際の実態把握の観点としては，障害の状態，発達や経験の程度，興味・関心，生活や学習環境等の点が示されている。その際，困難なことのみならず，長所や得意なことを把握することが大切である。これまでの学習状況からも実態を把握し，将来の可能性を見据えて，段階的に指導できる計画の作成が求められている。　(2)　自立活動の内容は6区分27項目で示されている。今回の改訂において区分の変更はなく，解答に挙げられている6項目である。　(3)　自立活動の内容の一つである「コミュニケーション」区分には，「言語の形成と活用に関すること」の項目が設けられている。これは，コミュニケーションを通して，言語の概念の形成を図り，体系的な言語を身に付けることができるようにすることを意味している。聴覚障害のある児童生徒の場合，体験したことと日本語とを結び付けることが困難になりやすい。Xさんは手話で身近なことを表すことができるため，体験した出来事を手話で表現させ，何を書くかの内容を決めるとよい。その上で，文章の作り方(どのように書くか)を，5W1Hで表現する方法を指導するとよい。

【8】(1)　a　社会参加　b　職業　c　役割　d　生活　(2)　定期的な服薬の必要性について理解させるとともに，確実に自己管理ができるよう指導する。　(3)　生活の中で時刻に関心をもち，時刻と生活を結び付けて考えたり，表現したりすることができるようにする。

〈解説〉(1)　特別支援学校学習指導要領解説各教科編(小学部・中学部)における「知的障害のある児童生徒の教育的対応の基本」からの出題である。自立と社会参加をめざすことが特別支援教育の基本である。職業生活を見据えた教育，一人一人が役割を得ることによる達成感や自己肯定感の向上，個々の発達年齢に応じた指導とともに生活年齢に応じた指導を行うことが重要である。その他，生活経験に即したことや興味関心に応じた内容などを体験的に学び，成功体験を通して，学びの意欲を高めることが重要である。　(2)　自立活動の内容の一つである「健康の保持」区分には「病気の状態の理解と生活管理に関すること」の項目が位置づけられている。この内容は，自分の病気の状態を理解し，病気の改善や進行の防止に必要な生活様式についての理解を深め，生活の自己管理ができるようにすることを意味している。Yさんの場合は，てんかんについては定期的な服薬が必要であることの理解を促し，自己管理ができるようにすることが具体的な指導内容となる。　(3)　中学部数学科1段階の「測定」に関する目標として，「時刻や時間に関わる数学的活動を通して，時間の単位(秒)について知ること，日常生活に必要な時刻や時間を求めること，時間の単位に着目し，簡単な時刻や時間の求め方を日常生活に生かすこと」が挙げられている。日課の指導にあたっては，時刻に関心を持つこと，時刻と生活を結び付けて考え，行動できるように指導するとよい。例えば，「5分前」の時刻がわかり，「5分前」に行動することができるようにする等である。

【9】(解答例)　特別支援教育は「生きる」ということに向き合う教育であり，障害のある子どもの今と将来を見据えた教育が求められていると考える。日々の教育活動の中で自分の存在意義や「自分の良さ」に気づく活動や教師からの関わりを通して，良い体験を重ねることが重要である。夢や希望は，良い体験や感動した体験から生まれるものであると考えるため，広い視野で教育活動を展開できる教師になりたい。そして，資料2の調査において「将来の夢や目標を持っている」と回答できるように，子どもの夢や希望を育んでいきたい。また，資料1の「人のためにどう生きる僕は」の文からは，人間として，社会の一員として生きる意味や意義を問いかけられていると考える。障害があっても，持てる力を最大限に発揮できる生き方ができるよう，共に歩める教師でありたい。また，自分自身の生き方や価値観を客観的に見つめ，「どう生きるか」を問いかけ，子どもや保護者，周りの先生方

の声に耳を傾け，真摯に学び続けたいと考える。(420字)

〈解説〉評価の観点は，①資料の意図を解釈・活用して表現できているか，②教員として子どもの意欲を引き出す適切な指導や支援を行うことの視点があるか，③障害のある子どもを理解する視点があるか，④目指す教師像が書けているか，⑤具体的な指導内容や指導方法が書かれているか，⑥抱負が書けているか，⑦概ね8行以上書けているか，⑧適切にまとめられているか，である。文章の構成は，資料1と資料2をどのように読み取ったかを明確にし，抱負や目指す教師像を結び付けて表現する。目指す教師像としては，子どもを理解する視点，子どもの意欲を引き出す指導の視点，子どもに寄り添う視点を押さえる。

2023年度　実施問題

【1】次の□内は，「障害者の権利に関する条約」(平成26年1月22日公布及び告示(条約第1号及び外務省告示第28号))の一部である。(ア)～(キ)に当てはまる語句を以下の1～5からそれぞれ1つ選べ。なお，同じ空欄記号には，同じ語句が入る。

第24条　教育

1　締約国は，教育についての障害者の権利を認める。締約国は，この権利を差別なしに，かつ，(ア)を基礎として実現するため，障害者を包容するあらゆる段階の教育制度及び(イ)を確保する。当該教育制度及び(イ)は，次のことを目的とする。

(a)　人間の潜在能力並びに尊厳及び自己の価値についての意識を十分に発達させ，並びに人権，基本的自由及び人間の多様性の尊重を強化すること。

(b)　障害者が，その人格，才能及び創造力並びに精神的及び(ウ)な能力をその可能な最大限度まで発達させること。

(c)　障害者が自由な社会に効果的に(エ)ことを可能とすること。

2　締約国は，1の権利の実現に当たり，次のことを確保する。

(a)　障害者が障害に基づいて一般的な教育制度から排除されないこと及び障害のある児童が障害に基づいて無償のかつ義務的な初等教育から又は中等教育から排除されないこと。

(b)　障害者が，他の者との平等を基礎として，自己の生活する(オ)において，障害者を包容し，質が高く，かつ，無償の初等教育を享受することができること及び中等教育を享受することができること。
(c) 個人に必要とされる(カ)が提供されること。
(d) 障害者が，その効果的な教育を容易にするために必要な(キ)を一般的な教育制度の下で受けること。
(e) 学問的及び社会的な発達を最大にする環境において，完全な包容という目標に合致する効果的で個別化された(キ)措置がとられること。

ア 1 基本的人権の保障　2 平等な教育
3 教育を受ける権利　4 学習する権利
5 機会の均等

イ 1 職業教育　2 専門教育
3 生涯学習　4 家庭学習
5 特別支援教育

ウ 1 個性的　2 言語的
3 芸術的　4 身体的
5 学術的

エ 1 関係する　2 交流する
3 貢献する　4 参加する
5 活躍する

オ 1 家庭　2 地域社会
3 国または地域　4 学校
5 環境

カ 1 合理的配慮　2 医療的ケア
3 福祉サービス　4 高等教育
5 特別な配慮

キ 1 支援　2 配慮
3 個別指導　4 見守り
5 少人数教育

(☆☆☆◎◎◎)

【2】次の□内は，「共生社会の形成に向けたインクルーシブ教育システム構築のための特別支援教育の推進(報告)」(平成24年7月　中央教育審議会初等中等教育分科会)の一部である。(a)～(h)に当てはまる語句を以下の1～5からそれぞれ1つ選べ。なお，同じ空欄記号には，同じ語句が入る。

> ○　基本的な方向性としては，障害のある子どもと障害のない子どもが，できるだけ同じ場で共に学ぶことを目指すべきである。その場合には，それぞれの子どもが，授業内容が分かり学習活動に参加している実感・達成感を持ちながら，充実した時間を過ごしつつ，(a)を身に付けていけるかどうか，これが最も本質的な視点であり，そのための(b)が必要である。
>
> ○　共に学ぶことを進めることにより，生命尊重，思いやりや(c)の態度などを育む(d)の充実が図られるとともに，同じ社会に生きる人間として，互いに正しく理解し，共に助け合い，支え合って生きていくことの大切さを学ぶなど，(e)を尊重する態度や自他の敬愛と(c)を重んずる態度を養うことが期待できる。
>
> ○　障害のある子どもにとっても，障害のない子どもにとっても，障害に対する適切な知識を得る機会を提供するとともに，バランスのとれた(f)，達成感の積み重ねから得られる自己肯定感，自己の感情等の(g)する方法を身に付けつつ，他者理解を深めていくことが適当であり，子どもの(h)を踏まえた学級づくりや学校づくりが望まれる。

a　1　資質・能力　　2　学力
　3　社会性　　4　生きる力
　5　学びに向かう力・人間性等

b　1　環境整備　　2　指導・支援
　3　教材開発　　4　個別の指導計画

5　カリキュラム・マネジメント
c　1　協働　　2　協力
3　探究　　4　規律遵守
5　我慢
d　1　生活指導　　2　道徳教育
3　特別活動　　4　課外活動
5　自立活動
e　1　自他の個性　　2　集団生活
3　他者の権利　　4　相互の自由
5　個人の価値
f　1　自己理解　　2　知識・技能
3　思考力・判断力・表現力等　　4　人格
5　関心・意欲・態度
g　1　調整　　2　整理
3　管理　　4　受容
5　安定
h　1　多面性　　2　共通性
3　集団性　　4　多様性
5　人間関係

(☆☆☆◎◎◎)

【3】次の表は，「学校教育法施行令」(昭和28年政令第340号)第22条の3の一部である。(　a　)～(　h　)に当てはまる語句や数字を以下の1～5からそれぞれ1つ選べ。なお，同じ空欄記号には，同じ語句が入る。

区分	障害の程度
視覚障害者	両眼の視力がおおむね（　a　）未満のもの又は視力以外の（　b　）障害が高度のもののうち、拡大鏡等の使用によつても通常の文字、図形等の視覚による認識が不可能又は著しく困難な程度のもの
聴覚障害者	両耳の聴力レベルがおおむね六〇（　c　）以上のもののうち、補聴器等の使用によつても通常の話声を解することが不可能又は著しく困難な程度のもの
知的障害者	一　知的発達の（　d　）があり、他人との意思疎通が困難で日常生活を営むのに頻繁に（　e　）を必要とする程度のもの 二　知的発達の（　d　）の程度が前号に掲げる程度に達しないもののうち、社会生活への適応が著しく困難なもの
肢体不自由者	一　肢体不自由の状態が補装具の使用によつても歩行、筆記等日常生活における基本的な（　f　）が不可能又は困難な程度のもの 二　肢体不自由の状態が前号に掲げる程度に達しないもののうち、常時の医学的観察指導を必要とする程度のもの
病弱者	一　慢性の呼吸器疾患、腎臓疾患及び神経疾患、悪性新生物その他の疾患の状態が継続して（　g　）又は生活（　h　）を必要とする程度のもの 二　身体虚弱の状態が継続して生活（　h　）を必要とする程度のもの

a　1　〇・〇一　　2　〇・〇五　　3　〇・一　　4　〇・三
　　5　〇・五
b　1　視機能　　2　眼球運動　　3　視空間認知　　4　光覚
　　5　色覚
c　1　パスカル　　2　ヘルツ　　3　デシベル　　4　トール
　　5　ホン
d　1　遅滞　　2　欠如　　3　疾患　　4　変調
　　5　不安定
e　1　支援　　2　援助　　3　補助　　4　介護
　　5　通院
f　1　運動　　2　行動　　3　作業　　4　行為
　　5　動作
g　1　治療　　2　医療　　3　診断　　4　保健
　　5　福祉
h　1　指導　　2　制限　　3　支援　　4　規制
　　5　相談

(☆☆☆◎◎◎)

【4】聴覚障害について，各問いに答えよ。

(1)　次の図は，聴覚器官の図である。(　a　)～(　e　)に当てはまる各部の名称を以下の1～5からそれぞれ1つ選べ。

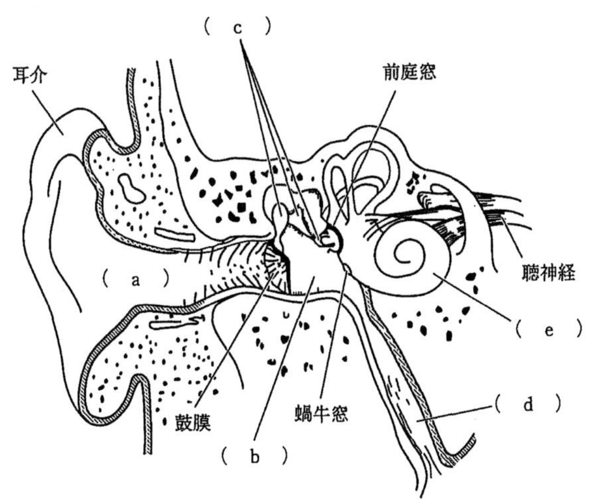

障害のある子供の教育支援の手引
～子供たち一人一人の教育的ニーズを踏まえた学びの充実に向けて～
(令和３年６月　文部科学省初等中等教育局特別支援教育課)

a　1　耳管　　2　外耳道　　3　蝸牛　　4　中耳(鼓室)
　5　耳小骨

b　1　耳管　　2　外耳道　　3　蝸牛　　4　中耳(鼓室)
　5　耳小骨

c　1　耳管　　2　外耳道　　3　蝸牛　　4　中耳(鼓室)
　5　耳小骨

d　1　耳管　　2　外耳道　　3　蝸牛　　4　中耳(鼓室)
　5　耳小骨

e　1　耳管　　2　外耳道　　3　蝸牛　　4　中耳(鼓室)
　5　耳小骨

(2)　次の□内は，「特別支援学校小学部・中学部学習指導要領」(平成29年4月　文部科学省告示)の一部である。(　a　)～(　e　)に当てはまる語句を以下の1～5からそれぞれ1つ選べ。

> 第2章　各教科
> 　第1節　小学部
> 　　第1款　視覚障害者，聴覚障害者，肢体不自由者又は病弱者である児童に対する教育を行う特別支援学校
> 　　　2　聴覚障害者である児童に対する教育を行う特別支援学校
> 　　　　(1)　体験的な活動を通して，学習の基盤となる語句などについて的確な(　a　)の形成を図り，児童の発達に応じた(　b　)の育成に努めること。
> 　　　　(2)　児童の言語発達の程度に応じて，主体的に(　c　)に親しんだり，書いて表現したりする態度を養うよう工夫すること。
> 　　　　(3)　児童の聴覚障害の状態等に応じて，(　d　)，文字，手話，指文字等を適切に活用して，発表や児童同士の話し合いなどの学習活動を積極的に取り入れ，的確な意思の相互伝達が行われるよう指導方法を工夫すること。
> 　　　　(4)　児童の聴覚障害の状態等に応じて，補聴器や人工内耳等の利用により，児童の保有する(　e　)を最大限に活用し，効果的な学習活動が展開できるようにすること。

a　1　言語概念　2　認知能力　3　音韻意識
　4　学習態度　5　感性

b　1　学力　2　人間力　3　思考力
　4　言語力　5　コミュニケーション能力

c　1　会話　2　作文　3　体験活動
　4　ICT　5　読書

d　1　身振り　2　キューサイン　3　読唇
　4　音声　5　ASL

e　1　聴覚　　2　能力　　3　視覚
　4　知識　　5　情報活用能力

(☆☆☆◎◎◎)

【5】病弱・身体虚弱について，各問いに答えよ。

(1)　次の□内は，「障害のある子供の教育支援の手引～子供たち一人一人の教育的ニーズを踏まえた学びの充実に向けて～」(令和3年6月　文部科学省初等中等教育局特別支援教育課)の一部である。(a)～(e)に当てはまる語句を以下の1～5からそれぞれ1つ選べ。

> 病弱教育では，病気等の(a)能力を育成することは重要なことである。このことから，病弱・身体虚弱の子供にとって必要な生活規制とは，他人からの規制ではなく「生活の(a)」と考えて取り組むことが大切である。なお，「生活の(a)をする力」とは，運動や安静，食事などの日常の諸活動において，必要な服薬を守るとともに，病気等の特性等を(b)し，心身の状態に応じて参加可能な活動を(c)し，必要なときに必要な(d)を求めることができること，などを意味するものである。
> (略)
> また退院した子供の中には，感染症予防や自宅療養等のため通学して学習することが困難な子供がいる。その場合は，在籍する学校からWeb会議システムを活用して授業を配信するなど，(e)の保障を行う必要がある。

a　1　規制　　2　状況把握　　3　判断　　4　自己管理
　5　感染予防

b　1　考慮　　2　整理　　3　学習　　4　説明
　5　理解

c　1　想定　　2　納得　　3　取捨選択　　4　判断
　5　限定

d　1　援助　　2　学習　　3　休養　　4　治療
　5　環境
e　1　学力　　2　教育機会　　3　合理的配慮　　4　授業時数
　5　情報

(2)　次の□内は，「特別支援学校小学部・中学部学習指導要領」(平成29年4月　文部科学省告示)の一部である。(　a　)，(　b　)に当てはまる語句を以下の1～5からそれぞれ1つ選べ。

> 第2章　各教科
> 　第1節　小学部
> 　　第1款　視覚障害者，聴覚障害者，肢体不自由者又は病弱者である児童にする教育を行う特別支援学校
> 　　　4　病弱者である児童に対する教育を行う特別支援学校
> 　　　(略)
> 　　　(5)　児童の病気の状態等を考慮し，学習活動が負担過重となる又は必要以上に(　a　)することがないようにすること。
> 　　　(6)　病気のため，姿勢の保持や長時間の学習活動が困難な児童については，姿勢の変換や適切な(　b　)の確保などに留意すること。

a　1　活動　　2　限定　　3　干渉　　4　制限
　5　体験
b　1　休養　　2　学習時間　　3　個人活動　　4　指導内容
　5　教材

(☆☆☆◎◎◎)

【6】次の□内は，「特別支援学校小学部・中学部学習指導要領」(平成29年4月　文部科学省告示)の一部である。各問いに答えよ。

第1章　総則
第3節　教育課程の編成
3　教育課程の編成における共通的事項
(1)　内容等の取扱い
(略)
カ　知的障害者である児童に対する教育を行う特別支援学校の小学部においては，(　a　)，国語，算数，音楽，図画工作及び体育の各教科，道徳科，特別活動並びに自立活動については，特に示す場合を除き，全ての児童に履修させるものとする。また，(　b　)については，児童や学校の実態を考慮し，必要に応じて設けることができる。
キ　A知的障害者である生徒に対する教育を行う特別支援学校の中学部においては，国語，社会，数学，理科，音楽，美術，保健体育及び(　c　)の各教科，道徳科，総合的な学習の時間，特別活動並びに自立活動については，特に示す場合を除き，全ての生徒に履修させるものとする。また，外国語科については，生徒や学校の実態を考慮し，必要に応じて設けることができる。
(略)
(3)　指導計画の作成等に当たっての配慮事項
ア　各学校においては，次の事項に配慮しながら，学校の創意工夫を生かし，全体として，調和のとれた具体的な指導計画を作成するものとする。
(略)
(オ)　知的障害者である児童又は生徒に対する教育

	を行う特別支援学校において，各教科，道徳科，(b)，特別活動及び自立活動の一部又は全部を合わせて指導を行う場合，各教科，道徳科，(b)，特別活動及び自立活動に示す内容を基に，児童又は生徒の知的障害の状態や経験等に応じて，具体的に指導内容を設定するものとする。また，B各教科等の内容の一部又は全部を合わせて指導を行う場合には，授業時数を適切に定めること。

(1) (a)～(c)に当てはまる語句をそれぞれ書け。なお，同じ空欄記号には同じ語句が入る。

(2) 下線部Aに対する教育を行う特別支援学校の各教科の内容は，「特別支援学校小学部・中学部学習指導要領」(平成29年4月　文部科学省告示)に段階別に示されている。小学部，中学部ではそれぞれ何段階で示されているか，その数字を書け。また，段階別に示されている理由を簡潔に書け。

(3) 下線部Bについて，次の各問いに答えよ。

① 下線部Bの指導の形態の1つに「作業学習」がある。次の□内は，「特別支援学校学習指導要領解説各教科等編(小学部・中学部)」(平成30年3月　文部科学省)の一部である。次の文章の(d)～(f)に当てはまる語句をそれぞれ書け。

> 作業学習は，(d)を学習活動の中心にしながら，児童生徒の働く(e)を培い，将来の職業生活や(f)に必要な事柄を総合的に学習するものである。

② 下線部Bについて述べた次のア～ウの文のうち，正しいものには○，誤っているものには×を書け。

ア　中学部では「総合的な学習の時間」を合わせて指導を行うことができる。

イ　各教科の目標に準拠した評価の観点による学習評価を行うことが重要である。

ウ　関連する教科等を教科等別に指導する場合の授業時数の合計と概ね一致するように計画する必要がある。

(☆☆☆◎◎◎)

【7】次の[　　]内は，「特別支援学校小学部・中学部学習指導要領」(平成29年4月　文部科学省告示)の一部である。各問いに答えよ。

第7章　自立活動

第1　目標

個々の児童又は生徒が自立を目指し，障害による学習上又は生活上の困難を(　a　)に改善・克服するために必要な知識，技能，態度及び習慣を養い，もって(　b　)の調和的発達の基盤を培う。

第2　内容

1　健康の保持

(1)　生活のリズムや(　c　)の形成に関すること。

(2)　病気の状態の理解と生活管理に関すること。

(3)　A身体各部の状態の理解と養護に関すること。

(4)　障害の特性の理解と生活環境の調整に関すること。

(5)　健康状態の維持・改善に関すること。

2　心理的な安定

(1)　情緒の安定に関すること。

(2)　状況の理解と変化への(　d　)に関すること。

(3)　障害による学習上又は生活上の困難を改善・克服する意欲に関すること。

3　人間関係の形成

(1)　他者とのかかわりの基礎に関すること。

(2)　他者の意図や感情の理解に関すること。

(3)　自己の理解と行動の調整に関すること。

(4)　(　e　)への参加の基礎に関すること。

4　環境の把握

(1)　保有する感覚の活用に関すること。

(2)　B感覚や認知の特性についての理解と対応に関すること。

(3)　感覚の補助及び代行手段の活用に関すること。

(4)　感覚を統合的に活用した周囲の状況についての把握と状況に応じた(　f　)に関すること。

(5)　認知や行動の手掛かりとなる概念の形成に関すること。

5　身体の動き

(1)　姿勢と運動・動作の基本的技能に関すること。

(2)　姿勢保持と運動・動作の補助的手段の活用に関すること。

(3)　日常生活に必要な基本動作に関すること。

(4)　身体の(　g　)能力に関すること。

(5)　作業に必要な動作と円滑な遂行に関すること。

6　コミュニケーション

(1)　コミュニケーションの基礎的能力に関すること。

(2)　言語の受容と表出に関すること。

(3)　言語の形成と活用に関すること。

(4)　コミュニケーション手段の(　h　)と活用に関すること。

(5)　状況に応じたコミュニケーションに関すること。

(1)　(　a　)～(　h　)に当てはまる語句をそれぞれ書け。

(2)　次の□内は，肢体不自由者である児童に対する教育を行う特別支援学校に通う小学部2年生のXさんの実態について書いたものである。Xさんの自立活動の指導を行うとき，下線部Aの具体的な指導内容を書け。

下肢切断により，義肢を装着している。体を動かすことが好きで，休み時間は教師の支援を受けながら友だちとボール遊びをすることが多い。汗をかくことで，義肢との接触部分に肌荒れを起こし，不快感を訴えることがよくある。

(3) 次の□内は，聴覚障害者である生徒に対する教育を行う特別支援学校に通う中学部3年生のYさんの実態について書いたものである。Yさんの自立活動の指導を行うとき，下線部Bの具体的な指導内容を書け。

障害の特性により，授業の際，教室の蛍光灯などにまぶしさを強く感じる時がある。そのため，授業に集中できなかったり，物が見えづらくなったりする。席を移動したが，どの席でもまぶしいと訴えた。

(☆☆☆◎◎◎)

【8】知的障害者である児童生徒に対する教育について，各問いに答えよ。

(1) 知的障害のある児童生徒の学習上の特性を2つ書け。

(2) 次の□内は，「特別支援学校小学部・中学部学習指導要領」(平成29年4月　文部科学省告示)の一部である。次の(　a　)～(　d　)に当てはまる語句をそれぞれ書け。

第2章　各教科

第2節　中学部

第2款　知的障害者である生徒に対する教育を行う特別支援学校

第1　各教科の目標及び内容

【国語】

1　目標

言葉による見方・考え方を働かせ，(　a　)を通して，国語で理解し表現する資質・能力を次のとおり育成することを目指す。
(1)　日常生活や社会生活に必要な国語について，その特質を理解し適切に使うことができるようにする。
(2)　日常生活や社会生活における人との関わりの中で(　b　)力を高め，思考力や(　c　)力を養う。
(3)　(　d　)がもつよさに気付くとともに，言語感覚を養い，国語を大切にしてその能力の向上を図る態度を養う。

(3)　知的障害者である生徒に対する教育を行う特別支援学校に通う中学部2年生のZさんは，本が好きで読んだ本の内容や感想を伝えることが多い。Zさんが余暇活動として一人で図書館を利用できるようになるために，「社会科」の「公共施設と制度」の観点から具体的な指導内容を書け。

(☆☆☆◎◎◎)

【９】あなたが目指す特別支援学校の教師像と特別支援教育の推進に向けた抱負について，次に示した資料1，資料2と関連付けて書け。

資料１

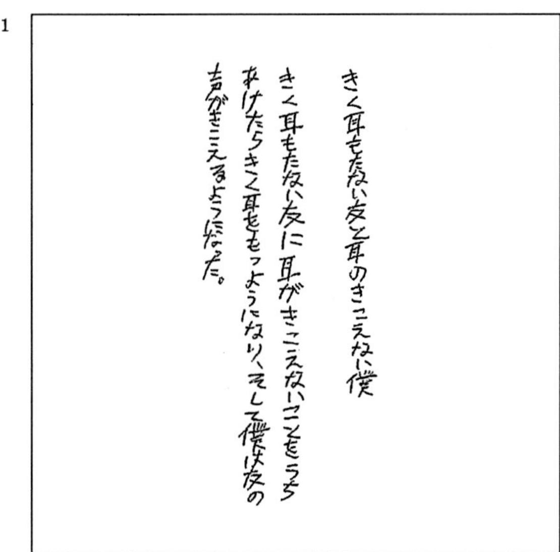

きく耳をもたない友と耳のきこえない僕
きく耳をもたない友に 耳がきこえないことをうち
あけたらきく耳をもつようになり、そして僕は友の
声がきこえるようになった。

安部　遥斗（山形県　17歳　聴覚障害）
第26回ＮＨＫハート展作品

資料２

特別支援学校における交流及び共同学習の状況
（インクルーシブ教育システム構築の現状に関する調査（平成28年度））

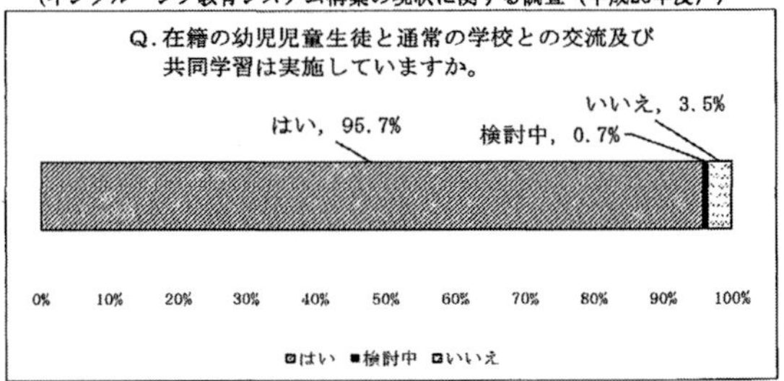

「インクルーシブ教育システム構築の現状に関する調査」（国立特別支援教育総合研究所）
調査数：特別支援学校862校（視覚障害62校、聴覚障害91校、知的障害331校、肢体不自由138校、病弱70校、併置170校）
調査回収数：特別支援学校676校（78.4%）

（☆☆☆◎◎◎）

解答・解説

【1】ア　5　イ　3　ウ　4　エ　4　オ　2　カ　1　キ　1

〈解説〉現代の特別支援教育は「障害者の権利に関する条約」を踏まえ，「共生社会」を目指すための「インクルーシブ教育」が基となっている。「共生社会」とは「これまで必ずしも十分に社会参加できるような環境になかった障害者等が，積極的に参加・貢献していくことができる社会」であり，1(C)がそれを端的に表現している。一方，「インクルーシブ教育」は『障害のある者と障害のない者が共に学ぶ仕組みであり，障害のある者が教育制度一般から排除されないこと，自己の生活する地域において初等中等教育の機会が与えられること，個人に必要な「合理的配慮」が提供される等が必要』とされている。重要な条文なので十分に学習しておきたい。

【2】a　4　b　1　c　2　d　2　e　5　f　1　g　3　h　4

〈解説〉問題文のはじめにある「障害のある子どもと障害のない子どもが，できるだけ同じ場でともに学ぶこと」がインクルーシブ教育を示しており，これが共生社会へとつながる。なお，aの「生きる力」は，わが国の児童生徒の教育における目標であり，確かな学力，豊かな人間性，健康・体力の3つで構成される。

【3】a　4　b　1　c　3　d　1　e　2　f　5　g　2　h　4

〈解説〉b　視機能には視力，視野，光覚，屈折・調整，眼球運動，両眼視の7つある。　c　1「パスカル」と4「トール」は圧力，2「ヘルツ」は周波数，3「デシベル」と5「ホン」は音の大きさ・強さを示す単位だが，「ホン」は1997年以降使用されなくなっている。

【4】(1)　a　2　b　4　c　5　d　1　e　3　(2)　a　1　b　3　c　5　d　4　e　1

〈解説〉(1)　解剖図は頻出なので，各部位の名称と役割についてまとめておくこと。cの「耳小骨」はツチ骨，キヌタ骨，アブミ骨の3つの骨で構成されており，振動を鼓膜から内耳に伝える役割を持つ。dの「耳管」は中耳と鼻をつなぎ，中耳腔の空気圧の調整をする。eの「蝸牛」は，伝わってきた振動を電気信号に変換する役割がある。

(2)　聴覚障害を有する児童生徒は聴覚的な情報が獲得しにくく，言葉の習得が困難になりやすい特徴があるため，書かれた文字等から情報を収集・理解する。言葉を用いて人との関わりを深めたり，日常生活に必要な知識を広げたりする態度や習慣を育てる，といった対応が求められることを踏まえて考えるとよい。なお，ASLはアメリカ手話のことで，アメリカ合衆国やカナダの英語圏で使われている。

【5】(1)　a　4　　b　5　　c　4　　d　1　　e　2　　(2)　a　4　　b　1

〈解説〉(1)　本資料によると，病弱とは「病気のために弱っている状態」，身体虚弱とは「病気ではないが身体が不調な状態が続く，病気にかかりやすいといった状態」を指す。対象となる病気が多種多様であるため，病状，および教育的ニーズの把握が重要になる。児童生徒によって，自身の病気について把握していることもあり，それによって生活等を改善する意欲などにつながる場合もある。　(2)　問題文の(6)は病気の状態等に応じて弾力的に対応することを意味し，そのため本資料では，医療との連携により日々更新される情報を入手するとともに，適宜，健康観察を行い，病状や体調の変化を見逃さないようにする必要があるとしている。

【6】(1)　a　生活　　b　外国語活動　　c　職業・家庭　　(2)　小学部…3段階　　中学部…2段階　　理由…発達期における知的機能の障害が，同一学年であっても，個人差が大きく，学力や学習状況も異なるため。　(3)　①　d　作業活動　　e　意欲　　f　社会自立

②　ア　×　　イ　○　　ウ　○

〈解説〉(1)　特別支援学校の教育課程については学校教育法施行規則第126～128条を参照するとよい。なお，cは「職業・家庭」は中学校の「技術・家庭」に該当する。　(3)　①　作業学習で取り上げられる種類には農耕，園芸，紙工，木工，縫製，織物，金工，窯業，セメント加工，印刷，調理，食品加工，クリーニング，事務，販売，清掃，接客などがあげられる。　②　ア　知的障害者である児童生徒に対する教育を行う特別支援学校において特に必要があるときは，各教科，道徳科，外国語活動，特別活動及び自立活動の一部又は全部を合わせて指導を行う，とされている。学校教育法施行規則第130条第2項を参照すること。

【7】(1)　a　主体的　　b　心身　　c　生活習慣　　d　対応　　e　集団　　f　行動　　g　移動　　h　選択　　(2)　義肢を装着している部分を清潔に保ったり，義肢を適切に管理したりすることができるよう指導する。　　(3)　遮光眼鏡を装用するよう指導するとともに，室内における見えやすい明るさを必要に応じて他者に伝えたり，カーテンで明るさを調整したりできるように指導する。

〈解説〉(1)　自立活動のいわゆる「6領域27項目」は頻出なので，どの領域にどの項目が当てはまるか学習しておくこと。特に，学習指導要領などの改訂で変更になった箇所については出題の可能性が高まるので，十分注意すること。　(2)　本項目では病気や事故等によって身体各部の状態がどのように変化したか理解し，その部位の適切な保護や症状の進行防止を目的としている。これらの指導では，医療との関連を考慮し，必要に応じて専門の医師等の助言を得ることが求められる。(3)　教室の蛍光灯などがまぶしい，どの席でもまぶしいと感じる状態とあるので，まずYさんの環境改善，この場合，遮光眼鏡の装着が考えられる。さらに，問題文では窓のことには言及されていないので，カーテンでの明るさの調整もあげられるだろう。当然，本人だけでなく，周囲の児童生徒も協力できるような体制づくりが求められる。

【8】(1) ・学習によって得た知識や技術が断片的になりやすく，実際の生活の場面の中で生かすことが難しいこと。 ・成功体験が少ないことなどにより，主体的に活動に取り組む意欲が十分に育っていないこと。 (2) a 言語活動 b 伝え合う c 想像 d 言葉 (3) 図書館について位置を地図で確認したり，インターネットを利用して調べたり，実際に見学や利用をしたりするなどして，積極的に利用しようとする意識を育てるよう指導する。

〈解説〉(1) 解答は「特別支援学校学習指導要領解説 各教科等編(小学部・中学部)」にあるもの。学習上の特性への対応として，同資料では「実際の生活場面に即しながら，繰り返して学習することにより，必要な知識や技能等を身に付けられるようにする継続的，段階的な指導が重要」「学習の過程では，児童生徒が頑張っているところやできたところを細かく認めたり，称賛したりすることで，児童生徒の自信や主体的に取り組む意欲を育むことが重要」としている。 (3) 問題の「…余暇活動として一人で図書館を利用できるようになる」は2段階の内容と思われるが，解答は1段階のものをあげている。問題では段階について示されていないので，「利用方法をインターネットで調べたりする」など2段階の指導内容でも正答であろう。

【9】(解答例) 資料1は「聞こえるか」「聞こえないか」といった聴覚的な問題ではなく，「きく耳をもつ」と表現されているように，「相手を知ろう，理解しようとする姿勢」をもつことで，感情の交流，つまりお互いの理解や関係が深まることを示してくれる作品である。資料2にあるとおり，交流及び共同学習は多くの学校で普及しているが，真の目的は障害を持つ児童生徒と障害を持たない児童生徒が互いに理解することであり，そういった交流を広げ，共生社会の実現へと向かうきっかけを作りたい。当然，児童生徒同士だけでなく，児童生徒と教師との信頼関係も同様で，お互いの理解や関係を深め，信頼関係を構築できるよう努力していきたい。

一方，交流及び共同学習が実施されていない学校もある。交流及び共同学習は，障害を持つ児童生徒が地域社会の中でともに生活できるよう，お互いを知り，理解し，協力する心や思いやりの心を育む重要な役割を持つ面もある。実施していない学校については，今まで取り組まなかった理由，メリット・デメリットなど多様な視点を踏まえ，推進していきたいと考える。

〈解説〉評価の観点として，・概ね12行以上書けているか，・資料の意図を解釈・活用して表現できているか，・障害のある子どもを理解する視点があるか，・教員として子どもの意欲を引き出す適切な指導や支援を行うことの視点があるか，・障害のある子どもとない子どもの相互理解の視点があるか，・適切にまとめられているか，・抱負が書けているか，・子どもに寄り添う視点があるか，・目指す教師像が書けているか，があげられている。文章の構成は，資料をどのように読み取ったかを明確にし，抱負や目指す教師像を結びつけて表現する。目指す教師像としては，子どもを理解する視点，子どもの意欲を引き出す指導の視点，子どもに寄り添う視点をおさえる。特別支援教育の推進については，交流および共同学習の目標を理解し，「相互理解」「協力する心や思いやりの心」などのキーワードを入れながら抱負を書くとよい。

2022年度　実施問題

【1】次の[　　]内は,「特別支援学校教育要領・学習指導要領解説総則編(幼稚部・小学部・中学部)」(平成30年3月文部科学省)の一部を抜粋したものである。各問いに答えよ。

> 第1編　総説
>
> 第1章　教育課程の基準の改善の趣旨
>
> 第1節　改訂の経緯
>
> (略)
>
> また,障害のある子供たちをめぐる動向として,近年は特別支援学校だけではなく幼稚園や小学校,中学校及び高等学校等において(　a　)を含めた障害のある子供が学んでおり,特別支援教育の対象となる子供の数は(　b　)にある。そのような中,我が国は,平成19年に「障害者の権利に関する条約(平成18年国連総会で採択)」に署名し,(　c　)にこれを批准した。同条約では,人間の(　d　)の尊重等を強化し,障害のある者がその能力等を最大限に(　e　)させ,社会に効果的に参加することを可能とするため,障害のある者と障害のない者とが共に学ぶ仕組みとしての「インクルーシブ教育システム」の理念が提唱された。こうした状況に鑑み,同条約の署名から批准に至る過程においては,平成23年の障害者基本法の改正,A<u>平成25年の就学先決定に関する学校教育法施行令の改正</u>,平成28年の(　f　)の施行など,教育分野を含め,同条約の趣旨を踏まえた様々な大きな制度改正がなされたところである。
>
> (略)

(1)　(　a　)～(　f　)に当てはまる語句を次の1～5からそれぞれ選べ。

a　1　自閉症　　2　学習障害　　3　注意欠陥多動性障害
　4　発達障害　　5　広汎性発達障害

b　1　減少傾向　　2　増加傾向　　3　横ばい
　4　年ごとのばらつきが大きい傾向
　5　年ごとのばらつきが小さい傾向

c　1　平成28年　　2　平成26年　　3　平成24年
　4　平成22年　　5　平成20年

d　1　人権　　2　個性　　3　多様性
　4　生命　　5　特性

e　1　活用　　2　発揮　　3　発育
　4　発達　　5　成長

f　1　児童福祉法
　2　発達障害者支援法
　3　障害者の日常生活及び社会生活を総合的に支援するための法律
　4　障害者虐待の防止，障害者の養護者に対する支援等に関する法律
　5　障害を理由とする差別の解消の推進に関する法律

(2)　下線部Aについて述べた次のア，イの文のうち，正しいものには1，誤っているものには2を書け。

ア　障害のある児童生徒の就学先決定について，一定の障害のある児童生徒は原則として特別支援学校に就学する。

イ　特別支援学校・小中学校間の転学について，その者の障害の状態の変化のみならず，その者の教育上必要な支援の内容，地域における教育の体制の整備の状況その他の事情の変化によっても転学の検討を開始できるよう，規定の整備を行うこと。

(☆☆☆◎◎◎)

【2】次の[　　]内は,「障害者基本法」(昭和45年法律第84号)の一部を抜粋したものである。(a)~(f)に当てはまる語句を以下の1~5からそれぞれ選べ。なお,同じ空欄記号には,同じ語句が入る。

> 第16条　国及び地方公共団体は,障害者が,その年齢及び能力に応じ,かつ,その(a)を踏まえた十分な教育が受けられるようにするため,(b)障害者である児童及び生徒が障害者でない児童及び生徒と共に教育を受けられるよう配慮しつつ,教育の内容及び方法の(c)を図る等必要な施策を講じなければならない。
>
> 2　国及び地方公共団体は,前項の目的を達成するため,障害者である児童及び生徒並びにその保護者に対し十分な情報の提供を行うとともに,(b)その意向を尊重しなければならない。
>
> 3　国及び地方公共団体は,障害者である児童及び生徒と障害者でない児童及び生徒との交流及び共同学習を積極的に進めることによつて,その(d)を促進しなければならない。
>
> 4　国及び地方公共団体は,障害者の教育に関し,調査及び研究並びに人材の確保及び資質の向上,適切な教材等の(e),学校施設の整備その他の(f)の整備を促進しなければならない。

a　1　配慮事項　　2　特性　　3　実態
　 4　能力　　5　個性

b　1　可能な限り　　2　必要に応じ　　3　一貫して
　 4　必ず　　5　継続して

c　1　改善及び充実　　2　改善及び推進　　3　工夫及び改善
　 4　決定及び充実　　5　決定及び提供

d　1　共通理解　　2　成長　　3　障害理解
　 4　相互理解　　5　発達

e　1　選択　　2　活用　　3　購入
　4　作成　　5　提供
f　1　施設　　2　環境　　3　社会
　4　公共施設　　5　体制

(☆☆☆◎◎◎)

【3】視覚障害について，各問いに答えよ。

(1)　次の□内は，「教育支援資料～障害のある子供の就学手続と早期からの一貫した支援の充実～」(平成25年10月　文部科学省初等中等教育局特別支援教育課)の一部を抜粋したものである。(　a　)～(　c　)に当てはまる語句を以下の1～5からそれぞれ選べ。なお，同じ空欄記号には，同じ語句が入る。

> 4　視覚障害の理解と障害の状況の把握
> (1)　視覚障害について
> ①　視覚障害の概要
> 視覚障害とは，(　a　)の永続的な低下により，学習や生活に支障がある状態をいう。(　a　)が低下していても，それが何らかの方法若しくは，短期間に回復する場合は視覚障害とはいわない。(　a　)には，視力，視野，(　b　)，(　c　)などの各種機能がある。したがって，視覚障害とは，視力障害，視野障害，(　b　)障害，明順応障害，暗順応障害などをいう。また，明順応反応，暗順応反応を合わせて(　c　)障害という場合もある。
> (略)

a　1　眼球機能　　2　認知機能　　3　視機能　　4　感覚機能
　5　視覚認知
b　1　識別　　2　光覚　　3　感光　　4　遠近感覚
　5　色覚

c　1　識別　　2　光覚　　3　感光　　4　遠近感覚
　5　色覚

(2)　次の図は，眼球の水平断面図である。(　a　)～(　e　)に当てはまる各部の名称を，以下の1～5からそれぞれ1つ選べ。

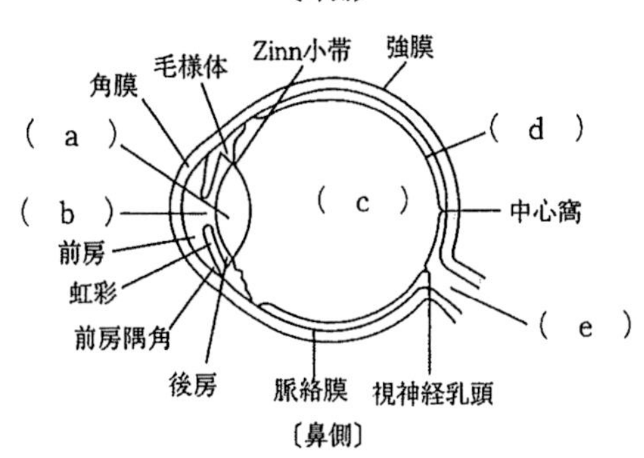

教育支援資料
(平成25年10月文部科学省初等中等教育局特別支援教育課)

a　1　硝子体　2　網膜　3　水晶体　4　視神経　5　瞳孔
b　1　硝子体　2　網膜　3　水晶体　4　視神経　5　瞳孔
c　1　硝子体　2　網膜　3　水晶体　4　視神経　5　瞳孔
d　1　硝子体　2　網膜　3　水晶体　4　視神経　5　瞳孔
e　1　硝子体　2　網膜　3　水晶体　4　視神経　5　瞳孔

(3)　次のア～エの文は視覚障害者である児童生徒に対する教育を行う特別支援学校の指導計画の作成と各学年にわたる内容の取扱いに当たっての配慮事項に関して述べたものである。正しいものには1，誤っているものには2を書け。

ア　児童生徒が聴覚，触覚及び保有する視覚などを十分に活用して，具体的な事物・事象や動作と言葉とを結び付けて，的確な概念の形成を図り，言葉を正しく理解し活用できるようにすること。

イ　児童生徒の視覚障害の状態等に応じて，点字又は普通の文字の読み書きを系統的に指導し，習熟させること。なお，点字を常用して学習する児童生徒に対しても，漢字・漢語の理解を促すため，児童生徒の発達の段階等に応じて適切な指導が行われるようにすること。

ウ　弱視の児童生徒は見え方が一様なため，視覚補助具である拡大読書器を活用し指導効果を高めるようにすること。

エ　児童生徒が場の状況や活動の過程等を的確に把握できるよう配慮することで，空間や時間の概念を養い，見通しをもって意欲的な学習活動を展開できるようにすること。

(☆☆☆◎◎◎)

【4】次の□内は，「学校教育法施行規則」(昭和22年5月23日文部省令第11号)の一部を抜粋したものである。各問いに答えよ。

> 第131条　特別支援学校の小学部，中学部又は高等部において，複数の種類の障害を併せ有する児童若しくは生徒を教育する場合又は教員を派遣して教育を行う場合において，特に必要があるときは，第126条から第129条までの規定にかかわらず，特別の教育課程によることができる。
>
> 2　前項の規定により特別の教育課程による場合において，文部科学大臣の(　a　)を経た教科用図書又は[A]<u>文部科学省が著作の名義を有する教科用図書</u>を使用することが(　b　)でないときは，当該学校の(　c　)の定めるところにより，他の適切な教科用図書を使用することができる。

(1)　(　a　)～(　c　)に当てはまる語句を次の1～5からそれぞれ選べ。

a　1　検定　2　審議　3　認定　4　承認　5　監査

b　1　相応　2　妥当　3　可能　4　適正　5　適当

c　1　規定　2　指導計画　3　設置者　4　教育課程　5　学校長

(2) 下線部Aについて，次のア～ウの文のうち，正しいものには1，誤っているものには2を書け。

ア　特別支援学校中学部視覚障害者用の教科用図書には，点字版の教科用図書がある。

イ　特別支援学校小学部聴覚障害者用の教科用図書には，言語指導の教科用図書がある。

ウ　特別支援学校小学部知的障害者用の教科用図書には，生活科，国語科，算数科の教科用図書がある。

(☆☆☆◎◎◎)

【5】次の□内は，「特別支援学校小学部・中学部学習指導要領」(平成29年4月文部科学省告示)の一部を抜粋したものである。各問いに答えよ。なお，同じ空欄記号には，同じ語句が入る。

> 第1章　総則
>
> 第6節　学校運営上の留意事項
>
> 3　小学校又は中学校等の(　a　)により，障害のある児童若しくは生徒又は当該児童若しくは生徒の教育を担当する教師等に対して必要な(　b　)を行ったり，地域の実態や家庭の(　a　)等により保護者等に対して(　c　)を行ったりするなど，各学校の教師の専門性や施設・設備を生かした地域における特別支援教育のセンターとしての役割を果たすよう努めること。その際，学校として(　d　)に取り組むことができるよう校内体制を整備するとともに，他の特別支援学校や地域の小学校又は中学校等との(　e　)を図ること。

(1) (　a　)～(　e　)に当てはまる語句を次の1～5からそれぞれ選べ。

a　1　状況　　2　実情　　3　構成
　　4　経済状況　　5　要請

b　1　助言又は援助　2　個別に対応した指導　3　教育相談
　4　個別相談　5　合意形成
c　1　助言又は援助　2　個別に対応した指導　3　教育相談
　4　個別相談　5　合意形成
d　1　機能強化　2　組織的　3　円滑
　4　効果的　5　巡回相談
e　1　協働　2　円滑な引継ぎ　3　共通理解
　4　情報共有　5　連携

(2)　次のア～ウの文は特別支援学校の特別支援教育に関するセンターとしての役割に関して述べたものである。正しいものには1，誤っているものには2を書け。

ア　特別支援学校のセンターとしての役割は，地域の幼稚園，認定こども園，保育所，小学校，中学校等に在籍する障害のある幼児児童生徒や担当教師等への支援であり，高等学校は含まれていないことに留意する必要がある。

イ　特別支援教育に関するセンター的機能の中には，医療，福祉，労働等の関係機関等との連絡・調整機能も含まれている。

ウ　特別支援教育に関するセンター的機能の中には，小・中学校等の教師への研修協力機能も含まれている。

(☆☆☆◎◎◎)

【6】次の図は，「特別支援学校学習指導要領解説各教科等編(小学部・中学部)」(平成30年3月文部科学省)を参考に知的障害者である生徒に対する教育を行う特別支援学校中学部の各教科等と指導の形態についてまとめたものである。各問いに答えよ。

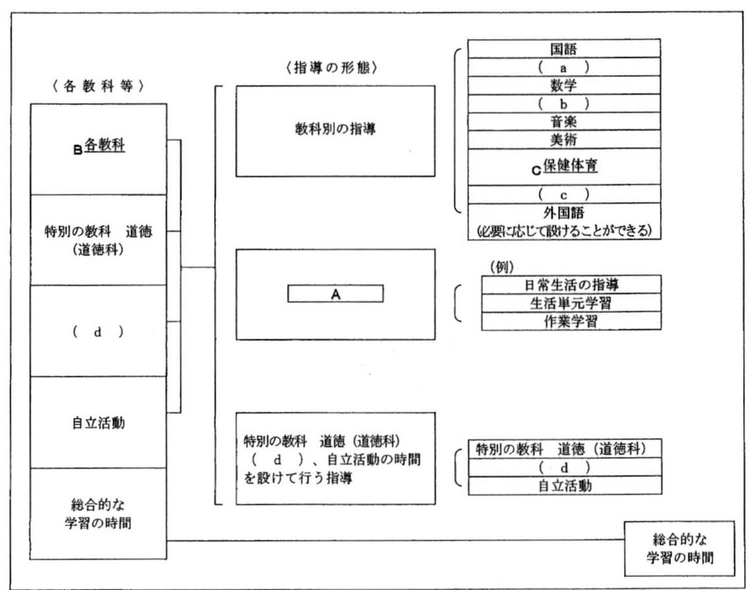

(1)　(　a　)～(　d　)に当てはまる語句をそれぞれ書け。なお，同じ空欄記号には，同じ語句が入る。

(2)　A に入る指導の形態は何と呼ばれているか，書け。

(3)　下線部Bの内容について，「特別支援学校小学部・中学部学習指導要領」(平成29年4月文部科学省告示)では，中学部に「1段階」及び「2段階」が設定された。その理由を簡潔に書け。

(4)　下線部Cの内容は，8つの領域から構成されている。「体つくり運動」，「陸上運動」，「水泳運動」，「ダンス」，「保健」のほか，3つ書け。

(5)　知的障害のある生徒の学習上の特性は何か，2つ書け。

(☆☆☆◎◎◎)

【7】次の□内は，「特別支援学校小学部・中学部学習指導要領」(平成29年4月文部科学省告示)の一部を抜粋したものである。各問いに答えよ。

第7章　自立活動
第1　目標
個々の児童又は生徒が自立を目指し，障害による学習上又は生活上の困難を主体的に改善・克服するために必要な知識，技能，態度及び(　a　)を養い，もって心身の(　b　)の基盤を培う。
第2　内容
1　健康の保持
(1)　生活のリズムや生活習慣の形成に関すること。
(2)　病気の状態の理解と生活管理に関すること。
(3)　身体各部の状態の理解と養護に関すること。
(4)　障害の特性の理解と(　c　)の調整に関すること。
(5)　健康状態の維持・改善に関すること。
2　心理的な安定
(1)　(　d　)の安定に関すること。
(2)　状況の理解と変化への対応に関すること。
(3)　障害による学習上又は生活上の困難を改善・克服する意欲に関すること。
3　人間関係の形成
(1)　他者とのかかわりの基礎に関すること。
(2)　他者の意図や感情の理解に関すること。
(3)　自己の理解と(　e　)の調整に関すること。
(4)　A集団への参加の基礎に関すること。
4　環境の把握
(1)　保有する感覚の活用に関すること。
(2)　感覚や認知の特性についての(　f　)と対応に関すること。

(3) 感覚の補助及び代行手段の活用に関すること。
(4) 感覚を総合的に活用した周囲の状況についての把握と状況に応じた行動に関すること。
(5) 認知や行動の手掛かりとなる概念の形成に関すること。

5 身体の動き
(1) 姿勢と運動・動作の基本的技能に関すること。
(2) (g)と運動・動作の補助的手段の活用に関すること。
(3) 日常生活に必要な基本動作に関すること。
(4) B身体の移動能力に関すること。
(5) 作業に必要な動作と円滑な遂行に関すること。

6 コミュニケーション
(1) コミュニケーションの基礎的能力に関すること。
(2) 言語の受容と表出に関すること。
(3) 言語の形成と活用に関すること。
(4) コミュニケーション手段の(h)と活用に関すること。
(5) 状況に応じたコミュニケーションに関すること。

(1) (a)~(h)に当てはまる語句をそれぞれ書け。

(2) 次の□内は，聴覚障害者である児童に対する教育を行う特別支援学校に通う小学部4年生のXさんの実態について書いたものである。Xさんの自立活動の指導を行うとき，下線部Aの具体的な指導内容を書け。

当該学年の教科学習がほぼ可能である。日常生活の中での生活音や他者との会話が聞こえにくいため，的確に情報を得ることが難しい。そのため，物事を断片的に捉えやすく，また，ルールやきまりを理解して遊んだりすることが難しい。

(3)　次の□内は，肢体不自由者である生徒に対する教育を行う特別支援学校に通う高等部1年生のYさんの実態について書いたものである。Yさんの自立活動の指導を行うとき，下線部Bの具体的な指導内容を書け。

> 心臓疾患があるため定期的に通院している。心臓への負担がかかることから，歩行による移動が制限されており，必要な場合には車いすを使用している。学校生活では，教室移動の際，疲れやすくなることが増えた。そのため，教師が様子を見ながら，車いすを使うように促している。

(☆☆☆◎◎◎)

【8】次の□内は，知的障害者である児童に対する教育を行う特別支援学校小学部3年生のZさんの実態と保護者の願いを書いたものである。各問いに答えよ。

> Zさんは，クラス以外の児童や教員にも自分から関わりにいくようになってきた。「給食を食べに行こう。」と教師からの言葉掛けがあると，自ら給食室へ向かうことができる。
>
> A自閉症と診断されており，感覚の過敏性があり，特定の音を嫌がったり，苦手な材質の衣服を着ることができなかったりする。
>
> 保護者の「地域の友達と関わりをもたせたい」という希望を受け，1年生の頃から居住地の小学校とのB交流及び共同学習を続けている。今年度になって2回目の交流及び共同学習では，交流する教室を覚えており，自分で教室の方へ向かって歩き出す様子が見られた。
>
> 〈保護者の願い〉
>
> ・C日課に沿って行動することができてほしい。
>
> ・友達に自分の気持ちを伝えられるようになってほしい。

(1)　下線部Aの障害の特性に関する語句a，bについて，簡潔に説明せよ。

a　エコラリア　　b　シングルフォーカス

(2)　下線部Bについて，各問いに答えよ。

①「交流及び共同学習ガイド」(平成31年3月文部科学省)で述べられている内容として，次のア～ウの文について，正しいものには○，誤っているものには×を書け。

ア　個々の教職員の取組に任せるのではなく，校長のリーダーシップの下，学校全体で組織的に継続して取り組むことが大切である。

イ　単発の交流やその場限りの活動とならないよう，事前学習・事後学習も含めて一体的な活動を計画することが大切である。

ウ　特別支援学校や小・中学校等で授業時間内に交流及び共同学習を行う場合，活動場所によっては，児童生徒等の在籍校の授業として位置付けられないことがあることに十分留意する必要がある。

②「間接的な交流及び共同学習」の具体的内容を書け。

(3)　下線部Cを実現するために，「生活科」で「日課・予定」について指導を行うとき，大切にすべきことを書け。

(☆☆☆◎◎◎)

【9】あなたが目指す特別支援学校の教師像と特別支援教育の推進に向けた抱負について，次に示した資料1，資料2と関連付けて書け。

資料1

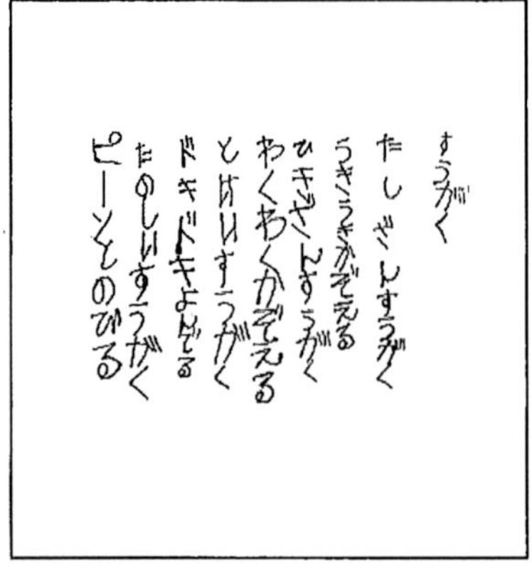

秋元那由汰(富山県　13歳　肢体不自由)

『すうがく』

(第25回NHKハートネット展作品)

資料2

平成29年5月1日現在
障害学生数31,204人(全学生数の0.98％)
平成30年5月1日現在
障害学生数33,812人(全学生数の1.05％)
令和元年5月1日現在
障害学生数37,647人(全学生数の1.17％)

独立行政法人日本学生支援機構

「大学，短期大学及び高等専門学校における障害のある学生の修学支援に関する実態調査」

(☆☆☆◎◎◎)

解答・解説

【1】(1) a 4　b 2　c 2　d 3　e 4　f 5
(2) ア 2　イ 1

〈解説〉(1) a 特別支援学校に就学する子供の対象障害種は，視覚障害者，聴覚障害者，知的障害者，肢体不自由者又は病弱者である。また，特別支援学級や通級による指導及び通常の学級においては，発達障害者等も学んでいる。 b 令和2(2020)年度の特別支援教育の対象となる子供の数は，特別支援学校が約144,800人(平成22年度の約1.2倍)，特別支援学級が約302,500人(平成22年度の約2.1倍)，通級による指導が約134,200人(平成22年度の約2.5倍)で，いずれも増加傾向にある(文部科学省資料より)。 c～e 障害者の権利に関する条約は，平成18(2006)年12月の国連総会で採択され，平成20(2008)年5月に発効した。日本は平成19(2007)年9月に署名し，平成26(2014)年1月に批准した。障害者の権利に関する条約第24条では，「障害者を包容するあらゆる段階の教育制度及び生涯学習を確保する」として，インクルーシブ教育システムという概念が初めて提唱された。同条約の第24条で示した教育制度及び生涯学習の目的として，「人間の潜在能力並びに尊厳及び自己の価値についての意識を十分に発達させ，並びに人権，基本的自由及び人間の多様性の尊重を強化すること」や，「障害者が，その人格，才能及び創造力並びに精神的及び身体的な能力をその可能な最大限度まで発達させること」などが示されている。 f 障害者の権利に関する条約の締結に向けた国内法制度の整備の一環として，障害者基本法の基本的な理念にのっとり，平成25(2013)年6月に「障害を理由とする差別の解消の推進に関する法律」が制定され，平成28(2016)年4月から施行された。同じく整備の一環として，「障害者の日常生活及び社会生活を総合的に支援するための法律(障害者総合支援法)」が施行されたのは，平成25(2013)年4月のことである。 (2) ア 障害のある子供の就学先については，本人・保護者の意見を可能な限り尊重し，教育的ニーズと必要な支援について合意形成を行うことを原則とし，障害の状態や必要となる支援の内容，教育学等の専門的見地といった総合的な観点を踏まえて市町村教育委員会が決定することとなっている。イ　平成25(2013)年の学校教育法施行令の一部改正において，追加された内容である。

【2】a　2　　b　1　　c　1　　d　4　　e　5　　f　2

〈解説〉障害者基本法第16条は，交流及び共同学習の法的根拠とする条文である。特に，同条第3項に「国及び地方公共団体は，障害者である児童及び生徒と障害者でない児童及び生徒との交流及び共同学習を積極的に進めることによつて，その相互理解を促進しなければならない」との規定によって，今回の学習指導要領改訂においても，特別支援学校の児童生徒と小・中学校等の児童生徒などと交流及び共同学習を計画的，組織的に行うことが位置付けられている。

【3】(1)　a　3　　b　5　　c　2　　(2)　a　3　　b　5　　c　1　　d　2　　e　4　　(3)　ア　1　　イ　1　　ウ　2　　エ　1

〈解説〉(1)　視機能には，視力，視野，色覚，光覚などの機能があり，光覚における障害は明順応障害，暗順応障害であることを覚えておくこと。片目だけが見えない場合は，学習又は生活において特別の取扱いを要するほどの支障を伴わないため，視覚障害とは言わない。また，先天白内障のように，手術によって視力が回復する場合があるときは，視覚障害には含まれない。　(2)　眼は，光をとらえると，角膜と水晶体(a)で光を屈折させ，虹彩が光の量を調節する。光が角膜，瞳孔(b)，水晶体，硝子体(c)を通って網膜(d)に当たると，網膜はそれを電気信号に変えて，視神経(e)によって脳に刺激を伝達して，ものが見えることになる。　(3)　ウについては示されていない。特別支援学校学習指導要領解説各教科等編(小学部・中学部)(平成30年3月)には，「弱視の児童生徒の見え方は様々であり，視力のほかに，視野，色覚，眼振や羞明などに影響を受ける。指導の効果を高めるために，適切なサイズの文字や図表の拡大教材を用意したり，各種の弱視レンズ，拡大読書器などの視覚補助具を活用したり，机や書見台，照明器具等を工夫して見やすい環境を整えたりすることが大切である」と記述されている。

【4】(1) a 1　b 5　c 3　(2) ア 1　イ 1　ウ 2

〈解説〉(1)　学校教育法施行規則第131条第2項は，特別支援学校の重複障害者に対する教科用図書使用に関する規定である。　(2)　ウ　特別支援学校小学部知的障害者用としては，国語科，算数科，音楽科の教科用図書がある。生活科はない。　ア　視覚障害者用の教科用図書としては，小学部，中学部ともに点字版がある。　イ　聴覚障害者用の教科用図書として，小学部は「言語指導」，中学部は「言語」がある。

【5】(1) a 5　b 1　c 3　d 2　e 5　(2) ア 2　イ 1　ウ 1

〈解説〉出題の項目は，特別支援学校の特別支援教育に関するセンターとしての役割に関する事項である。　(1)　学校教育法第74条には，特別支援学校においては，「学校の要請に応じて，第81条第1項に規定する幼児，児童又は生徒の教育に関し必要な助言又は援助を行うよう努める」ことが示されている。この条文を踏まえ，特別支援学校が地域の実態や家庭の要請等に応じて，児童生徒やその保護者に対して行ってきた教育相談等のセンターとしての役割に加え，地域の小・中学校等の要請に応じ，障害のある児童生徒等や担当する教師等に対する助言や援助を行うことや，その際学校として組織的に取り組むことなどが，出題の留意事項に示されている。　(2)　アについて，特別支援学校高等部学習指導要領(平成31年告示)総則の「第6款　学校運営上の留意事項」には，「高等学校等の要請により，障害のある生徒又は当該生徒の教育を担当する教師等に対して必要な助言又は援助を行ったり，(略)など，各学校の教師の専門性や施設・設備を生かした地域における特別支援教育のセンターとしての役割を果たすよう努めること」と示されている。特別支援学校のセンター的機能については，「特別支援教育を推進するための制度の在り方について(答申)」(平成17年12月中央教育審議会)などの資料も参照するとよい。

【6】(1) a 社会 b 理科 c 職業・家庭 (a〜cは順不同) d 特別活動 (2) 各教科等を合わせた指導 (3) 小学部，中学部及び高等部の内容のつながりを充実させるため。 (4) 器械運動，武道，球技 (5) ・学習によって得た知識や技能が断片的になりやすく，実際の生活の場面の中で生かすことが難しいこと。 ・成功経験が少ないことなどにより，主体的に活動に取り組む意欲が十分に育っていないこと。

〈解説〉(1) 中学部における知的障害のある生徒に対する教育で，小学部にはなかった教科等としては，社会，理科，職業・家庭，外国語がある。なお，小学部においては，新たに外国語活動が導入されている。 (2) 特別支援学校小学部・中学部学習指導要領(平成29年告示)「第2款 知的障害者である児童に対する教育を行う特別支援学校」の指導計画の作成と各教科全体にわたる内容の取扱いにおいて，「個々の児童の実態に即して，教科別の指導を行うほか，『必要に応じて各教科，道徳科，外国語活動，特別活動及び自立活動を合わせて指導を行う』など，効果的な指導方法を工夫するものとする」と示されている。前記の記述における二重かぎかっこ内の部分が，「各教科等を合わせた指導」に当たるものである。 (3) 段階を設定しているのは，発達期における知的機能の障害が，同一学年であっても，個人差が大きく，学力や学習状況も異なるためである。従前までは小学部において3段階で示されていたが，中学部が1段階であった。今回の改訂では，各部間での円滑な接続を図るため，中学部について新たに2段階を設け，各段階間の内容の系統性の充実が図られている。 (4) 中学部の保健体育科は，中学校の体育分野8領域のうちの「体育理論」を除く7領域と，保健分野の「保健」で構成されている。 (5) 公式解答のほかには，実際的な生活経験が不足しがちであることや，重度である場合は，視覚障害や聴覚障害，肢体不自由など，他の障害を併せ有することも多いことなどが挙げられる。

【7】(1) a 習慣 b 調和的発達 c 生活環境 d 情緒 e 行動 f 理解 g 姿勢保持 h 選択 (2) 会話の背景を想像したり，実際の場面を活用したりして，どのように行動すべきか，また，相手はどのように受け止めるかなどについて，具体的なやりとりを通して指導する。 (3) 医師の指導を踏まえ，病気の状態や移動距離，活動内容によって適切な移動手段を選択し，心臓に過度の負担をかけることなく移動の範囲が維持できるよう指導する。

〈解説〉(1) a 特別支援学校小学部・中学部学習指導要領(平成29年告示)総則の「第1節 教育目標」において，「小学部及び中学部を通じ，児童及び生徒の障害による学習上又は生活上の困難を改善・克服し自立を図るために必要な知識，技能，態度及び習慣を養うこと」が，小学部及び中学部における教育目標の1項目として示されている。特別支援学校においては，「態度及び習慣」は重要なキーワードの一つである。 b 「調和的発達の基盤を培う」とは，一人一人の児童生徒の発達の遅れや不均衡を改善したり，発達の進んでいる側面を更に伸ばすことによって遅れている側面の発達を促すようにしたりして，全人的な発達を促進することである。 c 今回の学習指導要領改訂では，発達障害や重複障害を含めた障害のある幼児児童生徒の多様な障害の種類や状態等に応じた指導を一層充実するため，「1 健康の保持」の区分に「(4) 障害の特性の理解と生活環境の調整に関すること」の項目が，新たに設けられた。 d「2 心理的な安定」の項目(1)は，情緒の安定を図ることが困難な児童生徒のための指導事項である。
e「3 人間関係の形成」の項目(3)は，集団の中で状況に応じた行動ができるようになるための指導事項である。 f「4 環境の把握」の区分の下の「(2) 感覚や認知の特性についての理解と対応に関すること」は，従前の「(2) 感覚や認知の特性への対応に関すること」から改められた項目である。 g「5 身体の動き」の項目(2)は，姿勢の保持や各種の運動・動作が困難な場合に，補助用具や補助的手段等を活用してできるようにするための指導事項である。　h「6　コミュニケーション」の項目(4)は，話し言葉や各種の文字・記号，機器等のコミュニケーション手段を適切に選択・活用し，他者とのコミュニケーションが円滑にできるようにするための指導事項である。　(2)　自立活動の「3　人間関係の形成」の区分の「(4)　集団への参加の基礎に関すること」の項目が該当する。この項目では，見たり聞いたりして情報を得ることや，集団に参加するための手順やきまりを理解することなどが難しいことから，集団生活に適応できないような場合に，遊びや集団活動などに積極的に参加できるようになることをねらいとしている。(3)　自立活動の「5　身体の動き」の「(4)　身体の移動能力に関すること」の項目が該当する。この項目では，自力での身体移動や歩行，歩行器や車いすによる移動など，日常生活に必要な移動能力の向上を図ることをねらいとしている。(2)，(3)のような具体的な指導に関わる自立活動については，特別支援学校学習指導要領解説自立活動編(平成30年3月)等を参照すること。

【8】(1)　a　他者の言葉を模倣して言うこと。　b　事物のある一つの要素だけに，常に同様に反応をすることや，ある一つの要素でしか物事を捉えていない状態。　(2)　①　ア　○　イ　○　ウ　×　②　文通や作品の交換。　(3)　教師の言葉掛けを聞いたり，次の行動を絵や写真で示したカード等を見たりして，次に何をするのかが分かり，できるだけ一人で日課に沿って行動できるように指導すること。

〈解説〉(1)　a　エコラリアは，言葉や文章を機械的に繰り返すことである。言葉の表出の見られる自閉症児者の，85%ほどに見られる特徴という報告がある。コミュニケーションの指導，特に応答の指導をすることや，適切な行動を教えることによって，置き換えるというアプローチをとる方法などがある。　b　シングルフォーカスは，一度に複数のことを処理することが難しかったり，多くの情報の中の一部分に反応してしまったりすることである。学習場面において，不必要な情報を外し，注目させたい部分だけに注目できるような，視覚支援を行うことが大切である。 (2) ① ウ 「交流及び共同学習ガイド」(平成31年3月 文部科学省)の「3指導計画の作成」における「教育課程の位置付け」の中で，「授業時間内に行われる交流及び共同学習は，その活動場所がどこであっても，児童生徒等の在籍校の授業として位置付けられている」と示されている。 ② 小学校学習指導要領解説総則編(平成29年7月)には，「家庭や地域社会との連携及び共同と学校間の連携」において，「特別支援学校との交流の内容としては，例えば，学校行事や学習を中心に活動を共にする直接的な交流及び共同学習のほか，文通や作品の交換といった間接的な交流及び共同学習が考えられる」と記述されている。 (3) 「日課に沿って行動しようとすること」をねらいとするのは，生活科2段階の「ウ日課・予定」の思考力，判断力，表現力等に関する指導内容である。生活科2段階では，身近な日課や予定が分かり，次第に見通しをもって行動できるようになることにより，自分の気持ちを調整しようとする意欲や態度を高めていくことをねらいとしている。

【9】(解答例) 特別支援教育は，障害のある子供の教育にとどまらず，誰もが生き生きと活躍できる社会を形成していく基礎となるものとして，我が国の学校教育，さらには我が国の社会に対する貢献は，極めて大きいと言える。特に，平成19(2007)年度の特別支援教育制度の改正などによる特別支援教育の推進に伴い，資料2にもあるように，幼稚園，小・中・高等学校等において発達障害を含めた障害のある子供たちの数は，年々増加している。資料1からは，詩を書いた生徒が，数学を学ぶことを心から楽しんでいることを伝えている。中学部数学の学びに向かう力，人間性等に関する目標には，「数学的活動の楽しさや数学のよさに気付く」ことで，問題解決や生活や学習に活用しようとする態度を育成することが示されている。学ぶことを楽しんだり，よさに気付いたりすることは，特別支援教育に限らず，学校教育において必要な資質・能力を育成する上で，とても大切な観点である。そのためにも，子供たちには，学ぶ意欲をもって学習できるような指導

方法や学習環境を追求していくことが大事であると考える。資料1と資料2はどちらも，特別支援教育の推進の大切さをものがたるものと捉えることもできると思われる。障害のある子供が自己のもつ能力や可能性を最大限に伸ばし，自立し社会参加するための力を育むためには，一人一人の障害の状態等に応じたきめ細かな指導及び評価を一層充実することが重要である。更なる特別支援教育の推進を図るためには，共生社会の実現を目指すインクルーシブ教育システムの理念の追求が重要なテーマであると思われる。そうしたこれからの特別支援教育に真摯に向き合い，実践する教員となれるよう，努力を重ねていきたい。

〈解説〉資料1の作品は，作者の数学という学習をすることの楽しさが強く伝わってくる内容である。資料2は，障害のある学生数が増加傾向にあることを表している。2つの資料は，平成19(2007)年度の特別支援教育制度の改正を契機として，特別支援教育の推進が進められていることを，違った角度から表しているものと考えることもできる。それらのことを足がかりとして，特別支援教育の在り方や特別支援教育の推進に関する考え，自身が特別支援教育に関わる決意などを展開していくとよい。公式解答では，評価の観点として，・概ね12行以上書けているか。　・資料の意図を解釈・活用して表現できているか。
・障害のある子どもを理解する視点があるか。　・教員として子どもの意欲を引き出す適切な指導や支援を行うことの視点があるか。
・障害のある子どもと障害のない子どもの相互理解の視点があるか。
・適切にまとめられているか。　・抱負が書けているか。　・子どもに寄り添う視点があるか。　・目指す教師像が書けているか。　が示されている。

2021年度　実施問題

【1】次の[　　]内の法令等は特別支援教育に関する内容が含まれている。各問いに答えよ。

平成18年12月	国連総会において$_A$障害者の権利に関する条約を採択
平成23年8月	$_B$障害者基本法の改正
平成30年8月	$_C$学校教育法施行規則の改正

(1)　次の[　　]は，下線部Aの第24条の一部である。(　ア　)～(　オ　)に当てはまる語句を下の1～5からそれぞれ選べ。

> 第24条　教育
>
> 1　締約国は，教育についての障害者の権利を認める。締約国は，この権利を差別なしに，かつ，機会の(　ア　)を基礎として実現するため，障害者を(　イ　)するあらゆる段階の教育制度及び生涯学習を確保する。当該教育制度及び生涯学習は，次のことを目的とする。
>
> (a)　人間の潜在能力並びに尊厳及び自己の(　ウ　)についての意識を十分に発達させ，並びに人権，基本的自由及び人間の(　エ　)の尊重を強化すること。
>
> (b)　障害者が，その人格，才能及び創造力並びに精神的及び身体的な能力をその可能な最大限度まで発達させること。
>
> (c)　障害者が自由な社会に効果的に(　オ　)することを可能とすること。

ア　1　設定　　2　平等　　3　保障　　4　充実
　　5　均等

イ　1　制限　　2　配慮　　3　支援　　4　包容

5　教育

ウ　1　課題　　2　目標　　3　長所　　4　価値

5　将来

エ　1　潜在能力　　2　多様性　　3　個性　　4　特性

5　発達

オ　1　連携　　2　就労　　3　参加　　4　活動

5　参画

(2)　下線部Bについて説明した次の1～5の文のうち，正しいものには1，誤っているものには2を書け。

1　障害者が日常生活等において受ける制限は，本人が有する心身の機能の障害に起因するものとしてとらえ，障害者の定義を「障害があるため，継続的に日常生活又は社会生活に相当な制限を受ける者」とした。

2　障害者の権利に関する条約の趣旨に沿った障害者施策の推進を図るため，障害者の権利に関する条約に定められる障害者のとらえ方や我が国が目指すべき社会の姿を新たに明記した。

3　障害者を，必要な支援を受けながら，自らの決定に基づき社会のあらゆる活動に参加する主体としてとらえることとした。

4　障害者があらゆる分野において分け隔てられることなく，他者と共生することができる社会の実現を法の目的として新たに規定した。

5　社会モデルの考え方を踏まえ，障害者が日常生活又は社会生活において受ける制限をもたらす原因となる社会的な障壁(事物，制度，慣行，観念その他一切のもの)について規定した。

(3)　下線部Cの第134条の2において，特別支援学校に在学する児童等について作成することとされたものを次の1～5から選べ。

1　障害児利用支援計画　　2　地域移行支援計画

3　個別の指導計画　　4　個別の教育支援計画

5　障害児福祉計画

(☆☆☆◎◎◎)

【2】肢体不自由について，各問いに答えよ。

(1) 次の表は，脳性まひに見られる神経症状による病型及び特徴を示したものである。(a)～(c)に当てはまる病型を下の1～5から選べ。

病型	特徴
a	バランスをとるための平衡機能の障害と運動の微細なコントロールのための調節機能の障害がある。
b	上肢や下肢を屈伸する場合に、鉛の管を屈伸するような抵抗感がある。
c	頸部と上肢に不随意運動が見られ、下肢にもそれが現れる。運動発達では、頸の座りや座位保持の獲得の遅れが見られる。

1 アテトーゼ型　2 痙直型　3 失調型　4 固縮型
5 ロフストランド型

(2) 次の□は，「教育支援資料～障害のある子供の就学手続と早期からの一貫した支援の充実～」(平成25年10月文部科学省初等中等教育局特別支援教育課)の一部を抜粋したものである。(d)～(h)に当てはまる語句をあとの1～5からそれぞれ選べ。

> 4 肢体不自由の理解と障害の状態の把握
> (3) 行動等にみられる特性
> ② 心理学的・教育的側面からみた特性等
> ア 随伴する障害
> b 言語障害
>
> 脳性まひ児の多くは，言語障害を随伴していると言われている。脳性まひ児に最も多く見られるのは，まひ性構音障害とよばれる神経筋の障害(まひ)によるものである。この場合には，唇，舌，喉頭，横隔膜，胸郭など，話すことに使われる多数の筋肉の調節が損なわれている。しかし，(d)は損なわれない場合がしばしば見られる。また，この他に頻度の高いものとして，言語機能関連の基礎的事項の発達の遅れや偏りがある。
>
> (略)
>
> c 感覚障害(視知覚障害を含む)

感覚障害の代表的なものに，認知を含む視覚障害と聴覚障害がある。脳性まひ児の視覚障害については，屈折異常(近視や遠視など)，眼筋の不均衡又は斜視，(　e　)の障害などが見られる。

他にも，例えば脳室周囲白質軟化症による(　f　)両まひでは，屈折異常や斜視とともに，あるいはそれらと関連して視知覚の障害が認められる。これは，線分の長さの比較や角度の比較が困難であったり，図形の見比べが困難であったりする。形をうまく捉えることができないため文字の読み書きや図形の理解に困難を示すことが多い。知能検査では，パズルや積み木を用いる課題の成績が，言語を用いる課題の成績に比べてかなり低いことが多い。

脳性まひ児の視覚障害や聴覚障害は，学習活動を困難にするので，専門医による精密な診断と治療が必要である。

イ　行動特性

脳性まひを含めて(　g　)に障害がある者には，(　h　)(注意が特定の対象に集中できず，周囲の刺激に無選択的に反応してしまう傾向)，多動性(運動・動作を抑制することが困難な傾向)，統合困難(部分を全体的なまとまりに構成したり，関係付けたりすることが困難な傾向)，固執性(一つの物事にこだわったり，気持ちを切り替えたりすることが難しい傾向)などの独特の行動傾向が観察されることがある。しかし，これらは全ての者に見られるものではなく，個人差が大きい。

d　1　運動中枢及び言語中枢　　　2　視力及び聴力

3　内言語及び言葉の理解能力　　4　言葉の理解と読解
5　保有する機能及び潜在的な能力

e　1　眼球運動　　2　視力　　3　色覚
4　視野　　5　光覚

f　1　脳性　　2　弛緩性　　3　痙性
4　硬直性　　5　運動性

g　1　末梢神経　　2　自律神経　　3　運動神経
4　中枢神経　　5　交感神経

h　1　衝動性　　2　転導性　　3　情動性
4　逆行性　　5　選択性

(☆☆☆◎◎◎)

【3】次の文は，「特別支援学校小学部・中学部学習指導要領」(平成29年4月文部科学省告示)の一部を抜粋したものである。各問いに答えよ。

第1章　総則
第3節　教育課程の編成
3　教育課程の編成における共通的事項
(1)　内容等の取扱い
カ　知的障害者である児童に対する教育を行う特別支援学校の小学部においては，(　a　)，国語，算数，音楽，図画工作及び体育の各教科，道徳科，特別活動並びに自立活動については，特に示す場合を除き，全ての児童に履修させるものとする。また，外国語活動については，児童や学校の実態を考慮し，必要に応じて設けることができる。
キ　知的障害者である生徒に対する教育を行う特別支援学校の中学部においては，国語，社会，数学，理科，音楽，美術，保健体育及び(　b　)の各教科，道徳科，総合的な学習の時間，特別活動並びに自立活動については，特に示す場合を除き，全ての生徒に履修させるものとする。また，(　c　)については，生徒や学校の実態を考慮し，必要に応じて設けることができる。

ク　知的障害者である児童又は生徒に対する教育を行う特別支援学校において，各教科の指導に当たっては，A各教科の段階に示す内容を基に，児童又は生徒の知的障害の状態や経験等に応じて，具体的に指導内容を設定するものとする。その際，小学部は6年間，中学部は3年間を見通して計画的に指導するものとする。

(略)

(2)　B授業時数等の取扱い

(略)

(3)　指導計画の作成等に当たっての配慮事項

ア　各学校においては，次の事項に配慮しながら，学校の創意工夫を生かし，全体として，調和のとれた具体的な指導計画を作成するものとする。

(ア)　各教科等の各学年，各段階，各分野又は各言語の指導内容については，(1)のアを踏まえつつ，単元や題材など内容や(　d　)のまとまりを見通しながら，そのまとめ方や重点の置き方に適切な工夫を加え，第4節の1に示す主体的・対話的で深い学びの実現に向けた授業改善を通して資質・能力を育む効果的な指導ができるようにすること。

(イ)　各教科等及び各学年相互間の関連を図り，系統的，(　e　)な指導ができるようにすること。

(ウ)　視覚障害者，聴覚障害者，肢体不自由者又は病弱者である児童に対する教育を行う特別支援学校の小学部において，学年の内容を(　f　)まとめて示した教科及び外国語活動については，当該学年間を見通して，児童や学校，(　g　)の実態に応じ，児童の障害の状態や特性及び心身の発達の段階等を考慮しつつ，効果的，段階的に指導するようにすること。

(1) (a)～(c)に当てはまる教科等の名称を次の1～5からそれぞれ選べ。

a 1 社会 2 理科 3 生活
4 日常生活の指導 5 生活単元学習

b 1 作業学習 2 現場実習 3 技術・家庭
4 職業・家庭 5 職業生活

c 1 家庭 2 外国語活動 3 外国語科
4 総合的な学習の時間 5 学級活動

(2) (d)～(g)に当てはまる語句を次の1～5からそれぞれ選べ。

d 1 集団 2 目標 3 時間
4 評価 5 教材

e 1 発展的 2 総合的 3 論理的
4 主体的 5 弾力的

f 1 年間 2 2学年 3 3年間
4 単元ごとに 5 目標ごとに

g 1 家庭 2 社会 3 生活
4 地域 5 関係機関

(3) 下線部Aについて，小学部及び中学部ではそれぞれ何段階で示されているか。次の1～5からそれぞれ選べ。

小学部 1 1段階 2 2段階 3 3段階 4 4段階
5 5段階

中学部 1 1段階 2 2段階 3 3段階 4 4段階
5 5段階

(4) 下線部Bについて述べた次のア～エの文のうち，正しいものには1，誤っているものには2を書け。

ア 小学部又は中学部の各教科等の授業は，年間35週(小学部第1学年については34週)以上にわたって行うように計画し，週当たりの授業時数が児童又は生徒の負担過重にならないようにするものとする。

イ　小学部又は中学部の各学年の自立活動の時間に充てる授業時数は，年間35単位時間とし，各学校が実体に応じた適切な指導を行うものとする。

ウ　特別支援学校の小学部又は中学部の各学年における年間の総授業時数については，児童又は生徒の障害の状態や特性及び心身の発達の段階等に応じて，適切に定めるものとする。

エ　特別活動の授業のうち，小学部の児童会活動，クラブ活動及び学校行事並びに中学部の生徒会活動及び学校行事については，それらの内容に応じ，年間，学期ごと，月ごとなどに適切な授業時数を充てるものとする。

(☆☆☆◎◎◎)

【4】次の文は，「特別支援学校小学部・中学部学習指導要領」(平成29年4月文部科学省告示)の一部を抜粋したものである。各問いに答えよ。

第1章　総則

第8節　A重複障害者等に関する教育課程の取扱い

1　児童又は生徒の(　a　)により特に必要がある場合には，次に示すところによるものとする。その際，各教科，道徳科，外国語活動及び特別活動の当該各学年より後の各学年(知的障害者である児童又は生徒に対する教育を行う特別支援学校においては，各教科の当該各段階より後の各段階)又は当該各学部より後の各学部の目標の系統性や内容の関連に留意しなければならない。

(1)　各教科及び外国語活動の目標及び内容に関する事項の一部を(　b　)ことができること。

(2)　各教科の各学年の目標及び内容の一部又は全部を，当該各学年より前の各学年の目標及び内容の一部又は全部によって，(　c　)ことができること。また，道徳科の各学年の内容の一部又は全部を，当該各学年より前の学年の内容の一部又は全部によって，替えることができること。

(3) 視覚障害者，聴覚障害者，肢体不自由者又は病弱者である児童に対する教育を行う特別支援学校の小学部の外国語科については，外国語活動の目標及び内容の一部を取り入れることができること。

(4) 中学部の各教科及び道徳科の目標及び内容に関する事項の一部又は全部を，当該各教科に相当する小学部の各教科及び道徳科の目標及び内容に関する事項の一部又は全部によって，替えることができること。

(5) 中学部の外国語科については，小学部の外国語活動の目標及び内容の(　d　)を取り入れることができること。

(6) (　e　)に示す各領域のねらい及び内容の一部を取り入れることができること。

(1) (　a　)～(　e　)に当てはまる語句を次の1～5からそれぞれ選べ。

a　1　発達の程度　　2　発達の段階
　　3　学習の状況　　4　障害の特性
　　5　障害の状態

b　1　取り扱う　　2　取り扱わない
　　3　別に定める　　4　編成する
　　5　編成しない

c　1　設ける　　2　取り入れる
　　3　別に定める　　4　編成する
　　5　替える

d　1　一部　　2　全部
　　3　一部又は全部　　4　全部又は一部
　　5　全部若しくは一部

e　1　保育指針　　2　幼稚園教育要領
　　3　幼稚部教育要領　　4　特別支援教育資料

5　教育支援資料

(2)　下線部Aについて述べた次のア～ウの文のうち，正しいものには1，誤っているものには2を書け。

ア　視覚障害者，聴覚障害者，肢体不自由者又は病弱者である生徒に対する教育を行う特別支援学校に就学する生徒のうち，知的障害を併せ有する中学部の生徒については，外国語科及び総合的な学習の時間を設けないことができるものとする。

イ　重複障害者のうち，障害の状態により特に必要がある場合には，各教科，道徳科，外国語活動若しくは特別活動の目標及び内容に関する事項の一部又は各教科，外国語活動若しくは総合的な学習の時間に替えて，自立活動を主として指導を行うことができるものとする。

ウ　重複障害者，療養中の児童若しくは生徒又は障害のため通学して教育を受けることが困難な児童若しくは生徒に対して教員を派遣して教育を行う場合について，特に必要があるときは，実情に応じた授業時数を適切に定めるものとする。

(☆☆☆◎◎◎)

【5】次の[　　]内は，「特別支援学校小学部・中学部学習指導要領」(平成29年4月文部科学省告示)の一部を抜粋したものである。各問いに答えよ。

第7章　自立活動

第1　目標

個々の児童又は生徒が(　a　)を目指し，障害による(　b　)の困難を主体的に改善・克服するために必要な知識，技能，態度及び習慣を養い，もって心身の(　c　)の基盤を培う。

第2　A内容

略

> 第3　個別の指導計画の作成と内容の取扱い
>
> 1　自立活動の指導に当たっては，個々の児童又は生徒の障害の状態や特性及び心身の発達の段階等の的確な把握に基づき，指導すべき課題を明確にすることによって，B指導目標及び指導内容を設定し，個別の指導計画を作成するものとする。その際，第2に示す内容の中からそれぞれに必要とする［　C　］，それらを［　D　］，具体的に指導内容を設定するものとする。

(1)　(　a　)～(　c　)に当てはまる語句をそれぞれ書け。

(2)　下線部Aに含まれる6つの区分を書け。

(3)　下線部Bについて，長期の指導目標を設定した後も適切に変更するような弾力的な対応が必要な場合がある。その理由を簡潔に書け。

(4)　［　C　］及び［　D　］に当てはまる内容をそれぞれ書け。

(5)　特別支援学校中学部2年生のSさんは，自閉症で，気持ちが落ち着いているときには教師との会話ができる。音に対しての過敏さがあり，特に苦手な音がすると気持ちが落ち着かなくなり，他者に対して荒々しい行動になってしまう。Sさんの自立活動の指導を行うとき，障害の特性の理解と生活環境の調整に関する具体的な指導内容を書け。

(☆☆☆◎◎◎)

【6】次の［　　］内は，知的障害者である児童に対する教育を行う特別支援学校小学部3年生のTさんの個別の教育支援計画に記載された児童の実態と保護者の願いを抜粋したものである。各問いに答えよ。

【A個別の教育支援計画】

学　年	小学部３年生	児童名	T
生年月日	平成23年６月27日	診断名	B知的障害
保護者の願い	・C自分の伝えたいことを言葉で表現できるようになってほしい。 ・D家族みんなの食器の準備等ができるようになってほしい。		
本人の様子	・自分のしたい遊びは、「ブランコ、したい。」など２語文で学級の教師に伝えることができる。 ・指示の理解が難しいことがある。 ・５までの個数を正しく数えることができる。		
家庭での様子	・言いたいことが伝わらないとうつむいて黙ってしまう。 ・自分の食器の準備や荷物の片付けができるようになってきた。		
余暇の過ごし方	・障害福祉サービス等事業所を利用している。		
	(略)		

(1)　下線部Aについて，次の問いに答えよ。

①　作成する目的を書け。

②　学校から障害福祉サービス等事業所へ提供する際に配慮しなければならないことを簡潔に書け。

(2)　下線部Bについて，学習上の特性を簡潔に書け。

(3)　下線部Cを実現するために，「国語科」の「聞くこと・話すこと」の観点から具体的な指導内容を書け。

(4)　下線部Dを実現するために，「算数科」の「データの活用」の観点から具体的な指導内容を書け。

(☆☆☆◎◎◎)

【７】あなたが目指す特別支援学校の教師像と特別支援教育の推進に向けた抱負について，次に示した資料1，資料2と関連付けて書け。

資料1

鈴木凌晟（宮城県大崎市立鹿島台小学校３年）
「力を合わせて幸せに」
（2019年度「障害者週間のポスター」最優秀賞）

資料2

せかいのなかで

このひろいせかいのなかで
わたしは　たったひとり

たくさんの人のなかで
わたしとおなじ人げんは
ひとりもいない

わたしはわたしだけ
それがどんなに　ふじゆうだとしても
わたしのかわりは　だれもいないのだから

わたしはわたしのじんせいを
どうどうといきる

堀江　菜穂子「いきていてこそ」

(☆☆☆◎◎◎)

解答・解説

【1】(1)　ア　5　　イ　4　　ウ　4　　エ　2　　オ　3　　(2)　1　2　　2　1　　3　1　　4　1　　5　1　　(3)　4

〈解説〉(1)　障害者の権利に関する条約は，我が国における共生社会の実現とインクルーシブ教育システム構築に大きく関わるもので，批准にあたっては「障害者基本法」や「障害者の雇用の促進等に関する法律」の改正，「障害を理由とする差別の解消の推進に関する法律」の成立などの法整備を行っている。これらの法律も重要なので，十分に学習しておくとよい。　(2)　法令で示される用語の定義は水準を示すものでもあるため，暗記が望ましい。障害者基本法第2条第1号によると，障害者の定義は「障害及び社会的障壁により継続的に日常生活又は社会生活に相当な制限を受ける状態にあるもの」となっている。社会的障壁については第2号で規定されているので，あわせて学習するとよい。 (3) 特別支援学校においては個別の教育支援計画，個別の指導計画を作成することとなっているが，両者の区別ははっきりさせておきたい。前者は長期計画，後者は短期計画であり，両者とも適宜に見直すことが求められる。

【2】(1) a 3　b 4　c 1　(2) d 3　e 1　f 3　g 4　h 2

〈解説〉(1) なお，痙直型は小児における脳性まひの70%超を占める病型で，症状としては筋肉のこわばり，筋力の低下があり，筋肉のこわばりは身体の様々な部位に生じる。また，ロフストランド型とは病型ではなく，脳性まひ等で使用する杖の一つで，肘を支点として前腕部を支持する型式である。 (2) 空欄hの選択肢について，衝動性とはADHDなどでよく使われるもので，具体例として思いつきで突然行動する，行動を急に止めることができない，順番を守ることが苦手などがあげられる。情動性とは急激かつ一時的な感情によるもので，具体的には恐怖，驚き，怒り・悲しみなどがある。選択性は，例えば薬が特定の部位に特に作用する場合に使われる用語である。

【3】(1) a 3　b 4　c 3　(2) d 3　e 1　f 2　g 4　(3) 小学部…3　中学部…2　(4) ア 1　イ 2　ウ 2　エ 1

〈解説〉(1)(2) 障害者の履修科目・配慮事項は頻出なので，健常者の履修科目・配慮事項などと比較しながらまとめるとよい。特に空欄cについては，問題文にある第1章第3節の3(1)カにある外国語活動の取扱いと同様であることもチェックしておくとよい。 (3) 今回の改訂によって中学部は2段階になったことはおさえておきたい。その理由について，特別支援学校学習指導要領解説(各教科等編)では「小学部，中学部及び高等部の内容のつながりを充実させるため」としている。

(4) イの自立児活動の時間に充てる授業時数は「児童又は生徒の障害の状態や特性及び心身の発達の段階等に応じて，適切に定める」，ウの年間の総授業時数については「小学校又は中学校の各学年における総授業時数に準ずる」としている。

【4】(1) a 5 b 2 c 5 d 1 e 3 (2) ア 2 イ 1 ウ 1

〈解説〉(1) 特別支援学校学習指導要領解説総則編によると，重複障害者等に関する教育課程の取扱いについては「当該学年の各教科及び外国語活動の学習を行う際に，特に必要がある場合には，その実態に応じて，弾力的な教育課程を編成できる」としている。問題にある(1)～(6)の規定を採用するかどうかは各学校が判断するもので，検討の際は当該児童生徒の状況を見ながら慎重に判断するものとしている。

(2) アについて，外国語科及び総合的な学習の時間を設けないことができるのは小学部であり，中学部では外国語科を設けないことができる。

【5】(1) a 自立 b 学習上又は生活上 c 調和的発達

(2) 健康の保持，心理的な安定，人間関係の形成，環境の把握，身体の動き，コミュニケーション (3) 個々の児童生徒の障害の状態等は変化し得るものであるため。 (4) C 項目を選定し D 相互に関連付け (5) 過去の経験を振り返り，どのような音が苦手なのかを知り，自分がどのような気持ちや状況になったかに気付かせる。自ら別の場所に移動したり，音量の調整を他者に依頼したりするなど，自ら刺激の調整を行うことができるように指導する。

〈解説〉(1) 自立活動に限らず，各教科等の目標は学習指導要領関連の問題では最頻出なので，暗記が望ましい。当該目標は学校教育法第72条の後半部にある「障害による学習上又は生活上の困難を克服し自立を図るために必要な知識技能を授ける」を言い換えたものであることを踏まえて学習するとよいだろう。 (2) いわゆる6区分27項目は自立活動関連の問題としては頻出なので，区分・項目名だけでなく，どの区分にどの項目が該当するか，項目の概要などもあわせて整理しておきたい。　(3)「弾力的な対応」をキーワードに考えるとよいだろう。　(5)「教育支援資料」(文部科学省)によると，自閉症の特徴として，他人との社会的関係の形成の困難さ，言葉の発達の遅れ，興味や関心が狭く特定のものにこだわることをあげている。また，自閉症を発見するきっかけとして音の過敏さがあげられているが，「音に対する反応だけから自閉症であることが疑われることは稀」と，複数の症状をあわせもつ場合が多いことが示されていることにも注意したい。

【6】(1)　①　家庭及び地域並びに医療，福祉，保健，労働等の業務を行う関係機関との連携を図り，長期的な視点で児童又は生徒への教育的支援を行うため。　②　本人や保護者の同意を得ること。

(2)　学習によって得た知識や技能が断片的になりやすく，実際の生活の場面の中で生かすことが難しいこと。　(3)　映像や写真などを手掛かりにして体験したことを思い出させ，思い浮かべた事柄や思いなどを言葉と一致させることにより，言葉で表現できるようにする。

(4)　生活の中にある具体物を題材とし，茶碗と箸など，「組になるもの」を結びつけながら一対一の対応をする活動を通して，対応の意味を理解したり，数の同等や多少を判断したりすることができるようにする。

〈解説〉(1)　②　個別の教育支援計画は児童生徒の個人情報であるため，取扱いに十分に注意する。第三者への提供については原則本人，または保護者の同意を必要とするが，本問の場合は保護者の同意が最も適切な解答であろう。　(2)　教育支援資料(文部科学省)では，知的障害の特性について「習得した知識や技能が偏ったり，断片的になりやすかったりすることがある。そのため，習得した知識や技能が実際の生活には応用されにくい傾向があり，また，抽象的な指導内容よりは，実際的・具体的な内容が習得されやすい傾向がある」としている。この内容を踏まえてまとめるとよい。　(3)(4)　児童Tは小学部3年生なので，各教科とも2段階の学習内容を中心に具体的指導内容を考えればよい。

【7】(解答例)　資料1は障害のある者とない者が力を合わせること，資料2はどのような障害があろうとも，世界中で私はたった一人だという主張が込められているように見受けられる。どちらも健常者・障害者の区別なく，一人の人間として尊重されること，つまり「共生社会」がキーワードになっているものと思われる。2007年の学校教育法の改正により規定された特別支援教育については，文部科学省から発出された通知「特別支援教育の推進について」において，「特別支援教育は，障害のある幼児児童生徒への教育にとどまらず，障害の有無やその他の個々の違いを認識しつつ様々な人々が生き生きと活躍できる共生社会の形成の基礎となるもの」といった理念が示された。特別支援教育は教育の原点だという人がいる。その理由は，一人ひとりの違いや存在を認め，その一人ひとりの可能性を最大限に伸ばすための教育だからである。今後，共生社会の実現を目指し，インクルーシブ教育システムの理念を大切にした教育を着実に進めていく必要がある。私も，このような特別支援教育を着実に実践できる教員となれるよう，日々努力を重ねていく覚悟である。

〈解説〉資料1の作品には「しょうがい者とけんじょう者がいっしょにしあわせになりましょう」という作者のコメントが付されている。資料2の作者の堀江菜穂子は脳性まひの詩人である。資料1，2に共通するメッセージは障害者も健常者と同様，一人の個人である，ということであろう。そこから自身の教員像や，特別支援教育と関連させて論を展開させるとよい。ただし，現在の特別支援教育の方向性ともいえる「共生社会」「インクルーシブ教育システム」といったキーワードは外さないようにしたい。

2020年度　実施問題

【1】次の□内は，「教育支援資料～障害のある子供の就学手続と早期からの一貫した支援の充実～」(平成25年10月文部科学省初等中等教育局特別支援教育課)の一部を抜粋したものである。(a)～(f)に当てはまる語句を，下の1～5からそれぞれ1つ選べ。

> 5　聴覚障害の理解と障害の状態の把握
> (1)　聴覚障害について
> ②　聴覚障害の分類
> (略)
> 聴覚器官は，外耳((a)，外耳道)，中耳(鼓膜，鼓室，耳小骨，耳小骨筋，(b))，内耳((c)，前庭，半規管)，聴覚伝導路，聴覚中枢からなっている。これらは，外界にある音の振動を受け止め，これを内耳の感覚細胞まで送り込む作業をしている(d)部分と，送り込まれた音の振動を感覚細胞(内・外有毛細胞)で感じ，神経興奮(インパルス)に換え，脳幹の神経伝導路を通って大脳の聴皮質に送る(e)部分に大別される。
> 音の振動が内耳に伝わる経路には，振動が外耳，中耳を通っていく経路(空気伝導，気導)と，頭蓋の振動となって直接内耳を振動する経路(骨伝導，骨導)とがある。
> (f)は，障害部位，障害の程度や型，障害が生じた時期や原因などによって分けることができる。

(a)

1　気管　　2　甲状軟骨　　3　耳下腺　　4　聴神経
5　耳介

(b)

1 つち骨 2 あぶみ骨 3 きぬた骨 4 耳管

5. 前庭神経

(c)

1 毛様体 2 蝸牛 3 硝子体 4 中心窩

5 脳幹

(d)

1 伝音 2 語音 3 音韻 4 純音

5 感音

(e)

1 伝音 2 語音 3 音韻 4 純音

5 感音

(f)

1 選択性かん黙 2 光覚障害 3 構音障害 4 難聴

5 骨形成不全症

(☆☆☆◎◎◎)

【2】次の文は，特別支援学校について述べたものである。(a)～(f)に当てはまる語句を，あとの1～5からそれぞれ1つ選べ。

特別支援学校は，障害のある幼児児童生徒に対して，幼稚園，小学校，中学校又は高等学校に(a)を施すとともに，障害による(b)又は生活上の困難を克服し自立を図るために必要な知識技能を授けることを目的にしている。さらに，特別支援学校は，上記の役割に加えて，地域における特別支援教育のセンターとして，(c)に応じて，教育上特別の支援を必要とする幼児児童生徒の教育に関し必要な助言又は援助を行うよう努めることが，学校教育法に位置付けられている。「小学校学習指導要領」(平成29年3月告示)の第1章総則第4の2には，障害のある児童について，地域の関係機関や家庭と連携を図り，長期的な視点で児童への教育的支援を行うために，(d)を作成し活用することに努めること，また，各教科等の指導に当たって，個々の児童の実態を的確に把握し，(　e　)を作成し活用することに努めることが記されている。小学校等でのこれらの計画の作成に当たって助言をすることも，特別支援学校のセンター的機能である。

このようなセンター的機能を有効に発揮するために，特別支援学校においては，学校として組織的に取り組むことができるよう，例えば「地域支援部」等の校務分掌を設けるなど，(　f　)を整備することが必要である。

(　a　)

1　準ずる教育　2　類似した教育　3　転入学可能な教育
4　並ぶ教育　5　匹敵する教科教育

(　b　)

1　教育上　2　学習上　3　指導上　4　経験上
5　移動上

(　c　)

1　専門家の判断　2　教育委員会の指導
3　特別支援教育コーディネーターの判断　4　各学校の要請
5　医療機関の指導

(　d　)

1　個別の教育指導計画　2　地域移行支援計画
3　個別の教育支援計画　4　個別の支援計画
5　個別の指導計画

(　e　)

1　個別の教育指導計画　2　地域移行支援計画
3　個別の教育支援計画　4　個別の支援計画
5　個別の指導計画

(　f　)

1　校内体制　2　管理体制　3　インクルーシブ教育
4　研修体制　5　合理的配慮

(☆☆☆◎◎◎)

【3】次の□内は，「特別支援学校小学部・中学部学習指導要領」(平成29年4月告示)の一部を抜粋したものである。各問いに答えよ。

> 第1章　総則
>
> 第3節　教育課程の編成
>
> 3　教育課程の編成における共通的事項
>
> (1)　内容等の取扱い
>
> (略)
>
> キ　$_{A}$知的障害者である生徒に対する教育を行う特別支援学校の中学部においては，国語，社会，(　a　)，理科，音楽，(　b　)，(　c　)及び(　d　)の$_{B}$各教科，道徳科，(　e　)，特別活動並びに自立活動については，特に示す場合を除き，全ての生徒に履修させるものとする。また，外国語科については，生徒や学校の実態を考慮し，必要に応じて設けることができる。

(1)　(　a　)～(　e　)に当てはまる教科等の名称を書け。

(2)　下線部Aのある児童生徒の学習上の特性を踏まえた教育的対応を述べた次の文ア～エのうち，正しいものには○，誤っているものには×を書け。

ア　児童生徒が，自ら見通しをもって主体的に行動できるよう，日課や学習環境などを分かりやすくし，規則的でまとまりのある学校生活が送れるようにする。

イ　職業教育を重視し，将来の職業生活に必要な基礎的な知識や技能，態度及び人間性等が育つよう指導する。その際に，多様な進路や将来の生活について関わりのある指導内容を組織する。

ウ　個々の児童生徒の学習状況や病気の状態，授業時数の制約等に応じて.指導内容を適切に精選し，基礎的・基本的な事項に重点を置くとともに，指導内容の連続性に配慮した工夫を行ったり，各教科等相互の関連を図ったりして，効果的な学習活動が展開できるようにする。

エ　児童生徒一人一人の発達の側面に着目し，意欲や意思，情緒の不安定さなどの課題に応じるとともに，児童生徒の生活年齢に即した指導を徹底する。

(3)　下線部Bについては，学年ではなく段階別に内容が示されている。小学部と中学部ではそれぞれ何段階で示されているか書け。また，段階別に内容が示されている理由を書け。

(☆☆☆◎◎◎)

【4】次の表は，「学校教育法施行令(昭和28年10月31日政令第340号)第22条の3」の一部を抜粋したものである。(　a　)～(　j　)に当てはまる語句や数字を書け。

区　分	障　害　の　程　度
視覚障害者	両眼の視力がおおむね（　a　）未満のもの又は視力以外の視機能障害が高度のもののうち、（　b　）等の使用によつても通常の文字、図形等の視覚による認識が不可能又は著しく困難な程度のもの
聴覚障害者	両耳の聴力レベルがおおむね（　c　）デシベル以上のもののうち、（　d　）等の使用によつても通常の話声を解することが不可能又は著しく困難な程度のもの
知的障害者	一　知的発達の遅滞があり、他人との（　e　）が困難で日常生活を営むのに頻繁に援助を必要とする程度のもの 二　知的発達の遅滞の程度が前号に掲げる程度に達しないもののうち、（　f　）への適応が著しく困難なもの
肢体不自由者	一　肢体不自由の状態が（　g　）の使用によつても歩行、筆記等日常生活における基本的な動作が不可能又は困難な程度のもの 二　肢体不自由の状態が前号に掲げる程度に達しないもののうち、常時の（　h　）的観察指導を必要とする程度のもの
病弱者	一　慢性の（　i　）疾患、腎臓疾患及び神経疾患、悪性新生物その他の疾患の状態が継続して医療又は生活規制を必要とする程度のもの 二　（　j　）の状態が継続して生活規制を必要とする程度のもの

(☆☆☆◎◎◎)

【5】次の□内は，「特別支援学校小学部・中学部学習指導要領」(平成29年4月告示)の一部を抜粋したものである。各問いに答えよ。

第7章　A自立活動
　第1　目標
　第2　B内容
　第3　個別の指導計画の作成と内容の取扱い
　　2　個別の指導計画の作成に当たっては，次の事項に配慮するものとする。

(1) 個々の児童又は生徒について，障害の状態，発達や(a)の程度，興味・関心，生活や学習環境などの実態を的確に把握すること。

(2) 児童又は生徒の(b)に基づいて得られた指導すべき課題相互の関連を検討すること。その際，これまでの学習状況や将来の可能性を見通しながら，長期的及び短期的な観点から指導目標を設定し，それらを達成するために必要な指導内容を(c)に取り上げること。

(3) 具体的な指導内容を設定する際には，以下の点を考慮すること。

(略)

ウ 個々の児童又は生徒が，発達の遅れている側面を補うために，[C]ような指導内容を取り上げること。

エ 個々の児童又は生徒が，活動しやすいように自ら(d)を整えたり，必要に応じて周囲の人に支援を求めたりすることができるような指導内容を計画的に取り上げること。

オ 個々の児童又は生徒に対し，[D]ことによって，思考・判断・表現する力を高めることができるような指導内容を取り上げること。

(1) (a)～(d)に当てはまる語句を書け。

(2) 下線部Aに関して述べた次の文ア～エのうち，正しいものには○，誤っているものには×を書け。

ア 小学部又は中学部の各学年の自立活動の時間に充てる授業時数は，年間35単位時間で行うよう計画し，週当たりの授業時数が児童又は生徒の負担過重にならないようにする。

イ　自立活動の内容に示されている全ての区分を選定し，それらを相互に関連付け，具体的に指導内容を設定する。

ウ　自立活動の指導は，専門的な知識や技能を有する教師を中心として，全教師の協力の下に効果的に行われるようにする。

エ　自立活動の指導の成果が進学先等でも生かされるように，個別の教育支援計画等を活用して関係機関等との連携を図る。

(3)　下線部Bは6つに区分されている。6つの区分を全て書け。

(4)　［　C　］及び［　D　］に当てはまる内容をそれぞれ書け。

(☆☆☆◎◎◎)

【6】次の文は，知的障害者である児童に対する教育を行う特別支援学校の小学部6年生Zさんの実態を書いたものである。各問いに答えよ。

> Zさんは，A<u>てんかん発作が起こることがあり，医療機関との連携が必要である。学校で起こった発作の状況を医師に伝えるため，教員がその様子を観察</u>している。
>
> 自閉症の診断を受けており，B<u>言葉を字義通りに受け止め相手の真意の読み取りを間違うことがあり，場に応じた適切な行動をとることが難しい</u>が，教員からの言葉の指示を理解し集団で行動することができるようになってきた。
>
> C<u>生活科</u>の学習を通して，信号や標識を理解することができるようになってきた。

(1)　下線部Aについて，観察の要点は「身体の状態とその変化」以外に何があるか。3つ書け。

(2)　下線部Bについて，自立活動での他者の意図や感情の理解に関する具体的な指導内容を書け。

(3)　下線部Cについて，次の問いに答えよ。

①　生活科の内容は，12の内容から構成されている。「基本的生活習慣」，「安全」，「日課・予定」，「遊び」，「役割」，「手伝い・仕事」，「きまり」，「社会の仕組みと公共施設」のほか，4つ書け。

② 「安全」において，防災に関わる知識や技能を身に付けるための指導を行うとき，具体的な指導内容を3つ書け。

(☆☆☆◎◎◎)

【７】あなたが目指す特別支援学校の教師像と特別支援教育の推進に向けた抱負について，次に示した資料1，資料2と関連付けて書け。

資料1

東京2020オリンピックスポーツ
ピクトグラム
公益財団法人東京オリンピック・
パラリンピック競技大会組織委員会

資料2

あたし
もたもたもたもた
それがあたし
のそのそのそのそ
それもあたし
シュッ　ピッ　キラリに
あこがれるけど
あたしでなくっちゃ
意味がない

島川ゆうこ(埼玉県　32歳　高次脳機能障害)
第23回NHKハート展作品

(☆☆☆◎◎◎)

解答・解説

【1】a 5　b 4　c 2　d 1　e 5　f 4

〈解説〉耳の構造と難聴に関する問題。難聴には外耳，中耳の障害による伝音性難聴，内耳の障害による感音性難聴，両方の難聴が混在する混合性難聴があることをおさえておくとよい。fについて，一般的に選択制かん黙は情緒障害，光覚障害は視覚障害，構音障害は言語障害，骨形成不全症は肢体不自由に分類される。

【2】a 1　b 2　c 4　d 3　e 5　f 1

〈解説〉特別支援学校のセンター的機能としては「小・中学校等の教員への支援」「特別支援教育等に関する相談・情報提供」「障害のある幼児

児童生徒への指導・支援」「福祉，医療，労働などの関係機関等との連絡・調整」「小・中学校等の教員に対する研修協力」「障害のある幼児児童生徒への施設設備等の提供」があげられる。また，個別の教育支援計画の作成について法制化されたことも覚えておこう。

【3】(1) a 数学 b 美術 c 保健体育 d 職業・家庭 e 総合的な学習の時間 (2) ア ○ イ ○ ウ × エ ○ (3) 小学部…3段階 中学部…2段階 理由…発達期における知的機能の障害が，同一学年であっても，個人差が大きく，学力や学習状況も異なるから。

〈解説〉(2) 特別支援学校学習指導要領解説 各教科等編(小学部・中学部)にある「知的障害のある児童生徒の教育的対応の基本」を参照のこと。ウは病弱者に対する対応について述べられている。 (3) 今回の学習指導要領改訂で中学部では2つの段階が新設されたこと，小・中学部の各段階に目標が設定されたことはおさえておきたい。

【4】a ○・三(0.3) b 拡大鏡 c 六○(60) d 補聴器 e 意思疎通 f 社会生活 g 補装具 h 医学 i 呼吸器 j 身体虚弱

〈解説〉本表は特別支援教育における基本的事項といえるので，数値に注意しながら，前文おさえておくことが望ましい，なお，視力の測定は万国式試視力表によるものとし，屈折異常がある者については矯正視力によって測定することもおさえておこう。

【5】(1) a 経験 b 実態把握 c 段階的 d 環境 (2) ア × イ × ウ ○ エ ○ (3) 健康の保持，心理的な安定，人間関係の形成，環境の把握，身体の動き，コミュニケーション (4) C 発達の進んでいる側面を更に伸ばす D 自己選択・自己決定する機会を設ける

〈解説〉(2) ア 特別支援学校学習指導要領解説 自立活動編(小学部・中

学部)各学年の自立活動の授業時数は「児童又は生徒の障害の状態や特性及び心身の発達の段階等に応じて，適切に定めるものとする」としている。　イ　同解説 自立活動編(小学部・中学部)では，指導計画作成の際，「6つの区分の下に示してある項目の中から，個々の幼児児童生徒に必要とされる項目を選定し，それらを相互に関連付けて具体的な指導内容を設定する」としている。よって，すべての区分を選定する必要はない。　(3)　自立活動に示されている6区分27項目は頻出なので，各項目がどの区分に属するか，各項目の具体的内容まで学習してほしい。　(4)　Cについて，同解説 自立活動編(小学部・中学部)では「発達の進んでいる側面を更に促進させることによって，幼児児童生徒が自信をもって活動や学習に取り組むなど，意欲を喚起し，遅れている面の伸長や改善に有効に作用する」としている。自立活動では，障害となる点の改善ばかり取り組むわけではないことに注意したい。

【6】(1)　発作が起こったときの状況，意識状態，持続時間，発作後の状態　から3つ　　(2)　生活上の様々な場面を想定し，そこでの相手の言葉や表情などから，相手の立場や相手の考えることなどを推測するような指導を行う。　　(3)　①　人との関わり，金銭の扱い，生命・自然，ものの仕組みと働き　　②　「火事」,「地震」,「避難」などの言葉の意味を理解したり，避難時に友達と一緒に適切に行動できるようにする。　　土砂崩れや河川の増水，地震や火事などの災害に気付き，その場の状況を捉えて行動できるようにする。　　安全な場所や人々との接し方を身に付けることができるようにする。

〈解説〉(1)　てんかんは脳の神経細胞に異常な電気的興奮が突発的に起こることで意識や運動，感覚に異常をきたす病気であり，部分発作と全般発作に大別できる。近年では，薬によって，ある程度コントロールできるとされている。発作は数分で収束するケースが多いが，その間，痰や食べ物がのどに詰まらないよう，呼吸が楽な体位にするといった対応が求められる。タオルやスプーンなどを入れるといった対応が示されているときもあるが，歯を折る危険性もあり，正しくないとされていることにも注意したい。 (3) 生活科では「安全」について危険防止，交通安全，避難訓練，防災の観点から，それぞれ考えられている。具体的な指導内容は特別支援学校学習指導要領解説 各教科等編(小学部・中学部)に示されているので，参照するとよい。

【7】解答略

〈解説〉資料1と2の関連性についてはいろいろ考えられるが，一つ例示する。資料1にあるようなスポーツは敏捷性・巧緻性などが問われるものであり，資料2の詩では「シュッ　ピッ　キラリ」に該当するものだろう。つまり資料2の詩では健常者と比較すると自分の行動は非常に遅いけど，これが自分の姿なんだ，という自己肯定的なニュアンスが読み取れる。資料1でパラリンピックのピクトグラムを示さなかったのは，考慮する範囲を障害者の世界だけに限定したくなかったと思われる。つまり，現代社会は健常者と障害者が混在しており，障害者は障害を受け入れる(ハンデと考えない)ようにすることが大切だというメッセージにもとれる。したがって，資料2の詩が一つの理想形ではないかと考えられる。そういった児童生徒を育成するにはどうすればよいかを基に作文すればよい。

2019年度　実施問題

【1】特別支援学校に関する各問いに答えよ。

(1)　次の表は,「公立義務教育諸学校の学級編制及び教職員定数の標準に関する法律(昭和33年法律第116号)」及び「公立高等学校の適正配置及び教職員定数の標準等に関する法律(昭和36年法律第188号)」による特別支援学校小学部・中学部・高等部の学級編制の標準を示したものである。(a)~(d)に当てはまる数字を書け。

部	一学級の児童又は生徒の数の標準
小学部・中学部	・(a)人 ・文部科学大臣が定める障害を二以上併せ有する児童又は生徒で学級を編制する場合にあつては(b)人
高等部	・(c)人 ・文部科学大臣が定める障害を二以上併せ有する生徒で学級を編制する場合にあつては(d)人

(2)　次の□内は,「特別支援学校高等部学習指導要領」(平成21年3月告示)の一部を抜粋したものである。(e)~(i)に当てはまる語句を書け。

> 高等学校等の要請により,障害のある生徒又は当該生徒の教育を担当する教師等に対して必要な助言又は援助を行ったり,地域の実態や家庭の要請等により保護者等に対して(e)を行ったりするなど,各学校の教師の(f)や施設・設備を生かした地域における特別支援教育の(g)としての役割を果たすよう努めること。その際,学校として組織的に取り組むことができるよう(h)を整備するとともに,他の特別支援学校や地域の高等学校等との(i)を図ること。

(3)　次の□内は,特別支援学校で使用する教科用図書について説明したものである。(j)~(l)に当てはまる語句をあとのア~ケからそれぞれ1つ選び,その記号を書け。

> 特別支援学校では，文部科学大臣の検定を経た教科用図書のほか，子どもの障害の状態に合わせて作成された教科用図書などを使っている。
> 文部科学省が著作の名義を有する教科用図書には，視覚障害者用の(　j　)，聴覚障害者用の言語指導や音楽の教科用図書，知的障害者用の国語，算数・数学，(　k　)の教科用図書がある。
> また，適切な教科用図書がないなど特別な場合には，(　l　)附則第9条により上記以外の図書を教科用図書として使用することができる。

ア　拡大教科書　　イ　点字教科書　　ウ　音声教材
エ　職業・家庭　　オ　図画工作　　カ　音楽
キ　義務教育諸学校の教科用図書の無償措置に関する法律
ク　学校教育法
ケ　障害のある児童及び生徒のための教科用特定図書等の普及の促進等に関する法律

(☆☆☆◎◎◎)

【2】次の(1)～(4)の説明に該当する病気及び症候群の名称をそれぞれ書け。

(1)　尿に大量のたんぱくが漏れ出てしまうために血液のたんぱく質濃度が減り，むくみ(浮腫)や高コレステロール血症を伴う病気である。2～6歳に多く発病する。

(2)　血糖をコントロールしているインスリンが何らかの原因により，分泌されなかったり，量が少なかったり，働きが悪かったりすることにより起こる病気である。子どもに多く発症し，肥満や運動不足は病気の原因に直接関係しない。

(3)　大腿骨骨頭の骨端部に栄養を与えている血行がなんらかの理由により途絶え，同部が壊死に陥る病気である。5～7歳の幼児期から学童期早期に発症する頻度が高い。

(4)　紫外線によって損傷を受けた遺伝子の傷を修復する仕組みに障害がある病気である。皮膚にしみが生じて乾燥し，年齢とともに皮膚がんの発生率が高くなることがある。

(☆☆☆◎◎◎◎◎)

【3】次の□内は，P特別支援学校の教育課程表である。「特別支援学校小学部・中学部学習指導要領」(平成21年3月告示)を踏まえて，下の各問いに答えよ。

A肢体不自由教育部門　小学部教育課程表

教科等＼学年		3年
各教科	国語	210
	（　a　）	70
	算数	175
	（　b　）	70
	音楽	50
	図画工作	50
	体育	50
道徳		35
（　c　）		70
特別活動		35
自立活動		130
合計時数		945

知的障害教育部門　小学部教育課程表

教科等＼学年		3年
B各教科	（　d　）	170
	国語	90
	C算数	90
	音楽	70
	図画工作	70
	体育	70
道徳		35
特別活動		35
自立活動		315
合計時数		945

備考
児童の実態に合わせて、D各教科等を合わせて指導を行う。

(1)　教育課程表の(　a　)～(　d　)に当てはまる教科等の名称を書け。

(2)　下線部Aにおける，指導計画の作成と各学年にわたる内容の取扱いに当たっての配慮事項は，「特別支援学校小学部・中学部学習指導要領」(平成21年間告示)に次の□内のとおり示されている。(　e　)～(　k　)に当てはまる語句を書け。

(1) (e)な活動を通して表現する意欲を高めるとともに，児童の(f)の程度や身体の動きの状態に応じて，考えたことや感じたことを表現する力の育成に努めること。
(2) 児童の身体の動きの状態や(g)の程度等を考慮して，指導内容を適切に(h)し，基礎的・基本的な事項に重点を置くなどして指導すること。
(3) 身体の動きやコミュニケーション等に関する内容の指導に当たっては，特に(i)における指導との密接な関連を保ち，学習効果を一層高めるようにすること。
(4) 児童の学習時の(j)や認知の特性等に応じて，指導方法を工夫すること。
(5) 児童の身体の動きや意思の(k)の状態等に応じて，適切な補助用具や補助的手段を工夫するとともに，コンピュータ等の情報機器などを有効に活用し，指導の効果を高めるようにすること。

(3) 下線部Bの内容は，「特別支援学校小学部・中学部学習指導要領」(平成21年3月告示)に段階別に示されている。小学部では何段階で示されているか，その数字を書け。また，段階別に示されている理由を簡潔に書け。
(4) 下線部Cの内容は，4つの観点から構成されている。「数量の基礎，数と計算」のほかの3つの観点を書け。
(5) 下線部Dの指導形態の1つに「生活単元学習」がある。「生活単元学習」とはどのようなものか，簡潔に説明せよ。ただし，「生活上」，「解決」，「組織的」の3つの語句を用いること。

(☆☆☆◎◎◎◎◎)

【4】次の［　　］内は，「特別支援学校小学部・中学部学習指導要領」(平成21年3月告示)の一部を抜粋したものである。あとの各問いに答えよ。

第7章　A自立活動
第1　目標
個々の児童又は生徒が自立を目指し，障害による学習上又は生活上の困難を(　a　)に改善・克服するために必要な知識，技能，態度及び(　b　)を養い，もって心身の(　c　)の基盤を培う。
第2　B内容
(略)
第3　指導計画の作成と内容の取扱い
(略)
2　個別の指導計画の作成に当たっては，次の事項に配慮するものとする。
(略)
(2)　実態把握に基づき，長期的及び短期的な観点からC指導の目標を設定し，それらを達成するために必要な指導内容を段階的に取り上げること。

(1)　(　a　)～(　c　)に当てはまる語句を書け。

(2)　下線部Aに関する次のア～エの文のうち，正しいものには○，間違っているものには×をつけよ。

ア　学校における自立活動の指導は，学校の教育活動全体を通じて適切に行うものとする。

イ　各学年における自立活動に充てる授業時数については，年間35単位時間とし，各学校が実態に応じた適切な指導を行うものとする。

ウ　自立活動の内容は，個々の児童生徒にそのすべてを指導するものとする。

エ　重複障害者のうち，障害の状態により特に必要がある場合には，各教科，道徳，外国語活動若しくは特別活動の目標及び内容に関する事項の一部又は各教科，外国語活動若しくは総合的な学習の時間に替えて，自立活動を主として指導を行うことができる。

(3)　下線部Bに含まれる6つの区分を書け。

(4)　下線部Cのうち，長期の目標については適切に変更し得るような弾力的な対応が必要である。その理由を簡潔に書け。

(5)　視覚障害者である児童に対する教育を行う特別支援学校小学部1年生のQさんは，全盲である。その障害の状態から身体の動き等を模倣することを通して基本的な運動・動作を習得することが難しい。Qさんの自立活動の指導を行うとき，姿勢と運動・動作の基本的技能の習得に関する具体的な指導内容を書け。

(6)　知的障害者である生徒に対する教育を行う特別支援学校中学部2年生のRさんは，過去の失敗経験により自分に自信がなく，行動することをためらいがちになることが多い。Rさんの自立活動の指導を行うとき，自己の理解と行動の調整に関する具体的な指導内容を書け。

(☆☆☆◎◎◎◎◎)

【5】次の□内は，知的障害者である生徒に対する教育を行う特別支援学校高等部3年生のSさんの産業現場等における実習での様子と，実習後に学校においてSさんに行った指導等について書いたものである。あとの各問いに答えよ。

(産業現場等における実習でのSさんの様子)

> 実習先で担当した作業は学校においても取り組んだ経験があったため，すぐに作業に取りかかることができた。また，作業には30分間集中して取り組んだ。休憩時間中，実習先で働く先輩に，「卒業したら組立作業がしたい」，「グループホームで生活してみたい」，「卒業したら働いておいしいものを家族にごちそうする」などと笑顔で会話をすることができた。しかし，A作業の分担が変更されると，作業に取りかかることができず，うつむいたまま過ごすことが多くなった。

(実習後に学校においてSさんに行った指導等)

・実習により明らかになった課題を踏まえた指導 ・次回の[B]産業現場等における実習の計画立案 ・[C]グループホームでの生活を目指した指導 ・卒業後の願いを踏まえた[D]関係諸機関を交えた支援会議の開催

(1)　下線部Aの課題に対する具体的な指導内容を「職業」の「役割」に関する観点から簡潔に書け。

(2)　下線部Bについての留意事項として，「特別支援学校学習指導要領解説総則等編(高等部)」(平成21年12月文部科学省)には，次の□内のとおり示されている。(　a　)～(　e　)に当てはまる語句を書け。

ア　生徒本人の(　a　)を確認するとともに，関係諸機関や家庭との連携に基づいて実習を計画すること。 イ　実習先の開拓に当たっては，学校の教育活動として実習を行うことが実習先に理解されるようにすること。 ウ　実習先における担当者及び仕事内容を確認し，必要に応じて実習先の担当者による(　b　)などを依頼すること。 エ　実習開始前までに，(　c　)の練習をしたり，仕事内容や実習先で必要とされる(　d　)態度に関する学習をしたりすること。 オ　実習期間を定めるとともに，実習中の指導計画を作成すること。 カ　実習先に対して実習中の生徒の(　e　)を依頼すること。

(3)　下線部Cについて，「健康な生活」という単元に取り組むことになった。「保健体育」の「保健」の観点から具体的な指導内容を簡潔に書け。

(4)　下線部Dに関して，次の表は各種機関とその事業内容をまとめたものである。表中の(　f　)，(　g　)に当てはまる事業内容をあとのア～エからそれぞれ1つ選び，その記号を書け。

機関の名称	ハローワーク	障害者就業・生活支援センター	子ども家庭相談センター
事業内容	（ f ）	障害者の身近な地域において、雇用、保健福祉、教育等の関係機関の連携拠点として、就業面及び生活面における一体的な相談支援を実施している。	（ g ）

ア　子どもの福祉を図るとともに，その権利を擁護することを目的として，児童福祉法によって設置されている。

イ　障害者に対して，職業評価，職業指導，職業準備訓練，職場適応援助等の専門的な職業リハビリテーション，事業主に対する雇用管理に関する助言等を実施している。

ウ　就職を希望する障害者の求職登録を行い，専門職員や職業相談員がケースワーク方式により障害の種類・程度に応じたきめ細かな職業相談・紹介，職場定着指導等を実施している。

エ　すべての都道府県・市町村に設置され，地域住民や社会福祉関係者の参加により，地域の福祉推進の中核としての役割を担い，さまざまな活動を行っている。

(☆☆☆◎◎◎◎)

【6】あなたが目指す特別支援学校の教師像と特別支援教育の推進に向けた抱負について，次に示した資料1，資料2と関連付けて書け。

資料1

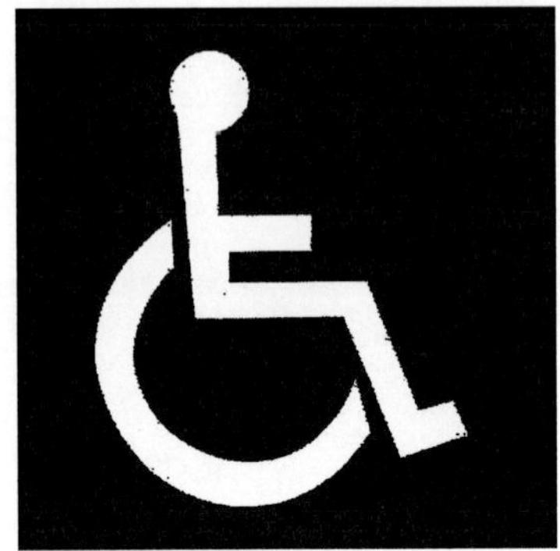

障害者のための
国際シンボルマーク
(公益財団法人日本障害者リハビリテーション協会)

資料2

ヘルプマーク
(東京都福祉保健局障害者施策推進部計画課)

(☆☆☆☆◎◎◎◎◎)

解答・解説

【1】(1)　a　6　　b　3　　c　8　　d　3　　(2)　e　教育相談　　f　専門性　　g　センター　　h　校内体制　　i　連携　　(3)　j　イ　　k　カ　　l　ク

〈解説〉(1)　1学級の児童生徒数の標準は，学校教育法施行規則や各設置基準において定められているが，公立学校においては「上位法優先の法則」により，「公立義務教育諸学校の学級編制及び教職員定数の標準に関する法律」及び「公立高等学校の適正配置及び教職員定数の標準等に関する法律」が適用される。なお，特別支援学級(小学校・中学校)は8人と規定されている。　(2)　特別支援学校の特別支援教育に関するセンター的機能に関しては非常に重要であるため，中央教育審議会答申「特別支援教育を推進するための制度の在り方について」を参照しておきたい。また，高等部学習指導要領では「高等学校等の要請により～」としており，高等学校だけでなく，小・中学校等に在籍する障害のある幼児児童生徒や担当教師等への支援も含まれていることに留意する必要がある。　(3)　特別支援学校に在籍する児童生徒の実態に応じて教科書を選択する必要がある。各教科書の特徴についても併せて確認しておくことが必要である。

【2】(1)　ネフローゼ症候群　(2)　1型糖尿病　(3)　ペルテス病　(4)　色素性乾皮症

〈解説〉いずれの疾病，症候群も代表的なものであるため，十分に理解しておきたい。特に，(2)の糖尿病に関しては，1型糖尿病と2型糖尿病に分類できる。1型糖尿病は，自己免疫によって起こる病気で，膵臓がインスリンを作り出すことができずにインスリンそのものが欠乏していくことが主な原因である。小児期に起こることが多いため以前は小児糖尿病とも呼ばれていた。一方，2型糖尿病はインスリンが作られるものの，その量が十分でなかったりうまく作用しなかったりすることによる。成人の中高年者に多く発症し，遺伝や生活習慣の乱れと関連がある。

【3】(1)　a　社会　b　理科　c　総合的な学習の時間　d　生活　(2)　e　体験的　f　言語発達　g　生活経験　h　精選　i　自立活動　j　姿勢　k　表出　(3)　段階…3　理由…児童の学力などが同一学年であっても，知的障害の状態や経験等が様々であり，個人差が大きいためであり，段階を設けて示したほうが個々の児童の実態等に即し，各教科の内容を選択して指導しやすいから。

(4)　量と測定，図形・数量関係，実務　(5)　児童が生活上の目標を達成したり，課題を解決したりするために，一連の活動を組織的に経験することによって，自立的な生活に必要な事柄を実際的・総合的に学習するもの。

〈解説〉(1)　視覚障害者，聴覚障害者，肢体不自由者又は病弱者である児童生徒に対して教育を行う特別支援学校では，各教科の目標や内容の取扱い等は，原則として小学校，中学校，高等学校の学習指導要領に準ずるものとされている。一方，知的障害者である児童生徒に対して教育を行う特別支援学校ではこれと異なっており，各教科の目標や内容の取扱い等について独自の規定がある。文中で問われているように，各教科の教育課程の構成等が異なってくるのはそのためである。(2)　表現する力を育成するためには，体験的な活動を通して表現しようとする意欲を高めることが大切である。言語発達の程度については，話したり書いたりする力だけでなく，言葉の意味理解や語彙なども把握する必要がある。これらのことが学習指導要領解説(平成21年6月)に示されている。すべての項目について確認しておきたい。　(3)　児童生徒の知的障害の状態等に配慮し，各教科の各段階は，基本的には，知的発達，身体発育，運動発達，生活経験，社会性，職業能力等の状態を考慮して目標や内容を定め，小学部1段階から高等部2段階へと6段階に積み上げている。　(5)　知的障害のある児童生徒の学習上の特性として，得られた知識や技能が断片的になりやすく，応用されにくいことがある。加えて，実際的な生活経験が不足しがちであるため，実際的・具体的な活動を学習活動の中心に据えて指導することが効果的である。そのため，領域別・教科別に分けて指導するよりも，それらを合わせて学習するほうが効果的である。各教科等を合わせた指導には，生活単元学習の他に，日常生活の指導，遊びの指導，作業学習などがある。

【4】(1)　a　主体的　b　習慣　c　調和的発達　(2)　ア　○　イ　×　ウ　×　エ　○　(3)　健康の保持，心理的な安定，人

間関係の形成，環境の把握，身体の動き，コミュニケーション

(4) 個々の児童生徒の障害の状態等は変化し得るものなので，今後の見通しを予測しながら指導の目標を適切に変更していくことが必要であるため。 (5) 教師の身体や人体の模型に直接触らせて姿勢や動きを確認させた後，児童も自分の身体を実際に使ってその姿勢や動きを繰り返し学習させるとともに，その都度教師は適切な指示を与えることによって，児童が運動・動作を習得できるようにする。

(6) 本人が容易にできる活動を設定して成就感を味わうことができるようにし，徐々に自信を回復しながら自己の理解を深め，集団の中で状況に応じた行動ができるようにする。

〈解説〉(1) 学習指導要領は，一通り目を通し，キーワードは確実に押さえておきたい。 (2) イ 自立活動に充てる授業時数は，35単位時間と定められてはおらず，個々の児童生徒の障害の状態に応じて適切に定めるものとされている。 ウ すべての項目を指導する必要はなく，内容についても個々に合わせて設定することになっている。

(3) 自立活動の6つの区分には，それぞれ具体的な内容を示した項目が複数挙げられているので，確認しておくことが重要である。特に，健康の保持における「障害の特性の理解と生活環境の調整に関すること」は，学習指導要領の改訂(平成29年4月告示)に伴って新たに追加された項目であるため，覚えておきたい。

【5】(1) 作業工程における自分の担当や仕事の内容，手順等の理解を促すとともに，分からないことは自ら尋ねてはっきりさせるなど自分の分担に責任をもてるようにしたり，作業結果を自ら確認できるようにしたりする。 (2) a 意思 b 面接 c 通勤 d 勤務 e 評価 (3) 常に身体や身辺を清潔に保つことや簡単な応急手当の仕方を知り，実際の生活に生かしたりするよう指導する。

(4) f ウ g ア

〈解説〉(1)(2) 「職業」では，「働くことの意義」，「道具・機械等の取扱いや安全・衛生」，「役割」，「職業に関する知識」，「産業現場等におけ

る実習」,「健康管理・余暇」及び「機械・情報機器」の七つの観点から基礎的な内容と発展的な内容の2段階で示している。職業科は，中学部の職業・家庭科の職業に関する目標と内容との関連を考慮しながら，高等部においては，社会参加としての職業における勤労の意義について理解するとともに，将来の職業生活に必要な能力を高め，実習を積み重ねることによって，実践的な態度を育てることを目標としている。目標と内容については，学習指導要領解説(平成21年12月)で確認しておきたい。　(3)　模範解答以外では，好奇心から喫煙，飲酒，薬物乱用を始める場合があることから，自分の健康は自分で守るという意識を高め，健康的な生活や望ましい行動を身に付けるよう指導するなどである。　(4)　イが示しているのは地域障害者職業センターであり，エが示しているのは全国社会福祉協議会である。

【6】(解答例)　私が目指す特別支援学校の教師像とは，一人ひとりの個性を見つけ，児童生徒のもつ可能性を引き出し，伸ばすことができる教師である。近年，障害の多様化と重複化が指摘されており，児童生徒の障害の程度や発達段階は，個々によって大きく異なってきている。障害があるといっても，資料1に示されているシンボルマークのように，日常でも目にすることが多く，比較的見て分かりやすい障害もあれば，そうでないものもある。その例が資料2のヘルプマークであり，内部障害など，外見では援助や配慮を必要とすることが分かりにくい人が身につけるものである。このように，一言で障害があるといってもその程度や個々の特性はそれぞれ異なる。教育実習においても，例えば同じ平仮名の学習場面で，児童生徒一人ひとりの興味関心に合わせて授業の内容を構成する重要性を学んだ。そのため，本人が興味のある事柄を取り入れながら学習を進めるなどして，児童生徒のもつ可能性を存分に発揮できるようにしたい。また，児童生徒の可能性や良さを引き出すためには，特別支援学校の中だけにとどまるのではなく，様々な人との関わりが重要であると考える。したがって，特別支援教育を推進していくために，私は，障害のある児童生徒と障害のない児

童生徒との交流及び共同学習に力をいれていく。障害の有無にかかわらず，お互いが一人の人間として尊重し，理解しあえるように，特別支援学校の枠を超えた学習の場を多く設定していく。そして，交流及び共同学習を進める際は，障害のない児童生徒の視点や考え方も大事にしていこうと考える。このように，私は，個々のニーズを理解した上で，それぞれがもつ力を最大限に引き出していける教師になる決意である。障害のある児童生徒が，様々な人と関わり合える場や機会を大切にしていくことで，将来の自立と社会参加につなげていきたい。そのような小さな積み重ねが，これからの特別支援教育の推進と，共生社会の実現につながっていくのではないかと考える。

〈解説〉このような形式の問題には，基本的には，小論文や論作文と同じ書き方で記述するとよい。問われている内容は，どのような教師になりたいか，どのように特別支援教育を推進したいかということであるが，そのように考えるに至った背景や現状についても，はじめに一言記述するとよい。論述する際は，「教員としてこうあるべきだ」という第三者的な視点ではなく，「理想の教師像」を示し，かつ，特別支援教育の推進と関連付けて具体的に論述することが大事である。その際に，教育実習やボランティア等，自分の経験を基にすると，文章の構成が考えやすくなるだろう。模範解答では，評価の観点として，・概ね12行以上書けているか。　・資料の意図を解釈・活用して表現できているか。　・障害のある子どもを理解する視点があるか。　・教員として子どもの意欲を引き出す適切な指導や支援を行うことの視点があるか。　・障害のある子どもと障害のない子どもの相互理解の視点があるか。　・適切にまとめられているか。　・抱負が書けているか。・子どもに寄り添う視点があるか。　・目指す教師像が書けているか。が示されている。

2018年度　実施問題

【1】聴覚障害について，各問いに答えよ。

(1) 次の[　　]内は，「教育支援資料～障害のある子供の就学手続と早期からの一貫した支援の充実～」(平成25年10月　文部科学省初等中等教育局特別支援教育課)の一部を抜粋したものである。(　a　)～(　c　)に当てはまる数値の組み合わせをア～カから1つ選び，その記号を書け。

> 聴覚障害の程度による特徴
>
> (略)
>
> 平均聴力レベル(　a　)dBの聴覚障害は通常の話し声を1.5～4.5mで聞き取れるので，言語習得前に障害が生じた場合でも，家庭内での生活上の支障は見逃されやすい。言語発達の障害を来して学習面での困難を生じ得るため，適切な補聴の上で教育的な配慮が必要である。
>
> (略)
>
> 平均聴力レベル(　b　)dBの聴覚障害は，通常の話し声を0.2～1.5mで聞き取れるので，補聴器の補聴が適正であれば，音声だけでの会話聴取が可能である場合が多い。言語習得前に障害が生じた場合，障害の程度や言語環境の違いなどで言語発達の状態は様々であるが，注意しなければわずかな生活言語を獲得するにとどまる場合もあるので，適切な補聴器の装用と教育的な対応が不可欠である。
>
> 平均聴力レベル(　c　)dB以上の聴覚障害で，言語習得期前に障害が生じた場合には，早期からの適切な教育的対応は必須である。また，人工内耳の装用も選択肢の一つとして考えられる。

ア　a － 40～50　b － 50～120　c － 120
イ　a － 25～40　b － 40～90　c － 90
ウ　a － 40～60　b － 60～90　c － 90
エ　a － 25～40　b － 40～80　c － 80
オ　a － 30～60　b － 60～120　c － 120
カ　a － 40～50　b － 50～80　c － 80

(2)　次の①～③の語句について，簡潔に説明せよ。
①　伝音難聴
②　感音難聴
③　人工内耳

(☆☆☆◎◎◎)

【2】次の表は，障害のある児童生徒の実態把握のために使用される検査の名称とその特徴を示したものである。各問いに答えよ。

検査の名称	検査の特徴
あ	・検査項目に対する子どもの反応を調べ、子どもの発達が全体として到達している年齢段階を測定しようとするものである。（　a　）・（　b　）領域、認知・適応領域、言語・社会領域について評価を行い、発達指数と発達年齢を算出することができる。
田中ビネー知能検査Ｖ	・年齢尺度で構成されているため、できなかった問題、あるいはできた問題の年齢的な基準が示されている。さらに知能指数及び精神年齢を算出することができる。課題の困難度に応じて（　c　）級から（　d　）級まで年齢段階に応じて分けられた問題構成になっている。
い	・子どもの認知機能に関する重要な情報を得ることができ、プロフィール分析は、（　e　）と個人間差の両方の視点から行う。５つの合成得点「全検査ＩＱ、言語理解指標、A知覚推理指標、ワーキングメモリー指標、B処理速度指標」を中心に、さらに７つのプロセス得点による解釈を可能にする検査である。
日本版ＫＡＢＣ－Ⅱ心理・教育アセスメントバッテリー	・認知尺度としてルリア理論に立脚して認知能力の全体像を示すとともに、習得尺度として基礎的学力を測定する検査を作成し、両尺度から得られた結果を比較し、分析することができる。認知尺度は、（　f　）尺度、（　g　）尺度、学習尺度、計画尺度の４つの尺度で構成される。

(1)　「　あ　」,「　い　」の検査の名称をそれぞれ書け。
(2)　(　a　)～(　g　)に当てはまる語句をそれぞれ書け。
(3)　下線部A，下線部Bで測ることができる能力について，それぞれ簡潔に説明せよ。

(☆☆◎◎◎◎)

【3】次のような保護者の願いを聞き，個別の教育支援計画を作成することになった。各問いに答えよ。

＜保護者の願い＞
・特別支援学校高等部の卒業後の生活を考えて，A1人で公共交通機関を利用して通学できるようになってほしい。
＜生徒のプロフィール＞
・知的障害者である生徒に対する教育を行う特別支援学校中学部3年生である。
・スクールバスを利用して通学している。中学部2年生のときに，自宅とスクールバスのバス停間を保護者の付き添いなしで通学できるようになった。
・放課後は，B福祉サービス事業所のサービスを利用している。

(1)　下線部Aを実現するために，「数学」の「実務」に関する観点から，鉄道の利用を例に具体的な指導内容を簡潔に書け。
(2)　下線部Bに，個別の教育支援計画に記載された個人情報を提供する際に配慮しなければならないことを簡潔に書け。
(3)　個別の教育支援計画を作成する目的を書け。

(☆☆☆◎◎◎)

【4】次の文は，「特別支援学校学習指導要領解説総則等編(幼稚部・小学部・中学部)」(平成21年6月文部科学省)」の一部を抜粋したものである。各問いに答えよ。

第1部　教育課程の基準と編成
第1章　教育課程の基準
第1節　教育課程の意義
教育課程の意義については，様々なとらえ方があるが，学校において編成する教育課程とは，(　a　)の目的や目標を達成するために，教育の内容を児童生徒の心身の発達に応じ，A授業時数との関連において(b)に組織した学校の(c)であると言うことができる。

(略)

各学校における具体的な指導内容については，これらの規定を踏まえ，学校教育法施行規則及び学習指導要領に各教科等の種類やそれぞれの目標，指導内容等についての基準を示している。すなわち，B学校教育法施行規則においては，特別支援学校小学部の教育課程は，国語，社会，算数，理科，生活，音楽，図画工作，家庭及び体育の各教科，道徳，外国語活動，総合的な学習の時間，特別活動並びに自立活動によって編成することとしている。知的障害者である児童を教育する場合はC生活，国語，算数，音楽，図画工作及び体育の各教科，道徳，特別活動並びに自立活動によって教育課程を編成することとしている。

(1) (a)～(c)に当てはまる語句を書け。

(2) 下線部Aに関する次のア～ウの文のうち，正しいものには○，誤っているものには×を書け。

ア 特別支援学校の小学部又は中学部の各学年における年間の総授業時数については，小学校又は中学校の各学年の年間の総授業時数に準ずるものとする。

イ 小学部又は中学部の各教科等の授業は，年間35週(小学部第1学年については34週)以上にわたって行うように計画し，週当たりの授業時数が児童又は生徒の負担過重にならないようにするものとする。

ウ 小学部又は中学部の各学年の自立活動の時間に充てる授業時数は，標準時間が示されているが障害の程度に応じて適切に定めるものとする。

(3) 下線部Bに示されている知的障害者である生徒を教育する特別支

援学校中学部の各教科を示した次の表における①～④の教科名を書け。(順不同)

<table>
<tr><td rowspan="2">各教科</td><td>国語</td><td>社会</td><td>数学</td><td>理科</td><td>①</td></tr>
<tr><td>②</td><td>③</td><td>④</td><td colspan="2">外国語科　※必要がある場合には加えることができる</td></tr>
</table>

(4)　下線部Cの目標は，4つの内容で構成されている。「自分と身近な社会や自然とのかかわりについて関心を深める」のほか，3つを書け。

(☆☆☆◎◎◎)

【5】次の文は，「特別支援学校小学部・中学部学習指導要領」(平成21年3月文部科学省告示)の一部を抜粋したものである。各問いに答えよ。

> 第7章　自立活動
>
> 第1　A目標　(略)
>
> 第2　B内容
>
> (略)
>
> 第3　指導計画の作成と内容の取扱い
>
> 1　自立活動の指導に当たっては，個々の児童又は生徒の障害の状態や発達の段階等の的確な把握に基づき，指導の目標及び指導内容を明確にし，[　C　]ものとする。その際，第2に示す内容の中からそれぞれに必要とする項目を選定し，それらを相互に関連付け，具体的に指導内容を設定するものとする。

(1)　下線部Aについて，「目標」として示されている内容を書け。

(2)　下線部Bに含まれる6つの区分を書け。

(3)　[　C　]に当てはまる内容を書け。

(4)　特別支援学校中学部2年のHさんは，自閉症で，予告なしに行われる避難訓練では混乱し，どのように行動したらよいか分からなくなることがある。Hさんの自立活動の指導を行うとき，状況の理解と変化への対応に関する指導内容を書け。

(☆☆☆◎◎◎)

【6】次の文は，肢体不自由者である生徒に対する教育を行う特別支援学校の高等部1年生Sさんの実態を書いたものである。各問いに答えよ。

Sさんは，A脳性まひで，四肢等に自分の意志と関係なく異常運動が起こることがよく見られる。口唇や指先の色が紫色になるなど，変動しやすい体調を把握するため，教員がバイタルサインを測定するとともに，B医療的ケアを実施している。筋力が弱く自力で体を支えることができないため，リクライニングさせた車いす又はベッドの上に乗り，横向きの姿勢で学習をしている。かろうじて鉛筆を持って筆記をすることはできるが，筆圧が低く上肢が動く範囲も狭いため，Cパソコンを利用して学習している。

(1) 下線部Aの障害型は何か，その名称を書け。

(2) 下線部Bについて，一定の研修を修了した教員が生徒の呼吸状態の改善のために実施できる特定行為は何か，その名称を書け。

(3) 下線部Cについて，Sさんが入力する上での具体的な配慮を2つ書け。

(☆☆☆◎◎◎)

【7】あなたが目指す特別支援学校の教師像と特別支援教育の推進に向けた抱負について，次に示した資料1，資料2と関連付けて書け。

資料1

知らんやろ

知らんやろ
うち歩いとるんやで　走っとるんやで
知らんやろ
いっつも全力で踊っとるんやで
知らんやろ
ムカついたとき　めっちゃ暴れとるんやで
知らんやろ
めっちゃムギューってハグしとるんやで
みんな　知らんやろ

田邉千春（三重県　17歳　肢体不自由）
第20回ＮＨＫハート展作品

資料2

東京2020パラリンピック競技大会
エンブレム
公益財団法人東京オリンピック・
パラリンピック競技大会組織委員会

(☆☆☆◎◎◎)

解答・解説

【1】(1)　ウ　　(2)　①　外耳・中耳で何らかの要因により音や音声が振動として伝わりにくくなるために起こる聴覚障害。　②　内耳から聴覚中枢に至る部位に病変があると考えられ，振動から神経活動の信号への変換や神経伝達処理が行われにくくなるために起こる聴覚障害。　③　内耳に電極を接触させ，神経を電気刺激して聴覚を補償する手術と器具の総称。

〈解説〉(1)　聴覚障害の程度と特徴について基本的な理解が求められて

いる。聴覚障害は基本的に軽度難聴(25db以上40db未満)，中等度難聴(40db以上70db未満)，高度難聴(70db以上90db未満)，最重度難聴(90db以上)の4つのレベルに分類される。平均聴力レベルが25db～40dbの聴覚障害は，一対一の会話場面では支障は少ないものの，日常生活で聞き返しが多くなったり，集団の中では正確に聞き取れないことがあったりする。このことが言語力の伸びにくさや学習面での問題，コミュニケーション面におけるトラブルをもたらすこともあり，慎重な対処が必要になる。　(2)　聴覚障害は，一般的には音が耳介から外耳道を経て第一聴覚野に至るまでの経路のどこかに障害がある場合を指し，どの部位に障害があるかによって伝音難聴と感音難聴に分けられる。また障害がある部位によって，聞こえの状態も異なる。伝音難聴は，音のエネルギーが内耳の感覚細胞を刺激する外耳から中耳において生じ，音や音声が振動として伝わりにくくなるためにおこる物理系の障害である。また，感音難聴は感覚細胞から大脳の第一聴覚野に伝わるまでの内耳から中枢神経において生じる神経系の障害である。伝音難聴と感音難聴が併存するものを混合難聴という。また，聴力を補う機器として，主に補聴器と人工内耳がある。人工内耳は，耳の中を通ってきた音を電気信号に変換して脳に送る器官である内耳に電極を埋め込み，聴神経を電気刺激する補聴方法である。人工内耳のマイクから入力された音声が，体外にあるスピーチプロセッサーによって，聴神経へと伝えられる。人工内耳の装用には手術が必要で，手術後はトレーニングが非常に大切になる。補聴器は，音を増幅する機器で，保有聴力を活用できるようにするものである。

【2】(1)　あ　新版K式発達検査2001(新版K式発達検査)　　い　WISC-Ⅳ知能検査　　(2)　a　姿勢　　b　運動　　c　1歳　　d　成人　　e　個人内差　　f　継次　　g　同時　(fとgは順不同)　　(3)　A　非言語的な情報をもとに推論する能力と新奇な情報に基づく課題処理能力。　　B　単純な視覚情報を素早く正確にかつ順序良く処理する，あるいは識別する能力。

〈解説〉(1)　あ　新版K式発達検査2001は，0歳～成人を対象としており，身体運動能力や社会性の発達なども含めて，子どもの発達の基準を数値化して表す発達指数を測る検査である。構造化された枠組みの中で対象児の行動や反応を直接観察して評価を行うもので，「姿勢・運動」「認知・適応」「言語・社会」の3つの領域および全領域で発達年齢と発達指数が算出される。　い　WISC-Ⅳ知能検査は，5歳～16歳11ヵ月を対象としており，子どもの知的発達の様相を多面的に評価する知能検査である。同年齢集団における発達の位置(個人間差)をみることができるだけでなく，その児童生徒がもつ能力のばらつきや得意な点，不得意な点(個人内差)を明らかにすることが可能である。このような個人内差を明らかにすることは，どのような支援が必要で，効果的であるかを考えることに有効である。本検査は「言語理解」「知覚推理」「ワーキングメモリー」「処理速度」の4つの指標及びそれらをまとめた全検査知能指数から知的機能を評価する。　(2)　a・b・eは(1)に示したとおりである。「田中ビネー知能検査Ⅴ」は2歳～成人を対象としており，1歳級から成人級の問題が年齢尺度によって構成され，年齢に応じた発達レベルの比較が容易である。検査によって得られた精神年齢と実際の生活年齢との比較によって，知能指数(IQ)として算出される。田中ビネー知能検査Ⅴは「思考」「言語」「記憶」「数量」「知覚」などの問題で構成されている。「日本版KABC－Ⅱ心理・教育アセスメントバッテリー」は2歳6ヵ月～18歳11ヵ月を対象としており，認知尺度と習得尺度によって構成され，知能と習得度を分けて評価する。認知能力と学力の基礎となる習得度の測定によって，支援や指導といった教育的な働きかけに直結する検査として利用できる。認知尺度は「継次尺度」「同時尺度」「計画尺度」「学習尺度」の4つ，習得度尺度は「語彙尺度」「読み尺度」「書き尺度」「算数尺度」の4つで構成される。　(3)　知覚推理は絵や図形のような視覚的な情報を知覚的に組織化しながら抽象的な意味を推論する力である。処理速度は，視覚的な情報を数多く，正確に処理する力である。また，言語理解は言葉を使って抽象的あるいは概念的な意味を推論したり表現したりする力，ワーキングメモリーは一時的に情報を記憶にとどめながら他の操作を行う力である。各指標の下位検査や解釈についてもあわせて確認しておくこと。

【3】(1)　実際に学校の最寄りの駅に行き，運賃表で目的地の駅名と金額を確認し，自動券売機に運賃に相当する金額を入れるように指導する。　(2)　本人や保護者の同意を得て個人情報を提供すること。

(3)　家庭及び地域や医療，福祉，保健，労働等の業務を行う関係機関との連携を図り，長期的な視点で児童又は生徒への教育的支援を行うため。

〈解説〉(1)　特別支援学校高等部　学習指導要領　第2章　第2節　知的障害者である生徒に対する教育を行う特別支援学校　第1款　[数学]　2　内容，によると，実務に関する観点の記述は「金銭や時計・暦などの使い方に慣れる。」ことである。本問での保護者の要望を実現するためには，金銭を適切に使用し，鉄道を利用すること，目的地となる駅によって運賃が変わることを理解することであろう。そのための指導としては，実際に駅で切符を買ってみることや，目的地に行くための運賃を計算する課題を教室内で指導することが考えられる。

(2)　個別の教育支援計画は，様々な教育的支援を円滑に実施することを確保するために作成される。しかし，その計画には個人情報が含まれていることに留意することが必要不可欠であり，関係各機関との連携においても必ず本人・保護者の同意が必要である。　(3)　個別の教育支援計画は個別の指導計画と共に必ず押さえておくべき内容である。個別の指導計画は対象の子どもの障害の実態に応じて学年ごとや学期ごと，単元ごとに作成される細やかな指導の計画であり，本問で問われている個別の教育支援計画は乳幼児期から学校卒業後までの長期的な計画である。個別の教育支援計画は主に，関係機関との連携に使用され，医療，福祉などといった各専門家の意見も含まれるものであり，保護者の意見も尊重される。

【4】(1)　a　学校教育　　b　総合的　　c　教育計画　　(2)　ア　○　イ　○　　ウ　×　　(3)　①　音楽　　②　美術　　③　保健体育　④　職業・家庭　(①～④は順不同)　　(4)　・日常生活の基本的な習慣を身につける。　　・集団生活への参加に必要な態度や技能を養う。　・自律的な生活をするための基礎的能力と態度を育てる。　(順不同)

〈解説〉(1)　教育課程の意義は，教員採用試験を受けるにあたり必読すべき部分である。特別支援学校の教育課程は通常学校の教育課程とは異なる部分があり，学習指導要領解説にはその異なる部分が解説されている。教育課程の基準と編成全般を通して頻出範囲であり，本文のような空欄に言葉を入れる問われ方が多いため，読み込んで試験に臨みたい。　(2)　ア　本問題文にあるように，小学部又は中学部の年間の授業時数は，小学校又は中学校のそれに準ずるものである。それぞれ標準となる授業時数が学習指導要領や文部科学省で示されており確認しておきたい。現行の学習指導要領では小学校では1学年で850時間，2学年で910時間，3学年で945時間，4学年で980時間まで授業数が増加し，4～6学年の総授業時数は980時間という標準総授業時数が示されている。中学部では3学年を通して1015時間という総授業時数の標準が示されている。　イ　各教科の授業時数についてもアと同様にそれぞれ標準となるものが示されており，小学部1学年は年間34週以上，小学部2学年以上は年間35週以上で計画される。ただし，留意する点として児童生徒の実態や特性と教科等の特性を考慮する必要があると記されている。　ウ　自立活動に関する内容であるが，自立活動に関しては標準時間が定められていない。自立活動は児童生徒の障害の実態に即して行う授業であり，その実態や特性，子どもの体調等を踏まえて弾力的に設定する必要がある。　(3)　知的障害者である生徒の各教科については特別支援学校学習指導要領とその解説で確認することができる。通常の学校教育とそれぞれの特別支援学校では教育課程にどのような違いがあるのか目を通しておく必要がある。　(4)　各教科の小学部に記載されている内容である。生活の目標は4つからなっている。生活科は「生活経験」を積み重ねることが大きな目的であり，指導にあたっては学習指導要領に記載されているように，指導に3つの段階があるという特徴をもつ。

【5】(1)　個々の児童又は生徒が自立を目指し，障害による学習上又は生活上の困難を主体的に改善・克服するために必要な知識，技能，態度及び習慣を養い，もって心身の調和的発達の基盤を培う。　(2)　健康の保持，心理的な安定，人間関係の形成，環境の把握，身体の動き，コミュニケーション　(順不同)　　(3)　個別の指導計画を作成する。　(4)　事前に複数回，避難訓練を体験できる機会を設定する。

〈解説〉「自立活動」では，自立に向けた主体的な取り組みの教育活動が強調されている。自立活動については，6区分の内容だけでなく26項目についても覚えておく必要がある。障害の特性から，急激な環境の変化が苦手であったり，生活経験が少なく，新しい課題への取り組みが消極的であったりする。そのため，指導にあたっては，視覚的支援，絵カードや写真を用いた意思の伝達活動の場の設定など，活動に安心して取り組める分かりやすい環境を設定したり，できることを繰り返し学習させたりして，自己肯定感を高め，自信につながるようにさせるという工夫が考えられる。6区分を項目立てを参考にして，児童生徒の実態に合わせた支援を考えていくことが望まれる。

【6】(1)　アテトーゼ型(もしくは不随意運動型)　　(2)　喀痰吸引　(3)　・キーボードやマウスなどの入力装置の代替の入力機器を選択する。　・利き腕の届く範囲に入力機器の位置を調整する。

〈解説〉脳性まひは，運動障害の特性から痙直型とアテトーゼ型，失調型と固縮型の4類型に大別され，2つ以上を併せ有する混合型もある。このような脳性まひの障害型と四肢まひ，両まひと表されるような障害部位別の特徴についても覚えておくとよい。医療的ケアは「日常生活に必要とされる医療的な生活援助行為」であり，痰の吸引や経管栄養，導尿補助などが例として挙げられる。このような代表的な医療的ケアについては実施上の注意なども含めて内容を覚えておく必要がある。

また，医療的ケアについては文部科学省の「特別支援学校等における医療的ケアへの今後の対応について」という報告に目を通しておくとよいだろう。指導にあたっては，代替機器が有効である場合や腕を固定するためのクッションを用意したり機器の位置を動かしたりする支援が有効な場合など児童生徒の実態に合った支援を考えていく必要がある。

【7】近年，障害の多様化と重複化が指摘されており，児童生徒の障害の程度や発達段階は，個々によって大きく異なるという現状がある。そのような背景を踏まえた上で，私は，一人ひとりの個性を見つけ，児童生徒のもつ可能性や良さを引き出し，伸ばすことができる教師になりたい。

障害のある児童生徒に対する周囲の理解は，現在においても，できないことや不得意なことに対して注目される傾向があると思われる。資料1からも，障害があっても本人は自分らしく生きているにも関わらず，周囲の人々に理解されないことに葛藤している生徒の様子が読み取れる。したがって私は，本人のできるところや良いところ，得意なことに目を向け，それらを十分に認めながら関わる姿勢を大事にしたい。教育実習では，児童生徒は小さなことであっても少しずつ成長をしており，それに教師が気付き，本人に伝えていくことの重要性を学んだ。その学びから，肯定的な声かけや本人が理解できる方法で褒めるなどして，児童生徒のもつ可能性や良さが存分に発揮できるようにしたいと思う。

また，周囲の理解を得ることに加え，一人ひとりを認めることを重視した関わりを行うために，私は，児童生徒が自分の可能性を追求しながら，十分に活躍する機会を多く設定したい。例えば資料2にある通り，パラリンピックで取り上げられるような障害者スポーツを，通常学校の児童生徒や，地域の人々と共に行うことが考えられる。スポーツの場は，障害の有無に関わらずそれぞれが活躍できるため，特別支援教育を推進していくにあたって大いに活用していけると考える。

多様な人々と関わることは，障害のある児童生徒が一人の人間として認められる場面を増やすことにもなり，同時に，周囲の人々の特別支援教育に対する理解促進にもつながる。

このように，私は，特別支援学校の教師として，児童生徒一人ひとりのもつ思いに寄り添い，個々のもつ力を最大限に引き出し，背中を押してあげることのできる教師になりたい。スポーツのみならず，すべての場面で，障害のある児童生徒一人ひとりが将来の自立と社会参加に向けて活躍できる場や機会を大切にしていく。そのような小さな積み重ねが，これからの特別支援教育の推進と，共生社会の実現につながっていくのではないかと考える。

〈解説〉このような形式の問題には，基本的には，小論文や論作文と同じ書き方で記述すればよい。問われている内容は，どのような教師になりたいか，どのように特別支援教育を推進したいかということであるが，そのように考えるに至った背景や現状についても，初めに一言記述するとよい。論述する際は，教育実習やボランティア等，自分の経験を元にすると，文章の構成が考えやすくなるだろう。誤字脱字に気をつけ，筋の通った文章を書くように心がけたい。

2017年度　実施問題

【1】次の表は,「学校教育法施行令(昭和28年10月31日政令第340号)第22条の三」の一部を抜粋したものである。(a)～(m)に当てはまる語句を書け。

区　分	障　害　の　程　度
(a)	両眼の視力がおおむね(b)未満のもの又は視力以外の視機能障害が高度のもののうち、拡大鏡等の使用によつても通常の文字、図形等の視覚による認識が不可能又は著しく困難な程度のもの
(c)	両耳の聴力レベルがおおむね(d)デシベル以上のもののうち、補聴器等の使用によつても通常の話声を解することが不可能又は著しく困難な程度のもの
(e)	一　知的発達の遅滞があり、他人との(f)が困難で日常生活を営むのに頻繁に援助を必要とする程度のもの 二　知的発達の遅滞の程度が前号に掲げる程度に達しないもののうち、(g)への適応が著しく困難なもの
(h)	一　肢体不自由の状態が(i)の使用によつても歩行、筆記等日常生活における基本的な動作が不可能又は困難な程度のもの 二　肢体不自由の状態が前号に掲げる程度に達しないもののうち、常時の(j)を必要とする程度のもの
(k)	一　慢性の呼吸器疾患、(l)及び神経疾患、悪性新生物その他の疾患の状態が継続して医療又は生活規制を必要とする程度のもの 二　(m)の状態が継続して生活規制を必要とする程度のもの

(☆☆☆◎◎◎)

【2】次の文は,「教育支援資料～障害のある子供の就学手続と早期からの一貫した支援の充実～」(平成25年10月文部科学省初等中等教育局特別支援教育課)で示されている病気についての説明である。(1)～(3)の説明文に該当する病名を書け。

(1) 発作的に脳の神経細胞に異常な電気的興奮が起こり，その結果，意識，運動，感覚などの突発的な異常を来す病気である。

(2) 筋肉が壊れていく遺伝性の疾患の総称で，症状は進行性の筋萎縮と筋力低下である。遺伝形式，症状，経過により幾つもの「型」に分類されている。

(3) 血液の製造所である骨髄で異常な未熟白血球が増殖し，その浸潤により，正常造血機能の抑制を来す病気である。

(☆☆☆◎◎◎)

【3】次の文は,「特別支援学校小学部・中学部学習指導要領」(平成21年3月文部科学省告示)の中の第1章総則第2節「教育課程の編成」の一部を抜粋したものである。各問いに答えよ。

第5　重複障害者等に関する教育課程の取扱い

1　児童又は生徒の障害の状態により特に必要がある場合には,次に示すところによるものとする。

(1)　各教科及び外国語活動の目標及び内容に関する事項の一部を取り扱わないことができること。

(2)　各教科の各学年の目標及び内容の全部又は一部を,当該学年の(　a　)の目標及び内容の全部又は一部によって,替えることができること。

(3)　中学部の各教科の目標及び内容に関する事項の全部又は一部を,当該各教科に相当する(　b　)の各教科の目標及び内容に関する事項の全部又は一部によって,替えることができること。

(4)　視覚障害者,聴覚障害者,肢体不自由者又は病弱者である生徒に対する教育を行う特別支援学校の(　c　)の外国語科については,外国語活動の目標及び内容の一部を取り入れることができること。

(5)　(　d　)教育要領に示す各領域のねらい及び内容の一部を取り入れることができること。

2　視覚障害者,聴覚障害者,肢体不自由者又は病弱者である児童又は生徒に対する教育を行う特別支援学校に就学する児童又は生徒のうち,知的障害を併せ有する者については,各教科又は各教科の目標及び内容に関する事項の一部を,当該各教科に相当する第2章第1節第2款若しくは第2節第2款に示す知的障害者である児童又は生徒に対する教育を行う特別支援学校の各教科又は各教科の目標及び内容の一部によって,替えることができるものとする。なお,この場合,小学部の児童については,外国語活動及び総合的な学習の時間を設けないことができるものとする。また,中学部の生徒については，外国語科を設けないことができるものとする。

3　重複障害者のうち，障害の状態により特に必要がある場合には，各教科，道徳，外国語活動若しくは特別活動の目標及び内容に関する事項の一部又は各教科，外国語活動若しくは総合的な学習の時間に替えて，A自立活動を主として指導を行うことができるものとする。

(1)　(　a　)~(　d　)に当てはまる語句を書け。

(2)　2の規定を適用し，知的障害を併せ有する視覚障害者，聴覚障害者，肢体不自由者又は病弱者に行う各教科の目標及び内容に関する事項の一部を，知的障害者である児童生徒に対する教育を行う特別支援学校の各教科の目標及び内容の一部に替えたい。次の表の①~④に当てはまる教科の名称は何か。それぞれ1つずつ書け。

視覚障害者、聴覚障害者、肢体不自由者又は病弱者である児童又は生徒に対する教育を行う特別支援学校の各教科		知的障害者である児童又は生徒に対する教育を行う特別支援学校の各教科	
小学部	①、②、③ →	小学部	生活
中学部	④ →	中学部	職業・家庭

(3)　下線部Aと規定している理由は何か，説明せよ。ただし，「障害の状態」，「不均衡」の2つの語句を用いること。

(☆☆☆◎◎◎)

【4】次の[   ]内は,「特別支援学校学習指導要領解説総則等編(高等部)」(平成21年12月文部科学省)を参考に知的障害者である生徒に対する教育を行う特別支援学校高等部の教育課程を構成する内容と指導の形態をまとめたものである。各問いに答えよ。

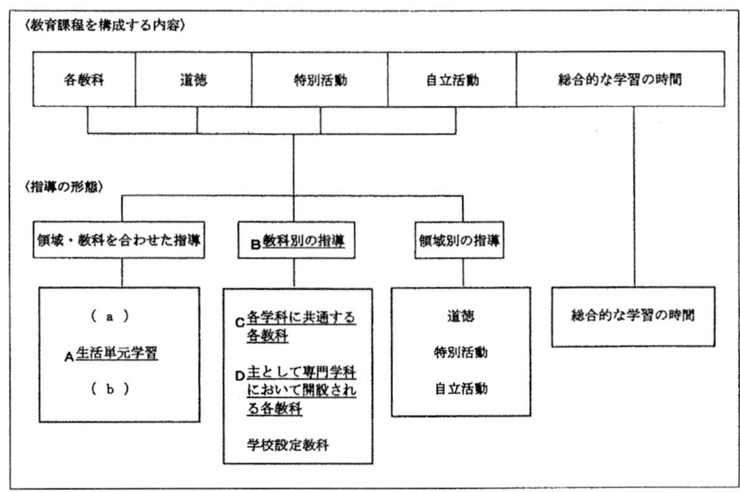

(1) (a), (b)に当てはまる語句を書け。

(2) 下線部Aに関する次の文のうち,誤っているものを次のア～カから全て選び,その記号を書け。

ア 生活単元学習は,生徒が生活上の目標を達成したり,課題を解決したりするために,一連の活動を組織的に経験することによって,自立的な生活に必要な事柄を実際的・総合的に学習するものである。

イ 生活単元学習では,社会,職業・家庭,自立活動の内容が中心に扱われる。

ウ 生活単元学習の指導では,生徒の学習活動は,生活的な目標や課題に沿って組織されることが大切である。

エ 単元は,実際の生活から発展し,生徒の知的障害の状態等や興味・関心などに応じたものであり,個人差の大きい集団にも適合するものである。

オ　単元は，豊かな内容を含む活動で組織され，生徒がいろいろな単元を通して，多種多様な経験ができるよう計画されている。

カ　生活単元学習では，各教科ごとに時間を設けて指導し，年間における各単元の構成や展開について十分検討する必要がある。

(3)　下線部Bについて，社会科で「公共施設の利用」について指導を行うとき，知的障害の特性を踏まえて大切にすべきことを簡潔に書け。

(4)　下線部Cの内容は，「特別支援学校高等部学習指導要領」において何段階で示されているか。その数字を書け。また，段階別に示されている理由を書け。

(5)　下線部Dの教科名を5つ書け。

(☆☆☆◎◎◎)

【５】次の文は，「特別支援学校小学部・中学部学習指導要領」(平成21年3月文部科学省告示)の一部を抜粋したものである。各問いに答えよ。

第7章　自立活動

第1　目標

個々の児童又は生徒が(　a　)を目指し，障害による学習上又は生活上の困難を主体的に改善・克服するために必要な知識，技能，態度及び(　b　)を養い，もって心身の(　c　)を培う。

A第2　内容

略

第3　指導計画の作成と内容の取扱い

1　自立活動の指導に当たっては，個々の児童又は生徒の障害の状態や発達の段階等の的確な把握に基づき，指導の目標及び指導内容を明確にし，個別の指導計画を作成するものとする。その際，第2に示す内容の中から［　B　］ものとする。

2　個別の指導計画の作成に当たっては，次の事項に配慮するものとする。

(1) 個々の児童又は生徒について，障害の状態，発達や経験の程度，興味・関心，生活や学習環境などの実態を的確に把握すること。

(2) 実態把握に基づき，長期的及び短期的な観点から指導の目標を設定し，それらを達成するために必要な指導内容を段階的に取り上げること。

(3) 具体的に指導内容を設定する際には，C以下の点を考慮すること。

(1) (a)～(c)に当てはまる語句を書け。

(2) 下線部Aに含まれる，6つの区分をすべて書け。

(3) [B]に当てはまる内容を書け。

(4) 下線部Cについて説明した次の文のうち，誤っているものを次のア～エから1つ選び，その記号を書け。

ア 児童又は生徒が興味をもって主体的に取り組み，成就感を味わうとともに自己を肯定的にとらえることができるような指導内容を取り上げること。

イ 児童又は生徒が，障害を改善・克服することができるような訓練を重点的に取り上げること。

ウ 個々の児童又は生徒の発達の進んでいる側面を更に伸ばすことによって，遅れている側面を補うことができるような指導内容も取り上げること。

エ 個々の児童又は生徒が，活動しやすいように自ら環境を整えたり，必要に応じて周囲の人に支援を求めたりすることができるような指導内容も計画的に取り上げること。

(5) 自立活動の指導において，肢体不自由のある児童生徒が，車いすで目的地まで一人で移動できるようになることを指導の目標にしたときの具体的な指導内容を書け。

(☆☆☆◎◎◎)

【6】次の文は，「共生社会の形成に向けたインクルーシブ教育システム構築のための特別支援教育の推進(報告)」(平成24年7月23日文部科学省中央教育審議会初等中等教育分科会)の一部を抜粋したものである。各問いに答えよ。

3，障害のある子どもが十分に教育を受けられるための合理的配慮及びその基礎となる環境整備

(中略)

(3)　学校における$_{A}$<u>「合理的配慮」</u>の観点

○ 「合理的配慮」は，個々の障害のある幼児児童生徒の状態等に応じて提供されるものであり，多様かつ個別性が高いものであることから，本特別委員会において，その観点について以下のとおり整理した。

○　障害のある幼児児童生徒については，障害の状態が多様なだけでなく，障害を併せ有する場合や，障害の状態や病状が変化する場合もあることから，時間の経過により必要な支援が異なることに留意する必要がある。また，障害の状態等に応じた「合理的配慮」を決定する上で，$_{B}$<u>ICF(国際生活機能分類)</u>を活用することが考えられる。

○　各学校の設置者及び学校が体制面，(　a　)をも勘案し，「(　b　)」又は「(　c　)」負担について，個別に判断することとなる。その際は，「合理的配慮」を決定する際において，現在必要とされている「合理的配慮」は何か，何を優先して提供するかなどについて関係者間で(　d　)を図る必要がある。

(中略)

○ 「合理的配慮」は一人一人の障害の状態や(　e　)等に応じて決定されるものであり，すべてが同じように決定されるものではない。設置者及び学校が決定するに当たっては，本人及び保護者と，個別の教育支援計画を作成する中で，「合理的配慮」の観点を踏まえ，「合理的配慮」について可能な限り(　f　)を図った上で決定し，提供されることが望ましい。例えば，設置者及び学校が，

学校における保護者の待機を安易に求めるなど，保護者に過度の対応を求めることは適切ではない。

(1) (a)〜(f)に当てはまる語句を書け。

(2) 下線部Aについて，以下の問いに答えよ。

① 聴覚障害のある児童生徒に対し，聞こえにくさに応じた視覚的な情報として提供する合理的配慮を「学習内容の変更・調整」の観点から具体例を2つ書け。

② 視覚障害のある児童生徒に対し，見えにくさからくる概念形成の難しさを補うための合理的配慮を「学習機会や体験の確保」の観点から具体例を1つ書け。

(3) 下線部Bについて，人間の生活機能として構成されている3つの要素を書け。

(☆☆☆◎◎◎)

【7】あなたが目指す特別支援学校の教師像と特別支援学校の児童生徒への指導と支援について大切だと思うことを，次に示した資料1，資料2と関連付けて書け。

資料1

ためしてみたいこと

ためしてみたいこと
ひとつめは　2ほんあしであるくこと
ふたつめは　そのあしではしること
みっつめは　はくしゅをすること
よっつめは　てがみをこえにだしてよむこと
いつつめは　てでものをたべること
むっつめは　ひとりでおふろにはいること
ななつめは　じぶんでくるまをうんてんすること
やっつめは　べんきょうしてテストをうけること
ここのつめは　人にマッサージをしてあげること
じゅっこめは　みんなにやさしくしてあげること
どれも　きっとわたしがいきているかぎり
かなわないことだけれども
ずっとやってみたいとおもっている

堀江 菜穂子 『さくらのこえ』 より

資料２

現行の障害者雇用率

<民間企業>
一般の民間企業＝ 法定雇用率２．０％
特殊法人等＝ 法定雇用率２．３％

<国及び地方公共団体>
国、地方公共団体＝ 法定雇用率２．３％
都道府県等の教育委員会＝ 法定雇用率２．２％

厚生労働省のwebページ（平成28年６月現在）より

(☆☆☆◎◎◎)

解答・解説

【1】a　視覚障害者　　b　0.3　　c　聴覚障害者　　d　60　　e　知的障害者　　f　意思疎通　　g　社会生活　　h　肢体不自由者　i　補装具　　j　医学的観察指導　　k　病弱者　　l　腎臓疾患　m　身体虚弱

〈解説〉本表は「視覚障害者，聴覚障害者，知的障害者，肢体不自由者又は病弱者の障害の程度」であり，特別支援学校の対象となる者の障害の程度を定めたものといえる。なお，視覚障害者について両眼の視力が0.3未満とは矯正視力で測定したものであり，「通常の文字，図形等」には通常の教科書などが含まれる。

【2】(1)　てんかん　　(2)　筋ジストロフィー　　(3)　白血病

〈解説〉教育支援資料には具体的な障害とそれに対する支援の例示がある。　(1)　なお，本資料によると，大部分のてんかんは継続的な服薬によりコントロールが可能であり，発作がコントロールされている子供については体育などの運動制限は不要，とされている。　(2)　筋ジストロフィーにはデュシェンヌ型，ベッカー型，福山型などがある。

(3) 白血病には急性骨髄性白血病，慢性骨髄性白血病，急性リンパ性白血病など多くの型がある。

【3】(1) a 前各学年 b 小学部 c 中学部 d 幼稚部

(2) ① 社会 ② 理科 ③ 家庭 ④ 技術・家庭

(3) 重複障害者は，一人一人の障害の状態が極めて多様であり，発達の諸側面にも不均衡が大きいことから，心身の調和的発達の基盤を培うことを狙いとした指導が特に必要となる。こうしたねらいに即した指導は，主として自立活動において行われるため。

〈解説〉特別支援学校小学部における教育課程で，知的障害者については理科，社会，家庭などが除かれている(学校教育法施行規則第126条第2項)。また，特別支援学校小学部・中学部・高等部において，知的障害者・重複障害の児童生徒の教育では各教科，道徳，外国語活動，特別活動及び自立活動の全部又は一部について，合わせて授業を行うことができる(同法施行規則第130条第2項)。

【4】(1) a 日常生活の指導 b 作業学習 (2) イ，カ

(3) 公共施設が社会生活をより快適に営むのに必要なものであることや，公共施設の利用が余暇の有効利用につながることがわかるよう，具体的な活動を学習活動に加え，実際的な状況下で指導すること。

(4) 段階数…2 理由…生徒の学力などが，同一学年であっても，知的障害の状態や経験等が様々であり，個人差が大きいことから，段階を設けて示した方が，個々の生徒の実態等に即して，教科の内容を選択し，指導しやすいから。 (5) 家政，農業，工業，流通・サービス，福祉

〈解説〉(2) イ 生活単元学習は領域・教科を合わせた指導の一つであるが，自立的な生活に必要な事項を実際的・総合的に学習するもので，広範囲に各教科等の内容が扱われる。 カ 各教科を「合わせた」指導であるので，それぞれの時間を設けて指導することはない。

(3) 知的障害の特性として，個人差が大きいことや生活体験が未熟で

あったり，学習した内容の定着が図られていなかったりすることがある。そのため具体的な内容の指導をすることが効果的である。

(5)　視覚障害では保健理療，理療，理学療法が，聴覚障害では印刷，理容・美容，クリーニング，歯科技工がある。

【5】(1)　a　自立　　b　習慣　　c　調和的発達の基盤　　(2)　健康の保持，心理的な安定，人間関係の形成，環境の把握，身体の動き，コミュニケーション　　(3)　それぞれに必要とする項目を選定し，それらを相互に関連付け，具体的に指導内容を設定する　　(4)　イ

(5)　肢体不自由のある生徒が車いすを利用して外出する場合には，車いすの操作に慣れるとともに，目的地まで車いすを操作し続けるための体力をつける。また目的地までの距離や段差の状況などを調べたり，自分で操作する力を考慮して一人で行けるかどうかを判断できるようにする。さらに，実際に外出した際，周囲にいる人に質問をしたり，依頼をしたりすることができるようにコミュニケーションの力をつける。

〈解説〉(3)　自立活動の6つの区分は，指導の時間ごとのまとまりや順序を示したものではないため，それぞれの区分の内容から必要な項目を選び，適切に関連付けて具体的な指導内容を設定する必要がある。

(4)　イは「児童又は生徒が，障害による学習上又は生活上の困難を改善・克服しようとする意欲を高めることができるような指導内容を重点的に取り上げること」等が正しい。これを実現するため「実際的な経験等の具体的な学習活動を通して指導することが効果的」(特別支援学校学習指導要領解説 自立活動編)としている。　(5)　車いすの操作(身体の動き)，一人で行けるかどうかの判断(環境の把握)，周囲にいる人に助けを求める(コミュニケーション)などが指導内容として含まれてくる。

【6】(1)　a　財政面　　b　均衡を失した　　c　過度の　　d　共通理解　　e　教育的ニーズ　　f　合意形成　　(2)　①　・外国語のヒア

リングにおいて，文字による代替問題を用意する。　・球技等の運動競技における音による合図を視覚的に表示する。　② 実物や模型に触る等能動的な学習活動を多く設ける。　(3) 心身機能・身体構造，活動，参加

〈解説〉(2) 聞こえにくさに応じた視覚的な情報提供としては，解答例のほか，VTRなど視覚教材に字幕を付けるなどがある。　(3) ICF(国際生活機能分類)はWHO(世界保健機関)が提唱した分類であり，解答のほか健康状態，環境因子，個人因子から構成される。「障害」「疾患」「社会的不利」などのマイナス面からの記述を排した系統的分類法として提唱された。

【7】私は，特別支援学校の教師は，通常学校の教師以上に，子ども達の意欲を育て，自己肯定感を育むことができなければならないと考える。子ども達一人ひとりと真摯に向き合い，その力を認め大切に育もうとする姿勢が大切である。

通常学校の教師以上に，というのは，資料1からもわかるように，特別支援学校においては「当たり前」と思われることも「かなわない」子どもたちがたくさんいるからである。「できること」を当たり前として関わる教師は，「できた」という達成感を子どもたちと共有することも多く経験するだろうが，特別支援学校では「みんなが同じようにできる」という理論は通用しない。「かなわない」からこそ，その子どもの意欲，「やってみたい」という気持ち，興味関心を少しでも伸ばすような粘り強い指導，支援が必要である。

また意欲を育てることは，将来のその子どもの自己実現や社会参加とも関連する。資料2にある法定雇用率は，決して高いものではなく，また100%遵守されているわけではない。障害があるから「かなわない」と拒絶する社会のせいで，障害者自身が意欲をなくし，どうせ「かなわない」から，と考えてしまっていては，障害者の社会参加や自己実現は望めない。障害がある人もない人も，お互いに助け合い，誰もが生きやすく働きやすいインクルーシブな社会の実現を目指した

めにも，特別支援学校の教師として，日々子どもたちの「やってみたい」意欲と向き合い，自己肯定感を育む指導，支援を大切にしたいと考える。

〈解説〉資料1の詩の作者である堀江菜穂子は脳性まひのため，寝たきりの状態で詩を書き続け，2015年6月に詩集「さくらのこえ」を発刊した。なお，他の詩では脳性まひである自分の葛藤とそれを乗り越えてきた経緯がうかがえる。一方，資料2では障害者の法定雇用率が示されている。一見低い数値にも見えるが，我が国の生産年齢における障害者率は4%台と考えられること，障害者の中には働きたくても働けない人がいる，働く意思がない障害者もいることを踏まえて，「高い・低い」を判断することも重要だろう。解答は小論文形式が望ましいことから，「教員としてこうあるべきだ」という第三者的な視点ではなく，「教員として自分ならばこのように指導する」ということを具体的に示し，かつ，その指導が児童生徒にとってどのような将来像につながるのかを論述する。資料に関連する知識がない，または目指す教師像，児童生徒の指導と支援などについて明確な認識がないといわゆる「浅い」文章で終わってしまう可能性が高い。新聞などで時事的な話題について学習しておくことも必要だろう。

2016年度　実施問題

【1】次の文は,「教育支援資料～障害のある子供の就学手続と早期からの一貫した支援の充実～」(平成25年10月文部科学省初等中等教育局特別支援教育課)の一部を抜粋したものである。(a)～(e)に当てはまる語句をそれぞれ書け。

病弱教育の対象となる病気

子供の病気は,古くは結核などの(a)が主であった。しかし,医学や医療の進歩,抗生物質の発見,公衆衛生の普及,生活環境の改善により,(a)による子供の死亡が激減した。その後,(a)に代わって,長期間の治療を要する(b)が大きな部分を占めるようになった。

近年は,身体の病気で入院する子供については,入院期間が短期化しており,それに伴い入院中に教育を受ける子供も減少している。しかし,小児がんのような小児慢性特定疾患治療研究事業の対象である疾患の中には,まだまだ長期間の入院を必要とするものもある。また,強い焦燥感や不安,興奮,抑うつ症状,倦怠感などの(c)を引き起こす(d)の子供も入院や通院,施設入所等を必要とすることがある。最近は,このような子供が,特別支援学校(病弱)や,病弱・(e)特別支援学級で増えている。

(☆☆☆☆◎◎◎)

【2】次の文は,母子保健法施行規則に示された「母子健康手帳」の中で,子どもの発達に関して各年齢ごとに保護者が観察し,記録する項目として示されている内容である。各問いに答えよ。

(1)　次の運動面の観察ア～オ及び言語面の観察カ～コのそれぞれの項目を「母子健康手帳」に掲載されている年齢順に並べよ。

【運動面】

ア　片足で5～10秒間立っていられる。

イ　走ることができる。

ウ　片足でケンケンをしてとぶ。

エ　手を使わずにひとりで階段をのぼれる。

オ　でんぐり返しができる。

[言語面】

カ　大人の言う簡単なことば(おいで，ちょうだいなど)がわかる。

キ　自分の経験したことをお母さんやお父さんに話す。

ク　ママ，ブーブーなど意味のあることばをいくつか話す。

ケ　自分の名前が言える。

コ　2語文(ワンワンキタ，マンマチョウダイ)などを言う。

(2)　次のア～オは，「母子健康手帳」に何歳の項目として記載されているか，その数字を書け。

ア　テレビや大人の身振りのまねをする。

イ　自分の「前後」「左右」がおおよそわかる。

ウ　衣服の着脱をひとりでしたがる。

エ　思い出して絵を書くことができる。

オ　お手本を見て十字が描ける。

(☆☆☆◎◎)

【3】次の文は，「特別支援学校小学部・中学部学習指導要領」(平成21年3月文部科学省告示)の一部を抜粋したものである。各問いに答えよ。

第7章　　A自立活動

第1　　B目標　　(略)

第2　　C内容

[　略　]

第3　指導計画の作成と内容の取扱い

(略)

2　個別の指導計画の作成に当たっては，次の事項に配慮するものとする。

(3) 具体的に指導内容を設定する際には，以下の点を考慮すること。

(略)

エ 個々の児童又は生徒が，活動しやすいように自ら環境を整えたり，D必要に応じて周囲の人に支援を求めたりすることができるような指導内容も計画的に取り上げること。

(1) 下線部Aに関する次の文章のうち，正しいものをア～オから全て選び，その記号を書け。

ア 自立活動の指導は，個々の幼児児童生徒の障害の状態や発達の段階等に即して行うことが基本である。

イ 各教科等においては，自立活動の指導は行わない。

ウ 自立活動の時間における指導は，専門的な知識や技能を有する教員のみが行う。

エ 中学部の各学年の自立活動の時間に充てる授業時数は，35単位時間で計画するものとする。

オ 小学校の特別支援学級において特別の教育課程を編成する場合には，学級の実態や児童の障害の程度等を考慮の上，自立活動を取り入れるなどして，実情に合った教育課程を編成する必要がある。

(2) 下線部Bについて，「目標」として示されている内容を書け。

(3) 下線部Cに含まれる6つの区分を書け。

(4) 下線部Dについて指導する際，大切にすべきことを書け。

(5) 視覚障害者である生徒に対する教育を行う特別支援学校に通うIさんは，見えにくさから周囲の状況を把握することが難しいため，初めての場所に行くと不安になる。Iさんの自立活動の指導を行うとき，状況の理解と変化への対応に関する指導内容を書け。

(☆☆☆◎◎◎)

【4】次の条文は，「学校教育法施行規則(昭和22年5月23日文部省令第11号)」の一部を抜粋したものである。特別支援学校の学習指導要領の趣旨を踏まえ，各問いに答えよ。

第127条　特別支援学校の中学部の教育課程は，国語，社会，数学，理科，音楽，美術，保健体育，技術・家庭及び外国語の各教科，道徳総合的な学習の時間，特別活動並びに自立活動によつて編成するものとする。

2　前項の規定にかかわらず，A知的障害者である生徒を教育する場合は，国語，社会，数学，理科，音楽，美術，保健体育及びB職業・家庭のC各教科，道徳，総合的な学習の時間，特別活動並びに自立活動によつて教育課程を編成するものとする。ただし，必要がある場合には，外国語科を加えて教育課程を編成することができる。

(略)

第130条　特別支援学校の小学部，中学部又は高等部においては，特に必要がある場合は，第126条から第128条までに規定する各教科(次項において「各教科」という。)又は別表第三及び別表第五に定める各教科に属する科目の全部又は一部について，合わせて授業を行うことができる。

2　特別支援学校の小学部，中学部又は高等部においては，知的障害者である児童若しくは生徒又はD複数の種類の障害を併せ有する児童若しくは生徒を教育する場合において特に必要があるときは，各教科，道徳，外国語活動，特別活動及び自立活動の全部又は一部について，E合わせて授業を行うことができる。

(1)　下線部Aの学習上の特性を踏まえた教育的対応として正しいものを，次のア～カから全て選び，その記号を書け。

ア　児童生徒が，自ら見通しをもって行動できるよう，日課や学習環境などを分かりやすくし，規則的でまとまりのある学校生活が送れるようにする。

イ　望ましい共生社会の形成を目指し，正しい価値観が身に付くよう指導する。

ウ　職業教育を重視し，将来の職業生活に必要な基礎的な知識や技能及び態度が育つよう指導する。

エ　生活に結び付いた具体的な活動を学習活動の中心に据え，実際的な状況下で指導する。

オ　生活の課題に沿った多様な生活経験を通して，日々の生活の質が高まるよう指導する。

カ　できる限り児童生徒の失敗経験や成功経験を豊富にするとともに，自発的・自主的な活動を大切にし，主体的活動を促すよう指導する。

(2)　下線部Bの内容は，9つの観点から構成されている。「職業に関する基礎的な知識」，「道具・機械等の取扱いや安全・衛生」，「産業現場等における実習」，「家庭の役割」，「家庭に関する基礎的な事項」，「情報」，「余暇」のほか，2つを書け。

(3)　下線部Cの内容が，「特別支援学校学習指導要領」に段階別に示されている理由を書け。

(4)　下線部Dについて，教育課程の取扱いとして正しいものを，次のア～オから全て選び，その記号を書け。

ア　中学部の各教科の目標及び内容に関する事項の全部又は一部を，当該各教科に相当する小学部の各教科の目標及び内容に関する事項の全部又は一部によって，替えることができること。

イ　各教科の各学年の目標及び内容の全部又は一部を，当該学年の前各学年の目標及び内容の全部又は一部によって，替えることができること。

ウ　各教科及び外国語活動，自立活動の目標及び内容に関する事項の一部を取り扱わないことができること。

エ　幼稚部教育要領に示す各教科，各領域のねらい及び内容の全部又は一部を取り入れることができること。

オ　重複障害者のうち，障害の状態により特に必要がある場合には，各教科，道徳，外国語活動若しくは特別活動の目標及び内容に関する事項の一部又は各教科，外国語活動若しくは総合的な学習の時間に替えて，自立活動を主として指導を行うことができるものとする。

(5)　下線部Eの指導の形態の一つに「生活単元学習」がある。「生活単元学習」とはどのようなものか，説明せよ。ただし，「生活上」，「解決」，「組織的」の3つの語句を用いること。

(☆☆☆◎◎◎)

【5】次の文は，肢体不自由者である児童に対する教育を行う特別支援学校の小学部3年生Jさんの様子を書いたものである。各問いに答えよ。

Jさんは，進行性の病気のため車いすの生活を続けている。現在，筋力の低下が進んでいるが，当該学年の教科学習がほぼ可能である。居住地の友達と一緒に遊びたいという本人の願いと，学校外での経験を広げさせたいという保護者の希望もあり，1年生の時から居住地の小学校との$_{A}$<u>交流及び共同学習</u>を続けて，今年で3年目になる。

この交流及び共同学習を意義ある活動にするために，$_{B}$<u>両校の教員間で話し合う機会</u>を定期的にもつようにしている。

今年度クラス替えがあり，$_{C}$<u>最初の交流及び共同学習</u>では，Jさんがみんなの前で自己紹介ややってみたいことを伝える場面を設定することになった。

(1)　下線部Aについて，各問いに答えよ。

①　「交流の側面」と「共同学習の側面」があるが，それぞれについて簡潔に説明せよ。

②　「間接的な交流及び共同学習」の具体的内容を書け。

(2)　下線部Bにおいて，活動が小学生とJさんの両者の成長につながるように両校の教員間で共通確認することは何か，説明せよ。

(3)　下線部Cにおいて，小学生にJさんの障害特性を踏まえた配慮事項として伝えることは何か，書け。

(☆☆☆◎◎◎)

【6】次の文は，知的障害者である児童に対する教育を行う特別支援学校の小学部1年生Kさんの様子を書いたものである。各問いに答えよ。

Kさんは，A自閉症の診断を受けている。必要な物をとってほしいときは，教員の手を引っ張っぱることがある。しかし，ことばで要求を伝えたり，他者の意図を理解したりすることは困難である。毎年，運動会の練習が始まると，パニックになり，大きな声を出して混乱してしまうことが多いことから，担任間で以下の2点を混乱の要因と捉えて指導方法を検討している。

B大きな音や人が多く騒々しい場所が苦手である。

Cいつもの日課にこだわり，時間割の変更を受け入れられない。

(1)　下線部Aの障害特性に関する用語ア～ウについて，簡潔に説明せよ。

ア　セントラルコヒーレンス　　イ　シングルフォーカス

ウ　エコラリア

(2)　下線部Bについて，Kさんが安心できる方法で練習に参加するための対応は何か，2つ書け。

(3)　下線部Cについて，Kさんに時間割の変更を伝える際，留意すべきことについて，障害特性を踏まえて書け。

(☆☆☆◎◎◎)

【7】次の図は,「学校教育法施行令の一部を改正する政令　政令第244号(平成25年9月1日施行)」を基に視覚障害者等(視覚障害者，聴覚障害者，知的障害者，肢体不自由者又は病弱者(身体虚弱者を含む。)で，その障害が学校教育法施行令第22条の3の表に規定する程度のものをいう。以下同じ。)の就学先決定について(手続きの流れ)を示したものである。各問いに答えよ。

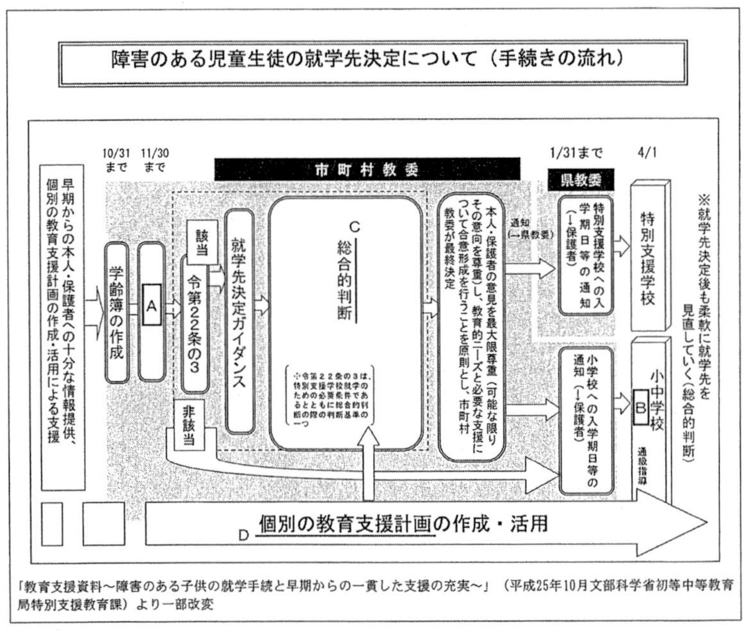

「教育支援資料～障害のある子供の就学手続と早期からの一貫した支援の充実～」（平成25年10月文部科学省初等中等教育局特別支援教育課）より一部改変

(1) [A]，[B]に当てはまる語句を書け。

(2) 傍線部Cの観点を4つ書け。

(3) 下線部Dについて就学移行期に作成される意義を書け。

(4) 「学校教育法施行令の一部を改正する政令　政令第244号」において視覚障害者等の就学の手続きについて整備が行われた規定は何か，誤っているものを次のア～オから1つ選び，その記号を書け。

ア　就学先を決定する仕組み

イ　障害の状態等の変化を踏まえた転学

ウ　特別支援学校が対象とする児童生徒等の障害の程度

エ　視覚障害者等による区域外就学等

オ　保護者及び専門家からの意見聴取の機会の拡大

(☆☆☆◎◎◎)

【8】あなたはどのような教員を目指すか。次に示した資料1，資料2の両方に言及し，特別支援学校の児童生徒に対する具体的な指導及び支援例を挙げて，あなたの考えを書け。

資料1

言葉

言葉は　人と人をつなぐ
ひと言だけで　明るくなり
ひと言だけで　暗くなる
言葉は魔法
正しく使えば
たがいに楽しいし　気持ちがいいけど
間違えば
自分も相手も傷ついて　悲しくなる
言葉はむずかしい
けれど　毎日使うもの
大切に使って
言葉ともっと　なかよくなりたい

寮美千子『空が青いから　白をえらんだのです-奈良少年刑務所詩集-』より

資料2

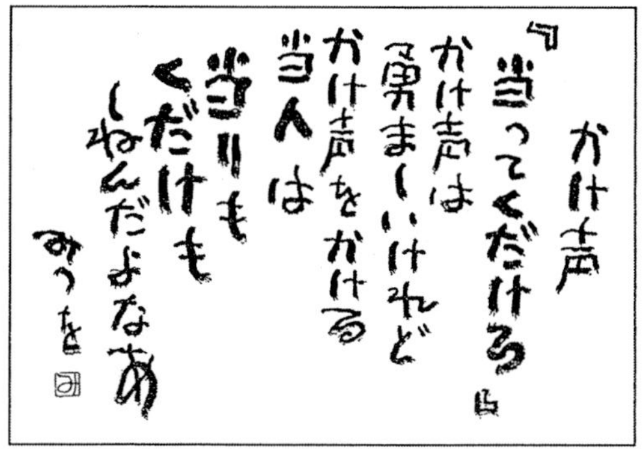

相田みつを『しあわせはいつも』より

(☆☆☆☆☆◎◎◎◎◎)

解答・解説

【1】a　感染症　　b　慢性疾患　　c　行動障害　　d　精神疾患　　e　身体虚弱

〈解説〉本問で取り上げた教育支援資料は，特別支援学校への就学手続きが大幅に変更されたことを踏まえて，従来文部科学省が作成してきた就学支援資料を更新して作られた資料である。頻出資料なので，必ず内容をおさえておくこと。特に教育相談・就学先決定のモデルプロセスや，障害の状態等に応じた教育的対応のうち視覚障害，聴覚障害，自閉症，注意欠陥多動性障害についてはよく問われる。

【2】(1)　運動面　イ→エ→ウ→オ→ア　　言語面　カ→ク→コ→ケ→キ　(2)　ア　2　　イ　6　　ウ　3　　エ　5　　オ　4

〈解説〉(1)　[運動面]　子どもは1歳までにつたい歩きやつかまり歩きができるようになり，2歳頃までに1人で歩いたり，転ばずに上手に走ったりし，3歳頃までにはジャンプができるようになる。3歳頃になると，1人で階段を上ることができるようになり，4歳頃になると階段を2，3段ほどの高さから飛び降りたり，片足飛び(ケンケン飛び)ができたりするようになり，さらに5歳頃になるとでんぐり返しができるようになる。6歳頃になると片足で数秒立つことができるようになる程に脚力も発達する。　[言語面]　子どもは1歳頃までに大人の簡単なことばが分かるようになり，1歳6か月頃には「ママ」や「ブーブー」といった意味のある言葉をいくつか話すようになる。2歳を過ぎると2語文を話すことができるようになり，3歳頃には自分の名前を言えるようになる。4歳頃になると出来事や経験を他人に話すことができるようになり，さらに5歳頃にははっきりした発音ができるようになる。

(2)　母子手帳には，乳幼児の発達や健康状態を保護者が確認できるよう，保護者記録欄が設けられている。子どもがたどる発達が具体的に示されているため，一度目を通しておくとよい。

【3】(1)　ア，オ　　(2)　個々の児童又は生徒が自立を目指し，障害による学習上又は生活上の困難を主体的に改善・克服するために必要な知識，技能，態度及び習慣を養い，もって心身の調和的発達の基盤を培う。　　(3)　健康の保持，心理的な安定，人間関係の形成，環境の把握，身体の動き，コミュニケーション　　(4)　依頼の仕方を教えるだけに終わらず，再依頼をしなければならない場合もあることを考え，体験的に学習させること。また，他者に支援を依頼することを経験するだけでなく，その反対に他者から依頼を受けて支援を行う経験をさせることにより，依頼を受ける側の心情にも配慮できるように指導すること。　　(5)　周囲がどのような状況かを言葉で説明したり，Iさんと一緒に移動して確かめたりすることによって情緒的な安定を図るようにする。また，周囲の状況などについて友達や教員に尋ねて情報を得るように指導する。

〈解説〉(1)　イ・ウ　「特別支援学校小学部・中学部学習指導要領」(平成21年3月文部科学省告示)第1章総則によると，「学校における自立活動の指導は，障害による学習上又は生活上の困難を改善・克服し，自立し社会参加する資質を養うため，学校の教育活動全体を通じて適切に行うものとする。特に，自立活動の時間における指導は，各教科，道徳，外国語活動，総合的な学習の時間及び特別活動と密接な関連を保ち，個々の児童又は生徒の障害の状態や発達の段階等を的確に把握して，適切な指導計画の下に行うよう配慮しなければならない」。エ　自立活動の時間における指導は，幼稚部・小学部・中学部・高等部のそれぞれで単位時間数等は規定されていないが，各学校には，個々の幼児児童生徒の課題に応じて時間数を設定するとともに，各教科等では自立活動の指導と密接な関連を図ることが必要とされている。　(2)　個々の障害による学習上又は生活上の困難を改善・克服するために行われるのが自立活動の指導であることを踏まえて，目標を暗記しておきたい。　(3)　自立活動の内容6区分26項目は必ずといってよいほどよく問われるので，各項目の意味や具体的指導内容例と留意点について理解を深めておきたい。　(4)　自立活動は自立を目指した主体的な活動であり，まず児童生徒自ら環境に働きかけられるような力をはぐくむことが大切である。また，自分だけで活動しやすい環境がつくれない場合は，周囲の人に依頼をして環境を整えていくことを指導することが必要となる。児童生徒が自ら活動しやすいように環境を整えることができるようにする。　(5)「状況の理解と変化への対応」は，自立活動の区分では「心理的な安定」に属する項目である。指導にあたっては，「環境の把握」などの区分と関連させながら，状況の説明を聞いたり状況を把握するための時間を確保したりすることが考えられる。また，自ら必要な情報を得るために身近な人に対して的確な援助を依頼する力などを身に付けることが大切である。

【4】(1)　ア，ウ，エ，オ　　(2)　働くことの意義，役割　　(3)　児童生徒の学力などが，同一学年であっても知的障害の状態や経験等が様々であり個人差が大きいためであり，段階を設けて示した方が，個々の児童生徒の実態等に即し，各教科の内容を選択して指導しやすいから。　　(4)　ア，イ，オ　　(5)　児童生徒が生活上の目標を達成したり，課題を解決したりするために，一連の活動を組織的に経験することによって，自立的な生活に必要な事柄を実際的・総合的に学習するもの。

〈解説〉(1)　イ　このような記述はない。ただし，特別支援学校学習指導要領解説総則等編(幼稚部・小学部・中学部)(平成21年6月)には「望ましい社会参加を目指し，日常生活や社会生活に必要な技能や習慣が身に付くよう指導する」とある。　カ「失敗経験」の部分が不要。特に知的障害のある生徒の場合，過去の失敗経験等の積み重ねにより，自分に対する自信がもてずにいることがある。そのため，機会を見つけて自分のよさに気付くようにしたり，自信がもてるように励ましたりして，活動への意欲を促すように指導することが重要である。

(2)　職業・家庭科は，職業生活や家庭生活に関連の深い内容を1つのまとまりとした活動に取り組み，「明るく豊かな職業生活や家庭生活が大切なことに気付くようにするとともに，職業生活及び家庭生活に必要な基礎的な知識と技能の習得を図り，実践的な態度を育てる」ことを目標とする教科である。　(3)　知的障害者である児童生徒に対する各教科の内容は，小学部は3段階，中学部は1段階，高等部は2段階で示される。　(4)　イ「自立活動」の部分が不要。オのように他の教科等が振り替えられる場合がある。　エ「各教科」の部分が誤りである。幼稚部については領域しか示されていない。　(5)　具体的な生活単元学習の例としては，小学部において児童の知的障害の状態等に応じて遊びを取り入れたり，中学部において生き物に関する授業を通して教科の指導との関連を図ったりするなどの展開が考えられる。

【5】(1)　①　交流の側面…相互の触れ合いを通じて豊かな人間性を育むこと。　　共同学習の側面…同じ学習場面を共有しながらも，それぞれに在籍する学校の教科等のねらいを達成すること。　②　間接的な交流及び共同学習…文通や作品の交換　(2)　活動が，両者の教育目標にどのように合致しているのかを確認しておくとともに，両者にどのような教育的効果があるのかを明らかにしておくこと。

(3)　車いすの走行を妨げたり，ぶつかったりしないように注意してほしいこと。Jさんが階段や段差のあるところで困っている場合には，どうしたらよいかをJさんに尋ねて，本人に合った方法で援助してほしいこと。その際，児童だけで対応せず，教員に協力を求めて安全な方法で援助してほしいこと。

〈解説〉(1)　①「交流の側面」は，「障害のある子どもと障害のない子どもが一緒に参加する活動は，相互の触れ合いを通じて豊かな人間性をはぐくむことを目的」に，「共同学習の側面」は，「教科等のねらいの達成を目的」にしている。ただし，「交流及び共同学習」とは，両方の側面が一体としてあり，分かちがたいものとしてとらえ，推進していく必要があることに留意する必要がある。　②　解答例以外では，コンピュータや情報通信ネットワークなどを活用してコミュニケーションを深めたりすることなどがあげられる。直接的・間接的のいずれでも，交流及び共同学習の活動を通じて学校全体が活性化するとともに，児童生徒が幅広い体験を得て，視野を広げることにより，豊かな人間形成を図っていくことが期待される。　(2)　双方の学校同士が十分に連絡を取り合い，指導計画に基づく内容や方法を事前に検討し，各学校や障害のある児童生徒一人一人の実態に応じた様々な配慮を行うなどして，計画的，組織的に継続した活動を実施することが大切である。　(3)　文から，「車いす」「筋力の低下」「友達と一緒に遊びたい」「経験を広げさせたい」という本人や保護者の障害の状態や願いに配慮する必要があることが読み取れる。本問は障害特性に対する配慮事項に限定されており，まず，「車いす」と「筋力の低下」について小学校3年生程度にわかるような説明を心がける必要がある。「車いす」に関して，遊び道具ではなく移動手段であること，そのため教室や学校内外では車いすが通れるような広さを確保すること等を伝える必要がある。「筋力の低下」に関して，重いものを持つことに苦労したり，高いところに腕が上がらなかったりする場合があるので，Jさんから頼まれた時には協力することを伝えるとよい。ただし，Jさんは「すべてできないのではなく，できないこともあるができることもある」ことを分かりやすく伝え，児童だけでは解決が困難な時には教師や他の大人に相談することも指導する。

【6】(1)　ア　いろいろな情報をまとめて全体像をつかむ力
イ　同時に二つ以上の事柄を意識内にとらえられず，一つの限局した部分に意識が集中してしまうこと　ウ　相手が言っている言葉を模倣しているだけの言葉　(2)　・小さい集団から活動を始める。・ヘッドフォンなどで音刺激を遮断する。　(3)　時間割の変更は事前に伝えるようにし，口頭だけではなく，変更後の時間割を視覚的に確認できるように明示し説明する。

〈解説〉(1)　自閉症では，細部へ集中し，セントラルコヒーレンスの能力が障害される傾向があるとされる。たとえば，活動中に休憩をとることができずに全力で向き合うことで，最終段階で疲れてしまうといった学習上の困難がある。　イ　シングルフォーカスは「モノトラック」とも呼ばれる。たとえば，「話を聞きながらメモを取りなさい」という指示に対して話を聞くとメモをとる作業が困難になることがある。　ウ　相手が何か言うと言った内容をすぐにそのまま繰り返したり(即時性エコラリア)，以前聞いたコマーシャルについて時間をおいて繰り返したり(遅延性エコラリア)することをいう。言葉の表出がみられる自閉症児の85%にはエコラリアがあるという報告もある。なお，「うれしい」時などに決まって表すエコラリア(肯定表現型)，会話の順番を楽しむためのエコラリア(発話順番型)など，エコラリアをコミュニケーション機能の1つであるとする考え方もある。　(2)・(3)　文よりKさんにはセントラルコヒーレンスの障害とシングルフォーカスの傾向がみられるので，この点を支援できるように配慮する必要がある。

【7】(1)　A　就学時健康診断　　B　特別支援学級　　(2)　・障害の状態・教育上必要な支援の内容・地域における教育の体制の整備の状況・本人・保護者の意見・専門家の意見　のうち4つ　　(3)　就学前の支援内容を引き継ぎ，新たな就学先における支援の継続と充実を図ること。　　(4)　ウ

〈解説〉(1)　就学時健康診断について，生育歴にさかのぼる縦断的視点と発達の諸側面についての横断的視点を総合した系統的な発達や行動の評価が重要となるとされている。学校保健安全法施行令第1条において，就学時の健康診断は，小学校等への就学予定者を対象に行われており，毎年11月30日までに実施することが市町村教育委員会に義務付けられている。　(2)　総合的な判断の中でも，保護者への意見聴取に当たっては，それに先立ち，就学先及び就学後の支援の内容等について説明をした後，保護者が考える時間を十分に確保しておくことが必要であるとされている。専門家からの意見聴取については，教育学，医学，心理学等の専門家の意見を聴取することが必要であり，「教育支援委員会(仮称)」等にそれぞれの専門家が参加して総合的な判断のための検討を行うことなどが考えられる。　(3)　個別の教育支援計画とは，医療・福祉・労働等の関係機関が連携しながら個々に応じた支

援を効果的に実施されるために作成されるものである。個別の指導計画と合わせてその違いも覚えるとよい。　(4)　ウは学校教育法施行令第22条の3で規定される。

【8】私は，児童生徒が他者と一緒に活動する楽しさを発見して，向上させることを支援する教員になりたい。児童生徒が他者との活動を楽しむ前提として，他者から自分を受け入れられた感覚をもつことが重要だと考える。具体的には，児童生徒一人ひとりが「自分は受け入れられた」という感覚を得るために，児童生徒の態度や変化について言葉にして返すことを教員として大事にしたい。

資料1には，「言葉は　人と人をつなぐ」とある。たとえば，重度重複障害児の場合，手を動かして作業をしたり首を立てて物を見たりすることが容易でないことが多く，教員からの働きかけを中心に学習が進む時がある。具体的には，過剰な筋緊張をとる学習をする際，教員が身体に触れながら明るく優しい声で言葉をかけることで，自分の身体の硬直しやすい部分を自覚したり，教員からの言葉かけを通して緊張が緩んだ状態を知り，他者と活動をともにする心地よさを学習したりできる。

その際，資料2との関連で，教員として「かけ声をかける　当人は当りも　くだけも　しねんだよなあ」という視点ではいないように心がけたい。教員として，自分の身体を児童生徒の身体にしっかりと密着させ，児童生徒の筋緊張の変化をその場の私自身の身体に意識を向けている心理的な変化として捉えたい。また，児童生徒が見せる一刻一刻の変化を感じ，教員の私が感じた変化を児童生徒と相互に理解していくためにも，言葉による伝達を密に行い，児童生徒が教員と一緒に学習を行う楽しさを感じられるようにしたい。

〈解説〉小論文の解答形式である。そのため，「教員としてこうあるべきだ」という第三者的な視点ではなく，「教員として自分ならばこのように指導する」ということを具体的に示し，かつ，その指導が児童生徒にとってどのような学習につながるのかを論述する必要がある。論述する際は，教育実習やボランティアなど，自分の経験を想起することで，望ましい指導を発想したり，そのような指導を受けた児童生徒の変化の様子，学習を通して得るものを現実的に考慮した解答を作成しやすい。

2015年度　実施問題

【1】次の条文を読んで各問いに答えよ。

第72条　特別支援学校は，A視覚障害者，B聴覚障害者，(　a　)，(　b　)又は病弱者(身体虚弱者を含む。以下同じ。)に対して，幼稚園，小学校，中学校又は高等学校に(　c　)を施すとともに，障害による学習上又は生活上の困難を克服し自立を図るために必要な知識技能を授けることを目的とする。

(1)　この法令名を書け。

(2)　(　a　)～(　c　)に当てはまる語句を書け。

(3)　下線部Aについて各問いに答えよ。

①　視力を測定するために使用される次の視標は何か，名称を書け。

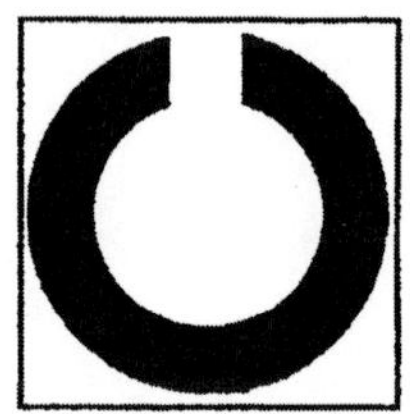

②　視機能障害の一つである光覚障害の2種類の名称を書け。

③　視覚障害者を規定した次の条文の(　d　)～(　f　)に当てはまる数字や語句を書け。

(　d　)の視力がおおむね(　e　)未満のもの又は視力以外の視機能障害が高度のもののうち，(　f　)等の使用によつても通常の文字，図形等の視覚による認識が不可能又は著しく困難な程度のもの

〈学校教育法施行令第22条の3〉

(4)　下線部Bについて規定した次の条文を読んで各問いに答えよ。

両耳の聴力レベルがおおむね(　g　)デシベル以上のもののうち，補聴器[等]の使用によつても通常の(　h　)を解することが不可能又

は著しく困難な程度のもの

〈学校教育法施行令第22条の3〉

① (g), (h)に当てはまる数字や語句を書け。

② 文中の等に該当するものは何か，書け。

(☆☆☆◎◎◎◎)

【2】次の文は，肢体不自由者である児童生徒に対する教育を行う特別支援学校の小学部1年生Mさんの様子を書いたものである。各問いに答えよ。

Mさんは重度の運動機能障害があり，胸部には変形があります。A呼吸時に体の表面がへこむ様子が見られます。その日の体調により，平常時に比べて喘鳴が大きくなったり，B口唇や指先の色が紫色になったりするなどの状態の変化が見られます。このような呼吸状態を改善するためにC医療的ケアを実施しています。また，てんかん発作は一瞬で終わるものから，全身を突っ張った後，ガクガクと全身がけいれんするものも含めて一日に何度もあります。Dその様子を担当教員が観察し，記録したものを医療機関の受診時に情報提供しています。変動しやすい体調を把握するため，看護師と協力しながら，E全身の状態を観察しています。

(1) 下線部Aを何呼吸というか，書け。

(2) 下線部Bの状態を何というか，書け。

(3) 下線部Cについて各問いに答えよ。

① 規定の研修を修了した教員が，Mさんの呼吸状態の改善のために実施している医療的ケアは何か，書け。

② 学校において教員が医療的ケアを行うことの意義を簡潔に書け。

(4) 下線部Dについて，観察の要点は何か，3つ書け。

(5) 下線部Eについて，バイタルサイン(生命徴候)として何を測定するか，3つ書け。

(☆☆☆☆◎◎)

【3】次の文は，「特別支援学校小学部・中学部学習指導要領」(平成21年3月文部科学省告示)の一部を抜粋したものである。各問いに答えよ。

第7章　自立活動

第1　目標

個々の児童又は生徒が(　a　)を目指し，障害による学習上又は生活上の困難を(　b　)に改善・克服するために必要な知識，技能，態度及び(　c　)を養い，もって心身の(　d　)の基盤を培う。

A<u>第2　内容</u>

[　　　　　　　　略　　　　　　　　]

第3　指導計画の作成と内容の取扱い

1　自立活動の指導に当たっては，個々の児童又は生徒の障害の状態や発達の段階等の的確な把握に基づき，指導の目標及び指導内容を明確にし，個別の指導計画を作成するものとする。その際，第2に示す内容の中から[　　　　B　　　　]するものとする。

2　個別の指導計画の作成に当たっては，次の事項に配慮するものとする。

(1)　個々の児童又は生徒について，障害の状態，発達や経験の程度，興味・関心，生活や学習環境などのC<u>実態を的確に把握する</u>こと。

(2)　実態把握に基づき，長期的及び短期的な観点から指導の目標を設定し，それらを達成するために必要な指導内容を段階的に取り上げること。

(3)　具体的に指導内容を設定する際には，以下の点を考慮すること。

ア　児童又は生徒が興味をもってD<u>主体的に取り組み，成就感を味わう</u>とともに自己を肯定的にとらえることができるような指導内容を取り上げること。

(後略)

(1) (a)～(d)に当てはまる語句を書け。

(2) 下線部Aに含まれる6つの区分を書け。

(3) [B]に当てはまる文を，次のア～エから1つ選び，その記号を書け。

ア それぞれに必要とする項目を選定し，項目ごとに具体的な指導内容を設定

イ 全ての区分を選定し，それらを相互に関連付け，具体的に指導内容を設定

ウ それぞれに必要とする項目を選定し，それらを相互に関連付け，具体的に指導内容を設定

エ 全ての区分を選定し，それぞれに必要とする項目ごとに具体的な指導内容を設定

(4) 下線部Cについて，各問いに答えよ。

① 観察法，面接法，検査法等の直接的な実態把握の他に考えられる実態把握の方法は何か，書け。

② 常時，移動手段として車いすを利用している児童について，ICF(国際生活機能分類)の考え方を踏まえて実態把握を行った。「背景因子」に関する記述はどれか，次のア～エから全て選び，その記号を書け。

ア 本人を支援する家族や福祉サービス利用状況などを把握する

イ 車いすを操作する体の動きを把握する

ウ 車いすを利用する場所や道路の状況を把握する

エ 車いすを自力で使用したときの移動距離を把握する

(5) 下線部Dのように児童生徒が取り組むため，どんな指導内容を設定する必要があるか，書け。ただし，「課題」「意欲」「自己評価」の3つの語句を用いること。

(☆☆☆☆◎◎◎◎)

【4】次の表は，障害のある児童生徒の実態把握のために使用される検査の名称，対象生活年齢，検査の特徴を示したものである。各問いに答えよ。

検査の名称	対象生活年齢	検査の特徴
ＷＩＳＣ－Ⅲ	5歳0ヶ月～16歳11ヶ月	・13の下位検査から構成され、これらの成績から言語性、動作性、全検査の３種類の（　a　）だけではなく、ＶＣ、ＰＯ、ＦＤ、ＰＳの４種類の（　b　）を得ることができる。
あ	2歳6ヶ月～18歳11ヶ月	・20の下位検査から構成され、認知尺度として認知能力の全体像を示すとともに、習得尺度として基礎的学力を測定する検査である。 ・認知尺度は、（　c　）尺度、（　d　）尺度、計画尺度、学習尺度の４つの尺度から構成される。
ＤＮ－ＣＡＳ	5歳0ヶ月～17歳11ヶ月	・標準実施(12下位検査）と簡易実施（８下位検査）の２通りのやり方があり、どちらのやり方でも、ＰＡＳＳ尺度を測定することができる。ＰＡＳＳ尺度はプランニング、注意、（　c　）処理、（　d　）処理と呼ばれる認知処理尺度からなっている。
い	5歳0ヶ月～16歳11ヶ月	・15の下位検査で構成され、全部で５つの合成得点を算出することができる。 ・５つの合成得点とは、ＦＳＩＱ、ＶＣＩ、ＰＲＩ、A<u>ＷＭＩ</u>、ＰＳＩである。
B<u>新版K式発達検査2001</u>	0歳～成人	・検査項目に対する子どもの反応を調べ、子どもの発達が全体として到達している年齢段階を測定しようとするものである。 ・C<u>３つの領域</u>について検査した上で定量的に得られるのはＤＡとＤＱである。

(1)　「あ」,「い」の検査名をそれぞれ書け。

(2)　(　a　)～(　d　)に当てはまる語句をそれぞれ書け。

(3)　下線部Aで測ることができる能力について，簡潔に説明せよ。

(4)　下線部Bについて,「新版K式発達検査2001」を行った結果，児童(CA9歳2ヶ月)のDQは60であった。この児童のDAを書け。

(5)　下線部Cについて，3つの領域名を全て書け。

(☆☆☆◎◎◎◎)

【5】子どもの発達に関する次の各問いに答えよ。

(1)　次の語句a～dについて，それぞれを簡潔に説明せよ。

a　発達の最近接領域(最近接発達領域)　　b　レディネス

c　内言(内言語)　　d　保存の概念

(2)　子どもが，次のA～Dの図形の模写ができるようになる時期に見られる特徴をあとのア～オからそれぞれ1つずつ選び，その記号を書け。

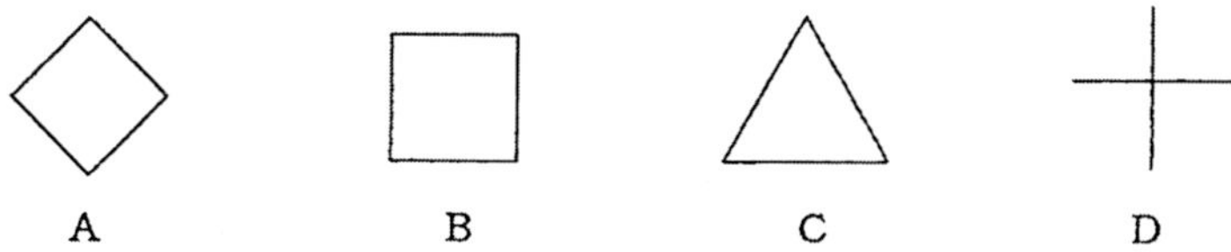

ア　「なぜ」「どうして」といった質問を盛んにするようになります。

イ　玩具等を実物に見立てるなどの象徴機能が発達し，人や物との関わりが強まります。

ウ　物事を対比する能力が育ち，時間や空間などを認識するようになります。

エ　遊びながら声をかけるなど，異なる二つの行動を同時に行えるようにもなります。

オ　これまでの体験から，自信や，予想や見通しを立てる力が育ち，心身共に力があふれ，意欲が旺盛になります。

『保育所保育指針解説書』(平成20年4月厚生労働省)による

(☆☆☆◎◎)

【6】次の□は，「特別支援学校学習指導要領解説総則等編(高等部)」(平成21年12月文部科学省)を参考に，知的障害者である生徒に対する教育を行う特別支援学校高等部の教育課程を構成する内容と指導の形態をまとめたものである。各問いに答えよ。

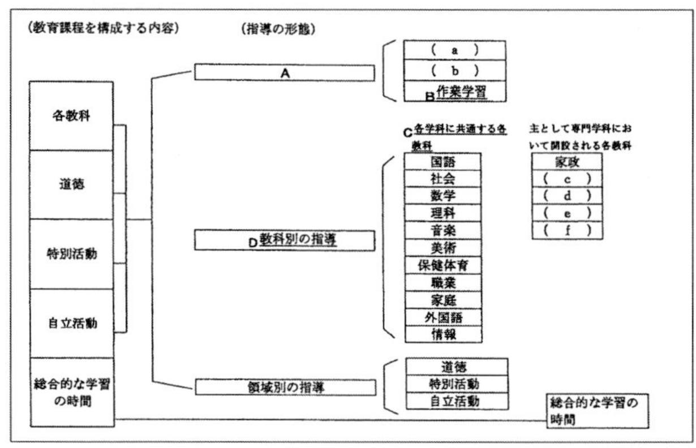

(1)　(　a　)~(　f　)に当てはまる語句を書け。

(2)　A　に入る指導の形態は何と呼ばれているか，書け。

(3)　下線部Bに関する次の文のうち，間違っているものを次のア～カから全て選び，その記号を書け。

ア　作業学習は，作業活動を学習活動の中心にしながら，生徒の働く意欲を培い，将来の職業生活や社会自立に必要な事柄を総合的に学習するものである。

イ　作業学習の指導に当たって，知的障害の状態等が多様な生徒が，共同で取り組める作業活動を含んでいること。

ウ　作業学習は，職業の内容を中心にしながら，生徒の働く意欲を培い，数学，美術，特別活動，自立活動の内容を合わせて指導を行うものである。

エ　作業学習の指導に当たって，作業製品等の利用価値が高く，生産から消費への流れが理解されやすいものであること。

オ　作業学習は，生徒が希望する職業に関する職業能力や技術を培うことを目指し，将来の就職に向けて必要な事柄を専門的に学習するものである。

カ　作業学習の指導に当たって，生徒にとって教育的価値の高い作業活動等を含み，それらの活動に取り組む喜びや完成の成就感が味わえること。

(4)　下線部Cのうち，各学校の判断により，設けなくてもよいとされている教科の名称を全て書け。

(5)　下線部Dの指導に当たって必要なことは何か，簡潔に書け。ただし，「生活」「ねらい」「段階的」の3つの語句を用いること。

(6)　知的障害のある生徒の学習上の特性は何か，2つ書け。

(☆☆☆☆◎◎◎◎)

【７】以下は，知的障害者である児童生徒に対する教育を行う特別支援学校の小学部1年に入学した児童の【幼稚園在籍時の実態】【就学相談での保護者からの聞き取りによる情報】【入学後に作成した「個別の教育支援計画」の関係機関一覧】である。各問いに答えよ。

【幼稚園在籍時の実態】

・友達との追いかけっこ遊びが好きである。しかし，疲れやすく，その場に座り込んでしまうことが多い。

・お絵かきが好きで，教員と話をしながらさつまいも掘りの様子を，渦巻き状の丸で描くことができた。

・教員に手伝ってもらいながら，遊びの準備や片付けを友達と一緒にすることができる。

・いろいろなことを友達に伝えたいが，うまく伝えられないとき，黙ってうつむいてしまうことが多い。

【就学相談での保護者からの聞き取りによる情報】

・特別支援学校の体験入学と小学校の見学をして，在住市教育委員会と話合いをした結果，A来年度，特別支援学校小学部1年に入学することに決まった。

・手先が不器用で，体力もあまりないから授業についていけるか少し心配である。

・作業療法士による訓練に継続して通う予定である。

・幼稚園で仲よくなった友達と離ればなれになってしまうため，地域で友達と一緒に活動ができる機会が欲しい。

・放課後は，福祉サービス事業所を利用する予定である。

【入学後に作成した$_B$「個別の教育支援計画」の関係機関一覧】

機関名	担当者	支援内容
・リハビリテーション病院	医師 作業療法士	定期的な経過観察を行う。 作業療法で手指先の巧緻性を高める訓練を行う。
・指定障害児相談支援事業所 ・$_C$福祉サービス事業所	相談員 指導員	障害児支援利用計画を作成する。 放課後等デイサービスを提供する。 集団遊びのプログラム，製作活動のプログラム
・町内子ども会	役員	定期的な子ども会への参加を促す。
・特別支援学校	$_D$特別支援教育コーディネーター	学校，家庭，関係機関との連絡・調整を行う。

(1)　下線部Aについて，平成25年8月に改正された「学校教育法施行令」で，市町村の教育委員会が特別支援学校に就学させることが適当であると認める者を何というか，その名称を書け。

(2)　下線部Bを作成する目的は何か，書け。

(3)　下線部Cを利用するに当たって，学校，保護者及び福祉サービス事業所が集まりケース会議を行った。ケース会議を開催する目的は何か，書け。

(4)　下線部Dについて，「関係機関との連絡・調整」以外の役割を2つ書け。

(5)　この児童の【幼稚園在籍時の実態】から課題を2つ抜き出し，「遊びの指導」における指導内容をそれぞれ1つ書け。

(☆☆☆☆◎◎◎◎)

【8】次の文は，「共生社会の形成に向けたインクルーシブ教育システム構築のための特別支援教育の推進(報告)」(平成24年7月23日文部科学省中央教育審議会初等中等教育分科会)の一部を抜粋したものである。各問いに答えよ。

1. 共生社会の形成に向けて

(1)　共生社会の形成に向けたインクルーシブ教育システムの構築

①「共生社会」と学校教育

(略)

② 「インクルーシブ教育システム」の定義

○ [A]第24条によれば，「インクルーシブ教育システム」(inclusive education system，署名時仮訳：包容する教育制度)とは，人間の多様性の尊重等の強化，障害者が精神的及び身体的な能力等を可能な最大限度まで発達させ，自由な社会に効果的に参加することを可能とするとの目的の下，障害のある者と障害のない者が共に学ぶ仕組みであり，障害のある者が「general education system」(署名時仮訳：教育制度一般)から排除されないこと，自己の生活する地域において初等中等教育の機会が与えられること，個人に必要な「$_B$合理的配慮」が提供される等が必要とされている。

○ 共生社会の形成に向けて，[A]に基づくインクルーシブ教育システムの理念が重要であり，その構築のため，(a)を着実に進めていく必要があると考える。

○ インクルーシブ教育システムにおいては，同じ場で$_C$共に学ぶことを追求するとともに，個別の教育的ニーズのある幼児児童生徒に対して，自立と社会参加を見据えて，その時点で教育的ニーズに最も的確に応える指導を提供できる，多様で柔軟な仕組みを整備することが重要である。小・中学校における通常の学級，(b)，(c)，(d)といった，連続性のある「多様な学びの場」を用意しておくことが必要である。

(以下，略)

(1) (a)~(d)に当てはまる語句を書け。

(2) [A]に当てはまる条約は何か，条約名を書け。

(3) 下線部Bについて，各問いに答えよ。

① 「合理的配慮」とは何か，簡潔に説明せよ。

② 「学習内容の変更・調整」の観点から，知的障害のある児童生徒に対する合理的配慮の具体例を書け。

(4) 下線部Cについて，大切にすべきことは何か，簡潔に書け。

(☆☆☆◎◎◎◎)

【9】特別支援学校の教員として目指す教員像について，児童生徒に対する具体的な指導及び支援例を挙げて，次に示した資料1，資料2の両方に言及し，あなたの考えを書け。

資料1

資料2

「夢」
僕は昔　夢を見た
クラスの中で
みんなと笑って
話している
夢から覚めた時
僕は泣いた

(東田直樹『自閉症の僕が残してきた言葉たち』)

(☆☆☆◎◎)

解答・解説

【1】(1)　学校教育法　(2)　a　知的障害者　b　肢体不自由者　c　準ずる教育　(3)　①　ランドルト環　②　暗順応障害，明順応障害　③　d　両眼　e　0.3　f　拡大鏡　(4)　①　g　60　h　話声　②　人工内耳

〈解説〉(1)・(2)　学校教育法は第72～82条において，特別支援教育に関

する条文を定めている。第72条は特別支援学校の教育目的について記された条文であり，基本的な条文として暗記しておきたい。
(3) ① ランドルト環は，最も一般的に使われている視力表の視標である。 ② 視機能は光覚以外に，視力，視野，色覚，コントラスト感度，調節・屈折，眼球運動，両眼視などがある。それぞれの機能が障害されることで生じる症状について整理しておくこと。 ③ 学校教育法施行令第22条の3は，特別支援学校の就学基準となる障害の程度について規定したものである。他の障害種も含めよく出題されるので，確認しておくこと。 (4) ② 内容の解釈について問うている。医学や医療機器の進歩によって新たな支援方法が開発されてきているので，日頃から意識を向けておくことが大事である。

【2】(1) 陥没呼吸 (2) チアノーゼ (3) ① 喀痰吸引
② 幼児児童生徒の身近にいる教員が実施することで，幼児児童生徒が医療的ケアを必要とするタイミングを逃さず実施することができ，また授業を中断させずに継続的に教育活動を行える。 (4) ・発作が起きた時間と状況 ・意識障害の有無 ・けいれんの起こった部位や変化 (5) ・脈拍 ・呼吸 ・体温(血圧も含む)
〈解説〉(1) 喘息などの発作により呼吸不全を起こした場合，呼吸時に胸骨の上や鎖骨の上がへこむ状況を陥没呼吸という。 (2) チアノーゼは，一般的に血液中の酸素濃度が落ちた時に起きる症状である。
(3) 平成23年12月，文部科学省より「特別支援学校等における医療的ケアの今後の対応について(通知)」が出された。介護サービスの基盤強化のための介護保険法等の一部改正に伴い，平成24年4月より一定の研修を受けた介護職員等が一定の条件の下にたんの吸引等の医療的ケアができるようになることを受け，これまで実質的違法性阻却の考え方に基づいて医療的ケアを実施してきた特別支援学校の教員についても，制度上実施することが可能となった。 (4) てんかん発作については，一人一人の発作の状態や対応について保護者や主治医とよく連絡を取っておく必要がある。

【3】(1)　a　自立　　b　主体的　　c　習慣　　d　調和的発達

(2)　・健康の保持　　・心理的な安定　　・人間関係の形成　　・環境の把握　　・身体の動き　　・コミュニケーション　　(3)　ウ

(4)　①　保護者や医療機関等から情報を得る　　②　ア，ウ

(5)　解決可能で取り組みやすい「課題」を設定し，本人にとって興味・関心が高く「意欲」をもって取り組める指導内容や「自己評価」ができるように課題を細分化し，達成度を分かりやすくした指導内容を設定する。

〈解説〉(1)　自立活動は特別支援学校独自の領域であり，その指導は小・中学校等の幼児児童生徒と同じように人間としての調和のとれた幼児児童生徒の育成を目指すものである。　(2)　平成21年の学習指導要領の改訂において，幼児児童生徒の障害の重度・重複化，発達障害を含む多様な障害に応じた指導を充実する観点から「人間関係の形成」の区分を新設するなどして，自立活動は従前の5区分22項目から6区分26項目に再編された。それぞれの区分・項目を的確に押さえるようにしたい。特に，従前からある区分「コミュニケーション」と新設の「人間関係の形成」の内容は類似しているので注意すべきである。(3)　自立活動の内容は，児童生徒に応じて必要なものを選択し，それらを相互に関連付けて指導することが基本である。　(4)　②　ICF(国際生活機能分類)では人間の生活機能を「心身機能・身体構造」,「活動」,「参加」の3つの要素で示し，それらの生活機能に支障がある場合を「障害」ととらえており，生活機能と障害の状態は，健康状態や背景因子(環境因子)等と相互に影響し合うものと説明されている。背景因子には，物的環境，人的環境，社会環境が含まれる。　(5)　「特別支援学校学習指導要領解説自立活動編(幼稚部・小学部・中学部・高等部)」(平成21年6月文部科学省)第7章　2　(3)　アには，指導内容を設定するうえで配慮する点として「児童生徒にとって解決可能で，取り組みやすい指導内容にすること」,「児童生徒が興味・関心をもって取り組めるような指導内容にすること」,「児童生徒が，目標を自覚し，意欲的に取り組んだことが成功に結び付いたということを実感できる

指導内容にすること」をあげている。このことを軸に解答を作成してほしい。

【4】(1) あ KABC－Ⅱ い WISC－Ⅳ (2) a IQ b 群指数 c 継次 d 同時 (3) ワーキングメモリーのことで，意識を覚醒させて情報を積極的に維持し，これに対して何らかの操作または処理を行い，結果を生み出す能力のことである。 (4) 5歳6ヶ月 (5) ・姿勢・運動 ・認知・適応 ・言語・社会

〈解説〉(1) あ KABC－Ⅱは認知能力と基礎学力を個別式で測定でき，両者の差異の様相と関連要因の分析が可能になり，子どもの指導・支援に役立つ検査となっている。 い WISC－Ⅳの5つの合成得点からは，子どもの知的発達の様相を多面的に把握できる。また，指標や下位検査レベルでの差(ディスクレパンシー)を比較し，詳細な分析ができるようになっている。 (3) 日本語版のWISC－Ⅳは2011年に発行されたものなので，2015年現在ではまだ従前のWISC－Ⅲに基づく実態把握，指導・支援と混在していると考えられる。両者の相違点を把握しておくことが望ましい。 (4) 新版K式発達検査では，DQ(発達指数)$=\frac{\text{DA(発達年齢)}}{\text{CA(生活年齢)}}\times 100$の式が成り立つ。CAが9歳2ヶ月(110ヶ月)，DQが60なので，DA＝DQ×CA÷100＝60×110÷100＝66(ヶ月)となり，この児童のDAは5歳6ヶ月となる。

【5】(1) a 一人でできる現在の発達水準と，大人等の援助があればできる発達水準との間の隔たりのこと。 b 教育や学習により，新しい力を獲得するための心身の準備が整っている状態。 c 音声を伴わない自分自身のための内的言語であり，主として思考の道具としての機能を果たすもの。 d あるものの形や見た目が変化しても加えたり取ったりしなければそのものの量は変わらないという認識のこと。 (2) A オ B エ C ウ D ア

〈解説〉(1) a 発達の最近接領域の提唱者であるソビエト連邦の発達心理学者ヴィゴツキーは，この領域に働きかけることこそ教育の任務で

あるとした。　b　ある特定の事柄を学習するには，学習者が一定の発達を遂げていることが必要であるが，そのような学習成立のための心身の準備が整っている状態をいう。　c　声や文字となって外に表れない言語。思考や黙読など，言語活動の内面化したもの。内言(内言語)の豊かな発達が表出言語につながるといわれている。　d　スイスの心理学者ピアジェの理論に，第3期の具体的操作段階に共通する重要な概念として保存の概念が述べられている。　(2)　国リハ式<S－S法>言語発達遅滞検査や新版K式発達検査2001などの検査項目にある模写の発達段階とを確認しておくこと。なお，アはおおむね3歳，イはおおむね1歳3ヶ月から2歳未満，ウはおおむね5歳，エはおおむね4歳，オはおおむね6歳の特徴を示す。

【6】(1)　a　日常生活の指導　　b　生活単元学習　　c　農業　　d　工業　　e　流通・サービス　　f　福祉　　(2)　領域・教科を合わせた指導　　(3)　ウ，オ　　(4)　外国語，情報　　(5)　学習活動に，日常生活で生かすためのねらいをもたせ，生徒の実態に即して，生活に即した活動を十分に取り入れつつ段階的に指導すること。
(6)　・学習によって得た知識や技能が断片的になりやすく，実際の生活の場で応用されにくいこと。　　・成功経験が少ないことなどにより，主体的に活動に取り組む意欲が十分に育っていないこと。

〈解説〉(1)　a・b　この2つは順不同と思われる。知的障害者である生徒に対する教育を行う特別支援学校高等部における領域・教科を合わせた指導では，小学部・中学部にある「遊びの指導」は含まれないので注意する。　c・d・e・f　この4つは順不同と思われる。専門教科は，従前からの「家政」「農業」「工業」「流通・サービス」に加えて，「特別支援学校高等部学習指導要領」(平成21年3月文部科学省告示)では，職業教育を充実させる観点から「福祉」が新設された。　(2)　知的障害者である生徒に対する教育を行う特別支援学校高等部における領域・教科を合わせた指導を行う場合について，「特別支援学校高等部学習指導要領」(平成21年3月文部科学省告示)第1章総則　第2節　第4

款　2　(5)では，「各教科の各段階に示す内容を基に，生徒の知的障害の状態や経験等に応じて，具体的に指導内容を設定する」としている。(3)　ウ　作業学習の指導は，単に職業及び家庭の内容だけではなく，各教科等の広範囲の内容が扱われる。　オ　作業学習では生徒の働く意欲を培い，将来の職業生活や社会自立に必要な事柄を総合的に学習する。　(5)　教科別の指導に当たって必要なこととして，「特別支援学校学習指導要領解説総則等編(高等部)」(平成21年12月文部科学省)第2編　第2部　第5章　第1節　2　(3)では解答例の他，生徒の実態に合わせて適切な授業を創意工夫すること，生徒の個人差が大きい場合には個に応じた指導を徹底することがあげられている。　(6)　これらの特性を踏まえて，知的障害のある生徒の指導には実際的・具体的な内容が必要であることから，領域・教科を合わせた指導が効果的となる。

【7】(1)　認定特別支援学校就学者　　(2)　家庭及び地域や医療，福祉，保健，労働等の業務を行う関係機関との連携を図り，長期的な視点で児童又は生徒への教育的支援を行うため。　　(3)　特別支援学校における教育課程と福祉サービス事業所における支援内容との一貫性を確保するとともにそれぞれの役割分担を確認するため。　　(4)　・保護者に対する学校の相談窓口　　・校内委員会・校内研修の企画・運営　(5)　・課題…疲れやすく，その場に座り込む　　指導内容…体を使った遊びを設定し，散歩の距離を少しずつ伸ばすなど，運動量を増やし体力向上を目指した取組を行う。　　・課題…うまく伝えられない　指導内容…自分の思いを伝えられる手段を増やすためにジェスチャーゲームや絵カード，写真カードを使った伝達ゲーム等を設定した取組を行う。

〈解説〉(1)　学校教育法施行令の一部改正により，視覚障害者等について従前，特別支援学校への就学を原則とし，例外的に認定就学者として小中学校へ就学することを可能としていた規定が改められ，個々の児童生徒等について，市町村の教育委員会がその障害の状態等を踏まえた総合的な観点から就学先を決定する仕組みとなった。「認定特別支援学校就学者」の定義は学校教育法施行令第5条に示されているので確認しておくこと。　(3)　個別の教育支援計画は，児童生徒のニーズに応じた支援を関係機関が連携し，継続的に行うための計画であり，それぞれの支援内容や役割分担を明確にし，必要な支援を行うためのものである。　(4)　「今後の特別支援教育の在り方について」(平成15年3月)において，特別支援学校の特別支援教育コーディネーターに求められる役割として，学校内の関係者や関係機関との連絡・調整，保護者に対する学校の窓口，地域内の小中学校等への支援，地域内の特別支援教育の核として関係機関との密接な連絡調整，の4つが示されている。特別支援学校の特別支援教育コーディネーターに求められるこれらの点を踏まえて解答したい。

【8】(1)　a　特別支援教育　　b　通級による指導　　c　特別支援学級　d　特別支援学校　　(2)　障害者の権利に関する条約

(3)　①　障害者が他の者との平等を基礎として全ての人権及び基本的自由を享有し，又は行使することを確保するための必要かつ適当な変更及び調整であって，特定の場合において必要とされるものであり，かつ，均衡を失した又は過度の負担を課さないもの。　②　学習内容の焦点化を図ったり，基礎的・基本的な学習内容を重視したりする。

(4)　それぞれの子どもが，授業内容が分かり学習活動に参加している実感・達成感をもちながら，充実した時間を過ごし，生きる力を身に付けていけるかどうかを確認すること。

〈解説〉(1)　「共生社会の形成に向けたインクルーシブ教育システム構築のための特別支援教育の推進(報告)」(平成24年7月23日文部科学省中央教育審議会初等中等教育分科会)は近年頻出である。内容を必ずおさえておくこと。　(2)　日本では，平成18年に国連において採択された「障害者の権利に関する条約」に基づき様々な法整備がなされ，平成26年にこの条約を批准した。　(3)　「合理的配慮」については，平成28年4月に施行される「障害を理由とする差別の解消の推進に関する法律(障害者差別解消法)」に基づき，行政機関等及び事業者には法的義務が生じる。特別支援教育における「合理的配慮」の具体例にはどのようなものがあるか，まとめておくとよい。

【9】解答略

〈解説〉特別支援教育においては，障害者の権利に関する条約に基づくインクルーシブ教育の構築が課題とされている。このような流れを踏まえ，資料1にある一人一人のニーズをどのように捉えるか，また，資料2をあげながらどのように相互理解を深め，共生社会の形成を図っていくことが重要であるかを述べるとよいだろう。そして，ともに学ぶことを追求するとともに，それぞれの子どもが授業内容を理解し学習活動に参加している実感・達成感をもちながら，充実した時間を過ごし，生きる力を身に付けていけるかどうかを確認する必要がある。

2014年度　実施問題

【1】次は障害者に関連する主な法令等である。各問いに答えよ。

2001(平成13)年　A「国際生活機能分類(国際障害分類改訂版)ICF」を国連において採択

2005(平成17)年　B「発達障害者支援法」施行

2006(平成18)年　C「高齢者，障害者等の移動等の円滑化の促進に関する法律施行令」施行

2011(平成23)年　D「障害者基本法」施行

2012(平成24)年　E「障害者虐待の防止，障害者の養護者に対する支援等に関する法律」施行

(1) 下線部Aについて，ICFには，第1部「生活機能と障害」と第2部「背景因子」があり，それぞれ2つの構成要素からなっているが，その構成要素を全て書け。

(2) 下線部Bについて，この法律の第2条では，「発達障害」について定義されている。次は第2条の一部である。(a)～(e)に当てはまる語句を書け。

「発達障害」とは，(a)，(b)その他の(c)，(d)，(e)その他これに類する脳機能の障害であってその症状が通常低年齢において発現するものとして政令で定めるものをいう。

(3) 下線部Cについて，この施行令の第18条で，主として視覚障害者が利用するエレベーターに設けることとされているものは何か。2つ書け。

(4) 次は，下線部Dの第3条の一部である。(f)に当てはまる語句を書け。

全て障害者は，可能な限り，言語((f)を含む。)その他の意思疎通のための手段についての選択の機会が確保されるとともに，情報の取得又は利用のための手段についての選択の機会の拡大が図られ

ること。

(5) 下線部Eについて，第2条には，「養護者による障害者虐待」に該当する行為として，「養護を著しく怠ること(ネグレクト)」，「財産を不当に処分すること(経済的虐待)」「著しい心理的外傷を与える言動を行うこと(心理的虐待)」のほか，あと2つの虐待行為が挙げられている。その2つの虐待行為を書け。

(☆☆☆☆◎◎◎)

【2】次は，「特別支援学校小学部・中学部学習指導要領(平成21年3月文部科学省告示)」の一部である。あとの各問いに答えよ。

第7章　自立活動

第1　A目標　(略)

第2　内容

1　健康の保持

(1)　生活のリズムや生活習慣の形成に関すること。

(2)　(　a　)の理解と生活管理に関すること。

(3)　身体各部の状態の理解と養護に関すること。

(4)　健康状態の維持・改善に関すること。

2　心理的な安定

(1)　情緒の安定に関すること。

(2)　状況の理解と(　b　)に関すること。

(3)　障害による学習上又は生活上の困難を改善・克服する意欲に関すること。

3　人間関係の形成

(1)　他者とのかかわりの基礎に関すること。

(2)　他者の意図や感情の理解に関すること。

(3)　自己の理解と(　c　)に関すること。

(4)　集団への参加の基礎に関すること。

4　環境の把握

(1)　(　d　)の活用に関すること。

(2)　感覚や認知の特性への対応に関すること。

(3)　B感覚の補助及び代行手段の活用に関すること。

(4)　感覚を総合的に活用した周囲の状況の把握に関すること。

(5)　認知や行動の手掛かりとなる概念の形成に関すること。

5　身体の動き

(1)　姿勢と運動・動作の基本的技能に関すること。

(2)　(　e　)と運動・動作の補助的手段の活用に関すること。

(3)　日常生活に必要な基本動作に関すること。

(4)　身体の移動能力に関すること。

(5)　作業に必要な動作と円滑な遂行に関すること。

6　コミュニケーション

(1)　コミュニケーションの基礎的能力に関すること。

(2)　言語の受容と表出に関すること。

(3)　言語の(　f　)に関すること。

(4)　コミュニケーション手段の選択と活用に関すること。

(5)　状況に応じたコミュニケーションに関すること。

第3　C指導計画の作成と内容の取扱い　(略)

(1)　(　a　)~(　f　)に当てはまる語句をそれぞれ書け。

(2)　下線部Aについて,「目標」として記されている内容を書け。

(3)　下線部Bについて，聴覚障害のある児童生徒の感覚の補助手段及び代行手段をそれぞれ1つずつ書け。

(4)　下線部Cで記されている内容として正しいものを，次のア～オから全て選び，その記号を書け。

ア　必ず，上記の1～6の6つの区分全ての内容を取り扱い，それぞれ相互に関連付け，具体的に指導内容を設定する。

イ　指導計画の作成に当たっては，各教科，道徳，外国語活動，総合的な学習の時間及び特別活動の指導と密接な関連を保つようにする。

ウ　自立活動の時間における指導は，専門的な知識や技能を有する教師により，行われるようにする。

エ　個々の児童又は生徒の実態に応じた具体的な指導方法を創意工夫し，意欲的な活動を促す。

オ　個々の児童又は生徒が，活動しやすいように自ら環境を整えたり，必要に応じて周囲の人に支援を求めたりすることができるような指導内容を計画的に取り上げる。

(5)　次は，肢体不自由児に対する教育を行う特別支援学校に通う小学部3年のDさんの実態について書いたものである。Dさんの視覚と聴覚の活用を促すため，自立活動の時間における指導の具体例を書け。ただし，「快の感情」，「スモールステップ」の2つの語句を用いること。

障害が重度で重複している。教員が顔を近づけ，「Dさん，Dさん」と名前を呼ぶが，それに対する明確な応答が見られないことがある。しかし，抱きかかえて適度に揺さぶると笑顔が見られることが多い。

(☆☆☆☆◎◎◎)

【3】次は，W特別支援学校小学部の教育課程表である。特別支援学校の学習指導要領の趣旨を踏まえ，各問いに答えよ。

A 病弱教育部門　小学部教育課程表

教科等＼学年		5年
各教科	国語	175
	（ a ）	100
	算数	175
	（ b ）	105
	音楽	50
	図画工作	50
	家庭	60
	体育	90
道徳		35
（ c ）		35
特別活動		35
（ d ）		70
自立活動		35
合計時数		1015

B 知的障害教育部門　小学部教育課程表

教科等＼学年		５年
各教科	C 生活	１７５
	国語	１０５
	算数	１０５
	音楽	７０
	図画工作	７０
	体育	７０
道徳		３５
特別活動		３５
自立活動		３５０
合計時数		１０１５

備考
児童の実態に合わせて、D 各教科等を合わせて指導を行う。

(1)　下線部Aでは，訪問教育を行っている。訪問教育とは何か，説明せよ。

(2)　病弱教育部門　小学部教育課程表の(　a　)～(　d　)に当てはまる教科等の名称を書け。

(3)　下線部Bについて，学習上の特性を踏まえた教育的対応として，「特別支援学校学習指導要領解説　総則等編」に以下のとおり示されている。(　e　)～(　j　)に当てはまる語句を書け。

①　児童生徒の実態等に即した指導内容を選択・組織する。

②　児童生徒が，自ら見通しをもって行動できるよう，日課や学習環境などを分かりやすくし，(　e　)でまとまりのある学校生活が送れるようにする。

③　望ましい社会参加を目指し，日常生活や社会生活に必要な技能や習慣が身に付くよう指導する。

④　(f)を重視し，将来の職業生活に必要な基礎的な知識や技能及び態度が育つよう指導する。

⑤　生活に結び付いた具体的な活動を学習活動の中心に据え，(g)な状況下で指導する。

⑥　生活の課題に沿った多様な(h)を通して，日々の生活の質が高まるよう指導する。

⑦　児童生徒の興味・関心や得意な面を考慮し，教材・教具等を工夫するとともに，目的が達成しやすいように，段階的な指導を行うなどして，児童生徒の学習活動への意欲が育つよう指導する。

⑧　できる限り児童生徒の(i)を豊富にするとともに，自発的・自主的な活動を大切にし，主体的活動を促すよう指導する。

⑨　児童生徒一人一人が集団において役割が得られるよう工夫し，その活動を遂行できるよう指導する。

⑩　児童生徒一人一人の発達の(j)な面や情緒の不安定さなどの課題に応じて指導を徹底する。

(4)　下線部Cの内容は，12の観点から構成されている。「基本的生活習慣」，「健康・安全」，「遊び」，「交際」，「きまり」，「日課・予定」，「金銭」，「自然」，「社会の仕組み」ほかに何があるか，3つ書け。

(5)　下線部Dの指導形態の一つに「遊びの指導」がある。「遊びの指導」とは，どのようなものか。簡潔に説明せよ。ただし，「学習活動」，「仲間」，「心身の発達」の3つの語句を用いること。

(☆☆☆☆◎◎◎)

【4】次の(1)～(5)は障害者支援に関連する機関及び制度について説明した文である。それぞれが説明しているものは何か。最も適切なものを，ア～コから選び，その記号を書け。

(1)　障害者に対する職業評価，職業指導などを行う一方，事業主に対しては雇用する知的障害者等に対する職場への適応に関する事項についての助言又は指導等を行う機関。

(2)　一般企業等への就労を希望する人に，一定期間，就労に必要な知識及び能力向上のために必要な訓練を行う障害福祉サービス。

(3) 自宅で，入浴，排せつ，食事の介護等を行う障害福祉サービス。

(4) 就職又は職場適応に課題のある知的障害者，精神障害者などの雇用の促進や職場定着などを図るため，派遣される人。

(5) 事業主に対して，その雇用する労働者に占める障害者の割合が一定率以上になるように義務づけている制度。

ア 「ケアマネージャー」　イ 「地域障害者職業センター」
ウ 「除外率制度」　エ 「就労継続支援」
オ 「障害者雇用率制度」　カ 「就労移行支援」
キ 「居宅介護」　ク 「生活介護」
ケ 「ジョブコーチ」　コ 「障害者就業・生活支援センター」

(☆☆☆◎◎◎)

【5】脳性麻痺に関する次の文を読んで，各問いに答えよ。

脳性疾患で最も多いものは，脳性麻痺です。(中略)

脳性麻痺をひき起こす脳損傷の原因としては，出生前の原因として小頭症や水頭症，脳梁欠損，脳回形成異常などの遺伝子や染色体の異常などがあります。出生後の原因としては，胎児期や$_A$<u>周産期</u>における$_B$<u>低酸素状態</u>や頭蓋内出血があります。(中略)

主な症状から障害型が分けられています。近年では脳性麻痺の約8割を占め最も多い障害型は(　a　)型で，伸張反射の亢進によって四肢等の伸展と屈曲が著しく困難になってしまう状態になるものです。(　b　)型(不随意運動型)は，四肢等に自分の意志と関係なく奇妙な異常運動が起こるもので，最近では一部の筋肉に異常な緊張が起こるジストニアや手指等のふるえなどの症状も含めて考えられています。

〈独立行政法人　国立特別支援教育総合研究所「障害のある子どもの教育の広場」より〉

(1) 下線部Aについて，「疾病及び関連保健問題の国際統計分類第10回改訂」(ICD-10)では，どのように定義されているか。次のア～ウから選び，その記号を書け。

ア　妊娠満12週に始まり，出生後すぐに終わる。

イ　妊娠満22週に始まり，出生後満7日未満で終わる。

ウ　妊娠満38週に始まり，出生後滿1日未満で終わる。

(2)　下線部Bの状態により，皮膚や粘膜が暗紫色に変化することを何というか。カタカナ5文字で書け。

(3)　(　a　)(　b　)に当てはまる語句を書け。

(☆☆☆◎◎◎)

【6】乳幼児の発達に関する次の各問いに答えよ。

(1)　次の①，②の原始反射の名称を書け。

①

頭を横に向けた時に向けた方向の手が伸び，反対側の手が曲がる。

②

大きな音など，びっくりしたときに上肢を伸ばして手を広げ，ゆっくりと抱え込むようにする。

(2)　(i)運動，(ii)握り方及び(iii)ことばの獲得について，それぞれの番号を発達段階順に並べたとき，2番目と4番目の番号を書け。

(i)　運動

①　寝返り　　②　一人歩き　　③　お座り　　④　首の座り

⑤　つかまり立ち

(ii)　握り方

①

②

③

④

(iii)　ことばの獲得(「KIDS」(乳幼児発達スケール)TYPE　Tによる)

①　自分のことを名前でなく，「ぼく」「わたし」とはっきり言える。

②　「しりとり」ができる。

③　「ぶーちょうだい」など，2語文が言える。

④　気になるものを指さし，訴えることができる。

⑤　「パパ」「ママ」などのことばを使い分ける。

(☆☆☆◎◎◎)

【7】個別の教育支援計画を作成するに当たって，次のような保護者の願いを聞いた。各問いに答えよ。

〈児童のプロフィール〉

特別支援学校小学部6年生在学(自閉症・知的障害，A<u>療育手帳</u>所持)。スクールバスを利用して通学(バス停までは保護者の送迎)。大きな音が苦手。

〈保護者のねがい〉

日頃は近隣の同世代の子どもたちと関わる機会が少ないので，そうした機会を持たせたい。しかし，大きな集団には入りにくいので，いきなり一人でそのような活動場面には適応しにくい。また，B<u>今まで経験したことのない活動</u>があった日は，落ち着かないことが多い。また，将来を見通して，なるべく，C<u>保護者以外の支援</u>を受け入れられるようになってほしい。

(1)　下線部Aについて，次の各問いに答えよ。

①　この手帳は，知的障害児者がさまざまな援助を受けやすくするために交付されているものである。18歳未満の児童に対して，この手帳の交付のための判定等を行う機関の名称を書け。

②　障害者手帳には，療育手帳以外にあと2種類の手帳がある。一つは身体上の障害がある人に対して交付される身体障害者手帳である。もう一つは，発達障害のある人も含めて交付されているものである。その手帳の名称を，法律に定められた正式名称で書け。

(2)　下線部Bについて，学校周辺の空き缶拾いを小学部高学年全体で実施することになった。無理なく空き缶拾いに参加できるようにするために，自閉症の特性を踏まえて，どのような点に配慮して指導するか書け。

(3)　下線部Cについて，放課後等デイサービス事業所と連携していくことになった。初めてその事業所を利用するものとして，スムーズな利用に向け，担任として事業所に対し，どのような情報を提供していくか，あなたの考えを書け。

(☆☆☆☆◎◎◎)

【8】次の(1)～(3)の特別支援教育に関連のある語句について，簡潔に説明せよ。

(1)　AT (Assistive Technology)

(2)　ADL (Activities of Daily Living)

(3)　AAC (Augmentative Alternative Communication)

(☆☆☆☆◎◎◎)

【9】次の絵と文の両方に触れながら，あなたの特別支援教育への思いを書け。

アラスカの森の中に一人で住む男たちを思い出した。

自分の生活や運命の細部に至るまで自分で決めること。自分のルールで生きること。そのことが彼らの人生の順序の中で一番目にあって，都市生活的な便利さ，安楽さはかなり下位にある。

こういうのを『自由』というのだ。

(野田知佑『小ブネ漕ぎしこの川』より)

＊雑誌記者を経てエッセイストに。日本におけるツーリング・カヌーの草分け。

(☆☆☆☆◎◎◎)

解答・解説

【1】(1)　生活機能と障害…心身機能・身体構造，活動・参加　　背景因子…環境因子，個人因子　　(2)　a　自閉症　　b　アスペルガー症候群　　c　広汎性発達障害　　d　学習障害　　e　注意欠陥多動性障害
(3)　制御装置等への点字表記，音声案内装置など　　(4)　手話
(5)　性的虐待，身体的虐待など

〈解説〉(1)　WHO(世界保健機関)は平成13年5月の総会で「国際障害分類(ICIDH：International Classification of Impairments, Disabilities and Handicaps)」の改訂版として「国際生活機能分類(ICF：International Classification of Functioning, and Health)」を採択した。ICIDHにおいて，「機能・形態障害」「能力障害」「社会的不利」という3つの次元の関係が一方向性にあることが課題とされたことを受け，ICFの概念図において人間の生活機能は「心身機能・身体構造」，「活動」，「参加」の3つで構成されており，相互に関連し合っていることが示された。
(2)　発達障害者支援法は平成17年4月に施行された法律で，既存の障害者福祉制度の谷間におかれ，その気付きや対応が遅れがちであった自閉症・アスペルガー症候群，LD(学習障害)，ADHD(注意欠陥多動性障害)などを「発達障害」と総称し，それぞれの障害特性やライフステージに応じた支援を国・自治体・国民の責務として定めたものである。　(3)　平成18年6月に従来のハートビル法と交通バリアフリー法の2つを統合，拡充させたものとして，「高齢者，障害者等の移動等の円滑化の促進に関する法律(バリアフリー新法)」が制定され，同年8月に施行令が制定された。　(4)　昭和45年に制定された「心身障害者対策基本法」が，平成5年の改正において現在の「障害者基本法」へと名称が変更された。平成16年の改正では，差別禁止の理念の明示，障害者基本計画の策定などがなされ，平成23年の改正では，目的規定の見直し，障害者の定義の見直しなどがなされた。　(5)　平成24年に「障害者虐待の防止，障害者の養護者に対する支援等に関する法律(障

害者虐待防止法)」が施行され，国や地方公共団体，障害者福祉施設従事者等，使用者などに障害者虐待防止等のための責務を課すとともに，障害者虐待を受けたと思われる障害者を発見した者に対する通報義務を課すなどが定められた。

【2】(1)　a　病気の状態　b　変化への対応　c　行動の調整　d　保有する感覚　e　姿勢保持　f　形成と活用　(2)　個々の児童又は生徒が自立を目指し，障害による学習上又は生活上の困難を主体的に改善・克服するために必要な知識，技能，態度及び習慣を養い，もって心身の調和的発達の基礎を培う。　(3)　補助手段…補聴器など　代行手段…指文字など　(4)　イ，エ，オ　(5)　スキンシップによる触覚や揺れの感覚が，快の感情をもたらしているものと考えられる。そこで，そのはたらきかけに加え，次のステップには玩具を見せたり，言葉を掛けたりすることで視覚や聴覚の活用を促す。さらに，次のステップでは音の出る玩具を目で追ったりするように働きかけを発展させていく。このようにスモールステップを設定しながら，徐々に視覚と聴覚の協調を図っていく。

〈解説〉(1)　自立活動では，指導内容の要素が示されている。自立活動の内容は，「健康の保持」「心理的な安定」「人間関係の形成」「環境の把握」「身体の動き」「コミュニケーション」の6つの区分，およびその下にそれぞれ3～5項目ずつの6区分26項目ある。指導内容の設定においては，個々の幼児児童生徒の障害の状態や，発達の程度等の的確な把握に基づき，「内容」の中から必要な項目を選定し，それらを相互に関連づけることが重要である。　(2)　自立活動の目標については，学校教育法第72条の改正を踏まえ，「障害に基づく種々の困難」を「障害による学習上又は生活上の困難」と改訂されたことに注意したい。　(3)　聴覚障害のある幼児児童生徒の場合，補聴器等の装用により，保有する聴力を十分に活用していくための指導が必要である。補聴器等とあるのは，人工内耳の装用等も含んでいることを意味している。さらに，場所に応じて磁器ループを用いた集団補聴システム，

FM電波や赤外線を用いた集団補聴システム，またはFM補聴器等の活用が大切である。代行手段としては視覚の活用が考えられ，特に言葉を受容するための視覚的な手段としては読話，手話，指文字，キュード・スピーチ(キューサイン)，その他にも音声等の情報を文字表示する機器，時刻を光や振動を用いて知らせる機器等がある。　(4)　アは「全ての内容」を取り扱う必要はなく，一人一人の幼児児童生徒の実態に応じて必要な項目を選定して取り扱うこととしている。ウの自立活動の指導は，「専門的な知識や技能を有する教師」により行われるのではなく，「専門的な知識や技能を有する教師を中心として，全教師の協力の下に効果的に行われる」としている。　(5)　障害が重度で重複している幼児児童生徒の場合は，情緒の安定の手がかりとして「快」「不快」の表出の状態を読み取ることが重要になる。また，人に対する認識が十分に育っておらず，他者からのはたらきかけに反応が乏しいため，快の感情を読み取り，幼児児童生徒が好むかかわりを繰りかえし行うことでかかわる者の存在に気付くことができるようにし，外界への志向性の獲得をめざすことが必要である。その際，最終目標までを小さな段階に分けて指導を進めていくことをスモールステップと呼ぶ。最初から高い目標の達成をめざすのではなく，小さな目標を達成する体験を積み重ねることで，幼児児童生徒の主体性を重んじていくことが重要である。

【3】(1)　障害の状態が重度であるか又は重複しており，特別支援学校に通学して教育を受けることが困難な児童生徒に対し，特別支援学校の教員が家庭，児童福祉施設，医療機関等を訪問して行う教育。
(2)　a　社会　　b　理科　　c　外国語活動　　d　総合的な学習の時間　　(3)　e　規則的　　f　職業教育　　g　実際的　　h　生活経験　i　成功体験　　j　不均衡　　(4)　役割，手伝い・仕事，公共施設
(5)　遊びを学習活動の中心に据えて取り組み，身体活動を活発にし，仲間とのかかわりを促し，意欲的な活動をはぐくみ，心身の発達を促していくものである。

〈解説〉(1)　訪問教育が始まったのは昭和40年代である。就学猶予・免除者に対して訪問指導が実施されており，昭和53年に文部省によって訪問教育と称されるようになった。そして昭和54年の養護学校の義務制実施以降，小学部と中学部において訪問教育が本格的に全国で実施されるようになった。その後，平成9年に「特殊教育の改善・充実について(第1次報告)」で高等部での訪問教育の必要性が報告され，試行が始まった。学習指導要領には平成11年の改訂で明記されるようになった。　(2)　特別支援学校の教育課程については，視覚障害者，聴覚障害者，肢体不自由者又は病弱者である児童生徒は小学校・中学校・高等学校の学習指導要領に準ずる教育を行うとともに，障害に基づく学習上又は生活上の困難を改善・克服するために「自立活動」という特別の指導領域が設けられている。また，子どもの障害の状態等に応じた弾力的な教育課程が編成できるようになっている。　(3)　知的障害のある児童生徒の学習上の特性としては，学習によって得た知識や技能が断片的になりやすく，実際の生活の場で応用されにくいことや，成功経験が少ないことなどにより，主体的に活動に取り組む意欲が十分に育っていないこと等があげられる。実際的な生活経験が不足しがちであることから，実際的・具体的な内容の指導が必要であり，抽象的な内容の指導よりも効果的である。　(4)　生活科は，日常生活の基本的な習慣を身に付け，集団生活への参加に必要な態度や技能を養うとともに，自分と身近な社会や自然とのかかわりについての関心を深め，自立的な生活をするための基礎的能力を育てることを目標としている。生活科の内容の12の観点については，それぞれを単元として取り扱うよりは児童の知的障害の状態等，学校や知己の実態に応じて工夫し，幾つかの観点を組み合わせたり，他の教科等との関連を十分に図ったりして総合的に指導することが重要であり，このような指導を通して児童の生活していく力を高めることが大切である。　(5)「遊びの指導」は領域・教科を合わせた指導の1つである。その他には「日常生活の指導」「生活単元学習」「作業学習」がある。それぞれの内容について，特別支援学校学習指導要領解説総則等編(幼稚部・小学部・

中学部)第3編第2部第3章第1節2の(2)で，日常生活の指導は「児童生徒の日常生活が充実し，高まるように日常生活の諸活動を適切に指導するもの」，生活単元学習は「児童生徒が生活上の目標を達成したり，課題を解決したりするために，一連の活動を組織的に経験することによって，自立的な生活に必要な事柄を実際的・総合的に学習するもの」，作業学習は「作業活動を学習活動の中心にしながら，児童生徒の働く意欲を培い，将来の職業生活や社会自立に必要な事柄を総合的に学習するもの」と示されている。

【4】(1)　イ　(2)　カ　(3)　キ　(4)　ケ　(5)　オ

〈解説〉アの「ケアマネージャー」は，介護支援専門員のことで介護保険法において要支援・要介護認定を受けた人からの相談を受け，居宅サービス計画(ケアプラン)を作成し，他の介護サービス事業者との連絡，調整等を取りまとめる者のことである。ウの「除外率制度」は，機械的に法定雇用率を一律に適応することになじまない性質の職務もあることから，障害者の就業が一般的に困難であると認められる業種について，雇用する労働者数を計算する際に，除外率に相当する労働者数を控除する制度のことである。ノーマライゼーションの観点からこの制度は障害者雇用基本法の平成14年の改正において，平成16年4月に廃止された。ただし経過措置として当分の間除外率設定業種ごとに除外率を設定するとともに，廃止の方向で段階的に除外率を引き下げ，縮小することとされている。エの「就労継続支援」は障害福祉サービスの1つであり，通常の事業所に雇用されることが困難な障害者につき，就労の機会を提供するとともに，生産活動その他の活動の機会の提供を通じて，その知識及び能力の向上のために必要な訓練その他の厚生労働省令で定める便宜を供与することである。就労継続支援は「就労継続支援A型(雇用型)」と「就労継続支援B型(非雇用型)」に分けられている。クの「生活介護」は，障害者支援施設等において常時介護を要するものに，主として昼間に，入浴，排せつ及び食事等の介護，調理，洗濯及び掃除等の家事並びに生活等に関する相談及び助言その他の必要な日常生活上の支援，創作的活動又は生産活動の機会の提供その他の身体機能又は生活能力の向上のために必要な援助を行うことである。コ「障害者就業・生活支援センター」は，障害者の身近な地域において，雇用，保健福祉，教育等の関係機関の連携拠点として，就業面及び生活面における一体的な相談支援を実施するものである。

【5】(1)　イ　(2)　チアノーゼ　(3)　a　痙直　b　アテトーゼ

〈解説〉(1)　周産期は妊娠満22週から出生後満7日未満までの期間をいい，合併症妊娠や分娩時の新生児仮死など，母体・胎児や新生児の生命にかかわる事態が発生する可能性がある。　(2)　チアノーゼは，血中の還元ヘモグロビンやその他の非酸化ヘモグロビンの増加(総量で5g/dl以上)によって，皮膚や粘膜が暗紫色になる状態であり，チアノーゼを起こす要因としては呼吸器疾患と心疾患がほとんどである。一方で，貧血状態では発症しにくい点にも注意する必要がある。　(3)　脳性麻痺とは，「受胎から新生児期(生後4週間)までの間に生じた脳の非進行的病変に基づく，永続的なしかし，変化しうる運動及び姿勢の異常である。進行性疾患や一過性の運動障害又は将来正常化するであろうと思われる運動性発達遅滞は除外する。」と定義づけられている。タイプとしては，痙直型，アテトーゼ型，失調型，強剛型，混合型といったものがある。「失調型」は，姿勢保持や動きのための筋活動の調整がうまくいかず，バランスが悪かったり，手が揺れたりする(振戦)などの特徴がある。「強剛型」は関節の動きが硬く，関節を他動運動の時に鉛管を曲げるような抵抗がある(固縮性まひ)もので，全身の緊張が高いのが特徴である。「混合型」は各病型の典型的症状が混ざっているもので，「アテトーゼ型＋痙直型」が多いとされている。

【6】(1)　①　ATNR(非対称性緊張性頸反射)　②　モロー反射
(2)　(i)　2番目…①　4番目…⑤　(ii)　2番目…②
4番目…①　(iii)　2番目…⑤　4番目…①

〈解説〉(1)　原始反射とは，その名の通り人類の進化の遺産といってもよいもので，人類が類人猿段階にあったころの名残ともいわれる。原始反射は不随意運動であり，残存すると随意運動が困難になってしまうため，通常徐々に消失するものである。原始反射はこの他に，手を新生児の手掌に当てると反射的に把握する「把握反射」，足の裏をとがったもので踵から爪先にむけてゆっくりとこすると足の親指が足の甲の方にゆっくり曲がり，他の4本の指は外側に開く「バビンスキー反射」などがある。 (2) 一般的な順番とおよその時期は次の通りである。 (i) ④(3～4か月) → ①(5～6か月) → ③(7～8か月) → ⑤(8～10か月) → ②(12～18か月)。 (ii) ③(5か月ごろ) → ②(6か月ごろ) → ④(7か月ごろ) → ①(12か月ごろ)。 (iii) ④(9～12か月) → ⑤(12～18か月) → ③(2歳ごろ) → ①(3歳ごろ) → ②(6歳頃)である。

【7】(1) ① こども家庭相談センター(児童相談所) ② 精神障害者保健福祉手帳 (2) 校外での安全確保(特に交通ルールが理解できていない可能性があるので，その点に注意)，活動グループの設定(大きな集団が苦手なため)，事前に見通しをもたせる配慮，大きな音が苦手なので，聴覚刺激を和らげる配慮など (3) 本人の興味関心，保護者や本人の願い，学校での支援方法，家庭での様子など

〈解説〉(1) ① 療育手帳の制度は，法律ではなく厚生省児童家庭局長通知を基に作られ，実施にあたっては各都道府県知事・指定都市市長に任されている。18歳未満の場合は児童相談所で，18歳以上は心身障害者総合相談所等で判定を受けることになっている。 ② 精神障害者保健福祉手帳は，平成7年に改正された「精神保健及び精神障害者福祉に関する法律(精神保健福祉法)」に規定された精神障害者に対する手帳制度である。精神障害者の自立と社会参加の促進を図ることを目的としている。発達障害者に対しては，知的障害を伴わない場合で基準を満たせば交付されることとなっている。 (2) 自閉症は「対人相互反応に関する質的障害」「コミュニケーションに関する質的障害」「限定された興味・関心」の3つの症状を特徴とする発達障害である。自閉症におけるコミュニケーションの発達的特徴として，共同注意の

障害，音声による発話が可能であってもエコラリアという特有の発話が目立つこともある。また，他者が示した非音声コミュニケーションを理解することに困難を示す。社会性の特徴としては，他者感情の理解や自らの感情を適切に表出することに困難を示す。認知的な特徴としては感覚の過敏がある。感覚としては聴覚，味覚，嗅覚等にも表れる場合がある。こうした特徴を基に指導の際の配慮点を考える必要がある。　(3)　平成24年に児童福祉法の改正により，放課後等デイサービスが創設されることになった。放課後等デイサービスとは，学校通学中の障害児に対して放課後や夏休み等の長期休暇中において，生活能力向上のための訓練等を継続的に提供することにより，学校教育と相まって障害児の自立を促進するとともに，放課後等の居場所づくりを推進するものである。利用者である児童生徒が混乱しないよう学校と放課後等デイサービスのサービスの一貫性が必要であるため，学校と事業所との連携・協働による支援が求められる。

【8】(1)　障害による物理的な操作上の困難や障壁に対して，機器を工夫することによって支援しようとする考え方。　(2)　摂食，着脱衣，排泄，移動など，人間の基本的な日常動作。　(3)「補助代替コミュニケーション」又は「拡大・代替コミュニケーション」と訳され，残存する発声や発語，ジェスチャーやサイン等を用いるコミュニケーションなど，個人の全てのコミュニケーション能力を活用し，コミュニケーションの自立を図るアプローチ。

〈解説〉(1)　AT(Assistive Technology)は，障害をもつ人々を支援するための技術全般であり，米国では1998年にそのための法制化がなされている。日本語では「支援技術」「福祉機器」など様々な訳があてられている。　(2)　ADL(Activities of Daily Living)は日常生活動作と訳され，日常動作を営む上で普通に行っている行為，行動のことである。リハビリテーションや介護の世界で一般的に使われている用語の1つであり，要介護高齢者や障害者等がどの程度自立的な生活が可能かを評価する指標としても使われる。　(3)　AAC(Augmentative Alternative

Communication)は，残存する音声あるいは言語コミュニケーション能力を補う，そして音声の全くない人に用いられる道具や技法の利用のことであり，例えば，シンボルや文字盤等のローテクエイドとVOCAやコンピューター等のアプリケーションといったハイテクエイドがある。

【9】略

〈解説〉絵と文，そして「特別支援教育」という3つの題目による作文と考えてよい。書き方としては3つに共通するキーワードを設定して書く，絵と文から共通点を見出し，特別支援教育にどのように反映させるかを述べる等，さまざまなことが考えられるが，文章構成に無理がないようにしたい。最も一般的な方法としてはキーワードを設定して書くことと思われ，一例として「自立」が考えられる。時間に制限があるが，わかりやすく，また相手に理解しやすい文章にしたい。

2013年度　実施問題

【1】次の文章は，小学校に通う4年生のL君について書いたものである。各問いに答えよ。

L君は，$_A$ADHDの診断を受けています。外遊びが大好きで，休み時間になると誰よりも先にサッカーボールを持って運動場に行き，元気よく走り回っています。ただ，$_B$授業中，じっとしていることが苦手で足や体を絶えず動かしたり，手遊びなどをしたりしてしまいます。また，$_C$気が散りやすく，課題に集中して取り組めないことがあります。先生が質問をしているとき，まだ質問が終わっていないのに，$_D$出し抜けに答えたり，友達や先生の話をさえぎったりすることもよくあります。給食の時などで並んで待たなければならない場合でも，自分が「取りたい」と思うと，その場では周りが見えなくなって，$_E$順番をぬかしてしまうことがあります。最近，L君は，$_F$注意されることや失敗することが多くなっています。

(1)　下線部Aについて，各問いに答えよ。

①　ADHDの医学的診断に用いられるアメリカ精神医学会が定めた診断マニュアルを何というか書け。

②　ADHDの診断基準では，症状は何歳以前に現れ，少なくとも何ヶ月間持続したことがあるとなっているか書け。

(2)　下線部B～Eの状態は，ADHDの3つの行動特性(ア　不注意，イ　多動性，ウ　衝動性)によるものと考えられる。それぞれの状態はア～ウのどれによるものか，記号で書け。また，それぞれの状況を改善するために，考えられる指導又は支援を書け。

(3)　下線部Fの状態が続くと本人の自尊感情が低くなってしまうことが心配される。L君に指導を行うとき，自尊感情が低くならないように考慮することを書け。

(☆☆☆◎◎◎)

【2】次は，「自立活動」に関わる事柄を示したものである。各問いに答えよ。

昭和46年　学習指導要領の改訂で「養護・訓練」という新たな領域が設定される

昭和54年　学習指導要領の改訂

昭和55年　WHO(世界保健機構)が，障害をとらえる共通の認識として「[　a　]」を発表

平成元年　学習指導要領の改訂

平成5年　障害者基本法の改正

平成11年　学習指導要領の改訂で A「養護・訓練」から「自立活動」に名称が改められる

平成13年　WHO(世界保健機構)が総会において「B国際生活機能分類(ICF)」を採択

平成15年　障害者基本計画により，障害者施策の基本的方向について定められる

平成18年　国際連合の第61回総会において，障害者の社会参加に関する取組の進展を踏まえ「[　b　]」が採択される

C平成21年　学習指導要領の改訂で「自立活動」の目標については，学校教育法第72条を踏まえ「個々の生徒が自立を目指し，[　c　]を主体的に改善・克服するために必要な知識，技能，態度及び習慣を養い，もって心身の調和的発達の基盤を培う。」と改められる

(1)　[　a　]，[　b　]，[　c　]に当てはまる語句をそれぞれ書け。

(2)　下線部Aについて，名称が改められた趣旨を2つ書け。

(3)　下線部Bについて，「障害」はどのようにとらえられているか，2つの語句「参加」，「環境因子」を使って説明せよ。

(4)　次の文章は，聴覚障害者である生徒に対する教育を行う特別支援学校に通う中学部2年生のMさんの実態について書いたものである。Mさんの自立活動の指導を行うとき，下線部Cに示されている6つの区分から2つ選び，それぞれの区分における指導内容を書け。

> 学校の友達や家族に対しては積極的に周囲との関わりをもつことができるが，慣れない人に対してのコミュニケーションに不安を抱いている。手話も使えるが，補聴器を活用している。口話でコミュニケーションができるが，サ行音が曖昧になってきている。

(☆☆◎◎◎)

【3】知的障害者である生徒に対する教育を行う特別支援学校高等部の教育課程について，各問いに答えよ。

(1) 次の表は「特別支援学校高等部学習指導要領」(平成21年3月文部科学省告示)に示された各教科である。(a)～(d)に当てはまる教科名をそれぞれ書け。

各学科に共通する各教科	国語	社会	数学	理科	音楽	美術	保健体育	職業	家庭	(a)	(b)
主として専門学科において開設される各教科	家政	農業	工業	(c)	(d)						

(2) 「特別支援学校高等部学習指導要領」(平成21年3月文部科学省告示)において，各教科の内容は学年別ではなく段階別に示されている。各問いに答えよ。

① 段階別に示されている理由は何か。その理由を書け。

② 「各学科に共通する各教科」は何段階で示されているか。その数字を書け。

③ 「主として専門学科において開設される各教科」は何段階で示されているか。その数字を書け。

(3) 次の時間割は，ある特別支援学校高等部普通科の時間割の一例である。各問いに答えよ。

<table>
<tr><th></th><th>月</th><th colspan="2">火</th><th>水</th><th>木</th><th colspan="2">金</th></tr>
<tr><td>1</td><td colspan="7">朝の会、着替え等</td></tr>
<tr><td>2</td><td colspan="7">保健体育／自立活動（課題別学習）</td></tr>
<tr><td>3
4</td><td>A<u>作業学習</u></td><td>Iグループ
国語
（課題別学習）</td><td>IIグループ
数学
（課題別学習）</td><td>B<u>チャレンジタイム</u></td><td>作業学習</td><td>Iグループ
C<u>数学</u>
（課題別学習）</td><td>IIグループ
国語
（課題別学習）</td></tr>
<tr><td>5</td><td colspan="7">給食／昼休み</td></tr>
<tr><td>6
7</td><td>作業学習</td><td>Iグループ
美術
（課題別学習）</td><td>IIグループ
音楽
（課題別学習）</td><td>帰りの会、着替え等</td><td>ホームルーム</td><td>Iグループ
音楽
（課題別学習）</td><td>IIグループ
美術
（課題別学習）</td></tr>
<tr><td>8</td><td colspan="3">帰りの会、着替え等</td><td></td><td colspan="3">帰りの会、着替え等</td></tr>
</table>

① 下線部Aは,「各教科等を合わせた指導」の1つである。作業学習のほかに「各教科等を合わせた指導」の形態の例として何があるか。3つ書け。

② 下線部Bは，この学校でつけられた授業名である。この授業は，各教科や領域を合わせて指導を行うことができないものである。「特別支援学校高等部学習指導要領」(平成21年3月文部科学省告示)で示されている名称を書け。

③ 下線部Cで「重さの単位」の指導を行う上で，知的障害の特性を踏まえ，考慮することを書け。

④ 上記の時間割で，知的障害者である生徒に効果的な指導を行うため配慮・工夫されていることを2つ書け。

(☆☆☆☆◎◎◎)

【4】視覚障害に関する各問いに答えよ。

(1) 次の文は，学校教育法施行令第22条の3に示された視覚障害者の障害の程度である。(a), (b)に当てはまる語句または数字を書け。

両眼の視力がおおむね(a)未満のもの又は視力以外の視機能障害が高度のもののうち，(b)等の使用によつても通常の文字，図形等の視覚による認識が不可能又は著しく困難な程度のもの

(2) 弱視の人が黒板や駅構内の時刻表などを見るときに使う単眼鏡について，各問いに答えよ。

① 双眼鏡ではなく，単眼鏡が使われるのはなぜか。

② 思春期になり周囲の人から見られることを気にして使用をためらう生徒に対しての指導内容を書け。

(3) 弱視児童生徒を指導する際には，一人一人の視機能を正しく評価することが求められる。視機能には，視力以外にどのようなものがあるか3つ書け。

(4) 弱視児童生徒が使用するプリント教材の作成に当たって，一人一人の見え方に合わせた配慮には，具体的にどのようなことが考えられるか2つ書け。

(5) 盲児の場合，運動機能としてはすでに歩けるようになっていても，始歩がみられる時期が通常の場合よりも遅れることがある。どのような理由が考えられるか書け。

(6) バーバリズムとは何か書け。

(☆☆☆◎◎◎)

【5】以下は，知的障害者である生徒に対する教育を行う特別支援学校に通う高等部3年生のNさんの支援マップ(関係機関等による連携支援体制を図示したもの)とNさんの実態である。各問いに答えよ。

【Nさんの支援マップ】

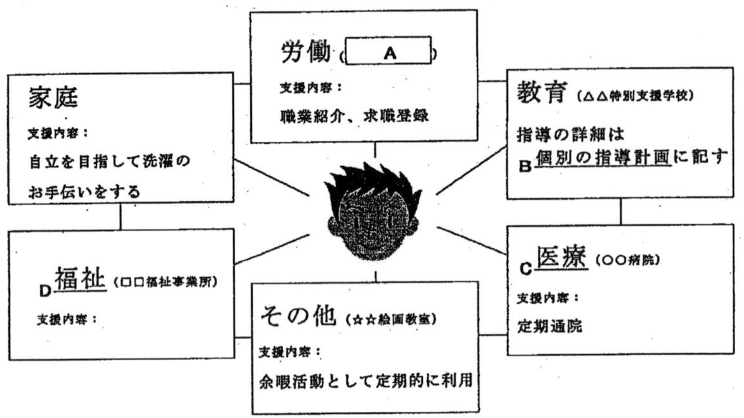

【Nさんの実態】

高等部卒業後はグループホーム利用を検討しており，スーパーマーケットで働くことを希望している。

学校の作業学習では，丁寧に仕事に取り組むことができているが，体力がなく長時間の立ち仕事になると「しんどい」と言って，その場に座ってしまうことが多い。クラスでは，学級代表をつとめており，責任感が強いが，その反面自分の思いを友達に押しつけることも多く，友達とトラブルになることもある。

家庭では，テレビゲームをしたり，音楽を聞いたりして過ごしており，休日は保護者と電車で買い物に出かけることもある。

健康面では，てんかんがあり服薬をしているが，最近，学校で発作が起こった。

(1)　支援マップにある関係機関等との連携を図り，特別支援学校学習指導要領に示されている長期的な視点で教育的支援を行うために学校が中心となって作成することとなっているものは何か書け。

(2) [A]は，国の行政機関である。名称を書け。

(3) 下線部Bについて，すべての生徒に作成することになっているが，平成21年の特別支援学校学習指導要領の改訂で改められた点は何か。説明せよ。

(4) 下線部Cとの連携について，学校で起こったてんかん発作の状況を医師に伝えたい。発作状況を把握するための要点は何か。2つ書け。

(5) 下線部Dの分野において行われる支援内容として何が考えられるか。グループホームの利用希望を踏まえて書け。また，そのように考えた理由を書け。

(6) 【Nさんの実態】から課題と考えられるところを2か所抜き出し，作業学習以外の時間における学校での指導内容をそれぞれ書け。

(☆☆☆☆☆◎◎◎)

【6】次の(1)～(10)の説明に該当する病気及び症候群の名称をそれぞれ書け。

(1) 日光に含まれる紫外線により損傷した遺伝子を修復する仕組みに障害がある病気。皮膚にしみが生じて乾燥し，年齢とともに皮膚がんの発生率が高くなることがある。

(2) 血糖をコントロールしているインスリンが何らかの原因により，分泌されなかったり，量が少なかったり，働きが悪かったりすることにより起こる病気。15歳以下に多く，肥満や運動不足は病気の原因に直接関係しない。

(3) 造血組織である骨髄のがんで，小児がんと呼ばれるものの中で，もっとも発生頻度が高い。

(4) 太ももの骨の頭の骨端部に栄養を与えている血行がなんらかの理由により途絶え，同部が壊死におちいる病気。5～7歳の幼児期から学童期早期に発症する頻度が高く，男児は女児の4～5倍近い発症が見られる。

(5)　尿に大量のたんぱく質が漏れ出てしまうために血液のたんぱく質濃度が減り，むくみや高コレステロール血症を伴う病気。2～6歳に多く発病する。

(6)　筋肉細胞が壊れていき，細胞の数が減って全身の筋肉が萎縮し筋力が低下する病気。デュシェンヌ型，福山型等があり，病型により起こりうる症状は異なり多岐にわたる。

(7)　大脳へ血液を送る左右の内頸動脈（ないけいどうみゃく）が詰まったときに，本来安全装置となるべきウィリス動脈輪がうまく機能しない脳血管の病気で，ウィリス動脈輪閉塞症とも呼ばれる。

(8)　15番染色体の一部がうまく機能していないことが原因で，さまざまな症状が出現する。乳幼児期は筋緊張低下による哺乳障害，体重増加不良，幼児期から学童期には，過食に伴う肥満，思春期には二次性徴発来不全等がみられる症候群。

(9)　21番染色体が3本あるためにその染色体上の遺伝子情報の発現が変化し，特徴のある顔つきや体型と，さまざまな程度の精神発達の遅れをきたし，先天性の心臓奇形を合併する場合もある症候群。

(10)　生後7～24ヶ月の間に発症することが多く，目的を持った手の運動の消失とともに，常同的なねじるような手もみ運動がみられ，女児のみに報告されている症候群。

(☆☆☆◎◎◎)

【7】特別支援学校に通う児童生徒が地域の大人や子どもたちと交流することについてのあなたの考えを，次に示した2つの詩と文に言及して述べよ。

いち

いちってね
つまりぼくがね　いちなのさ
ぼくは　せかいで　ひとりきり
いちってね
つまりママがね　いちなのさ
ママは　せかいで　ひとりきり
いちってね
つまりきみもね　いちなのさ
ぼくと　きみとで　2になるよ
いちってね
だけどちきゅうは　ひとつなの
ぼくと　きみとは　てをつなぐ
いちってね
だからはじめの　かずなのさ
ちいさいようで　おおきいな

(谷川俊太郎『誰もしらない』)

自閉性障害をもつ子どもや大人とともに暮らしたり働いたりする私たちは，彼らの世界に入る努力をすることが必要です。なぜなら，彼らのほうからは，私たちの世界に入ってくることができないからです。私たちは，彼らひとりひとりが，彼らにとっては別世界である人付き合いのルールというシステムにうまく対処していくのに役だつ方法を見つけだすために，自閉的経験を理解し強調する方法を学ばなければなりません。

(ローナ・ウイング『自閉症スペクトル　親と専門家のためのガイドブック』)

(☆☆◎◎◎◎)

解答・解説

【1】(1)　①　DSM - Ⅳ (DSM - Ⅳ - TR)　　②　7歳　　6ヶ月間

(2)　B　イ　授業中に，黒板を消したり，プリントを配ったりするなど，体を動かす機会を与える。　C　ア　教室の中では，先生の声が聞こえやすく，集中しやすい前方の場所に座らせる。　D　ウ　必ず挙手をし，指名されてから答えるというルールを教える。

E　ウ　「あと何人」や「○分まで」など，どれだけ待てばよいかを，具体的にはっきりと知らせる。　(3)　本人の努力に気づいて評価し，できていることをほめ，わずかであっても進歩があったこともほめる。

〈解説〉(1)　①　アメリカ精神医学会が2000年に発表した「DSM-Ⅳ-TR(Diagnostic and Statistical Manual of Mental Disorders：精神疾患の分類と診断，および統計のための手引き)」が発表されているものでは最新である。　②　DSM - Ⅳ - TRでは，5つの診断基準をあげている。「7歳」・「6ヶ月間」以外の基準についても確認しておこう。

(2)　DSM - Ⅳ - TRの診断基準に当てはめていくと，Bは多動性を示す「(a)しばしば手足をそわそわと動かし，またはいすの上でもじもじする」に当てはめることができる。よって，解答はイになる。Cは不注意の項目である「(a)学業，仕事，またはその他の活動において，しばしば綿密に注意することができない，または不注意な誤ちをおかす」に該当するため，解答はアとなる。同様に，Dは衝動性の項目の「(g)しばしば質問が終わる前に出し抜けに答えてしまう」に該当するため，解答はウ，Eは衝動性の項目の「(h)しばしば順番を待つことが困難である」に該当するため，ウとなる。

【2】(1)　a　国際障害分類 (ICIDH)　　b　障害者の権利に関する条約　c　障害による学習上又は生活上の困難　　(2)　・「養護」も「訓練」も受け身的な意味合いが強いと受け止められることがあるため。

・自立を目指した主体的な取組を促す教育活動であることを明確にす

るため。　(3)　人間の生活機能は「心身機能・身体構造」,「活動」,「参加」の3つの要素で構成されており，それらの生活機能に支障がある状態を「障害」ととらえている。そして，生活機能と障害の状態は，健康状態や環境因子，個人因子等の背景因子と相互に影響し合うものとされている。　(4)　区分…心理的な安定　　指導…本人が安心して参加できる集団構成や活動内容等の工夫をしたり，教師が付き添って適切な援助を行ったりするなどして，多くの成功体験を積ませるようにする。　区分…コミュニケーション　　指導…発音の明瞭度を上げるように指導をしながら，音声だけでなく手話や指文字，文字等を活用して主体的に自分の意思を表現できるような機会を設けるようにする。

〈解説〉(1)(2)　ともに，『特別支援学校学習指導要領解説　自立活動編』(高等部)第3章に記載されている通りである。　(3)『特別支援学校学習指導要領解説　自立活動編』(高等部)第3章に，ICFの定義による障害の捉え方について説明されており，それを参照し，解答するとよい。(4)『特別支援学校学習指導要領解説　自立活動編』(高等部)第6章に，自立活動の内容である「健康の保持」,「心理的な安定」,「人間関係の形成」,「環境の把握」,「身体の動き」および「コミュニケーション」の6つの区分について説明され，そこに具体的な指導についても記載されている。

【3】(1)　(a)　外国語　　(b)　情報((a),(b)は順不同)　　(c)　福祉　(d)　流通・サービス((c),(d)は順不同)　　(2)　①　理由…対象とする生徒の学力などが同一学年であっても，知的障害の状態や経験等が様々であり，個人差が大きいことから段階を設けて示した方が，個々の生徒の実態等に即して，各教科の内容を選択し，指導しやすいから。②　2段階　　③　1段階　　(3)　①　日常生活の指導　　生活単元学習　遊びの指導　　②　総合的な学習の時間　　③　簡単な調理を題材にして，実際にはかりを用いて重さを量るなど，体験活動や具体的な問題解決場面を設定し指導する。　④　生徒が自ら見通しを持って行動

できるように，日課を分かりやすくしている。　生徒の実態に即した指導ができるように，課題別学習を設定している。

〈解説〉(2)　①②『特別支援学校学習指導要領解説　総則等編』(高等部)第2編第2部第1章第8節に，知的障害者である生徒に対する教育の内容について説明されている。ここでは，知的障害者である生徒の発達や生活能力，経験や興味・関心が様々であることを考慮し，具体的な指導内容が設定しやすいように2段階に区分されている，と説明されている他，高等部進学前の在籍校の校種が様々であることも考慮し，中学部の内容を積み上げて概括的に示されている，といった内容が説明されている。　(3)　①『特別支援学校学習指導要領解説　総則等編』(高等部)第2編第2部第5章第1節を参照。　③　知的障害の特性として，学習によって得た知識が断片的になりやすく，実際の生活への応用が難しいことが挙げられる。そのため，学習の場面を実生活に即したものに設定し，学習したことを実生活に生かしていきやすいよう指導することが重要である。

【4】(1)　a　0.3　b　拡大鏡　(2)　①　弱視の人は右目と左目の視力が違う人が多いので単眼鏡の方が使いやすい。授業中等，黒板とノートなど，近くと遠くを何度も見るため軽くて小さい単眼鏡の方が扱いやすい。　②　各種の弱視レンズなどを使ってよく見える体験を繰り返すことにより障害の受容を図り，障害による困難な状態を改善・克服する意欲を喚起する指導を行う。　(3)　・視野　・色覚　・コントラスト感度　・眼球運動　等から3つ　(4)　・文字や図を拡大する。　・内容の単純化や不必要なノイズとなる情報を除去する。　・配色への配慮を行う。　・図と地のコントラストを強化する。等から2つ　(5)　視覚障害によって周囲の状況が分からず，歩行の目標となるものが得られないことや，不安感があるなどの理由によると考えられる。　(6)　言葉による説明だけで，物事・事象や動作を理解したと思い込み，適切な概念やイメージを伴わず，言葉だけが，一人歩きをしているような状態で，唯言語主義とも呼ばれる。

〈解説〉(3) 視機能とは，視力・視野・色覚・光覚・眼球運動・調節・両目視等のことをいう。 (5) 歩行するためには，環境を認知する能力と歩行運動の能力が調和している必要があるが，盲児にはその調和が難しい。また，自分以外の人が歩行している姿を見ることができないため，自ら歩行について学ぶことが難しいことも原因として挙げられる。 (6) このような特徴は，視覚に障害があることから，実世界と言語を結びつける手がかりとしての情報の不足によって起こると考えられる。

【5】(1) 個別の教育支援計画 (2) 公共職業安定所(ハローワーク) (3) 各教科・科目等(各教科等)についても作成することになった。 (4) ・てんかん発作の頻度 ・発作の継続時間 ・発作の前後の状況 ・けいれん等が起こった体の部位 ・発作時の意識状態等から2つ (5) 支援内容…福祉サービス事業所での宿泊体験 理由…家族を離れての宿泊経験を積み，将来の自立に向けた力を付けるため (6) 抜き出した箇所1…体力がなく 長時間の立ち仕事には，体力が必要であることを本人に自覚させ，学校生活や家庭で体力を向上するための目標を本人と相談して設定し，まずは一緒に運動し，徐々に自主的に運動に取り組むように指導する。 抜き出した箇所2…自分の思いを友達に押しつけることも多く 表情の絵カードで気持ちの学習をしたり，いろいろな場面の関わり方やコミュニケーションの方法をソーシャルスキルトレーニングカード等を用いて学習したりし，相手の気持ちを考えられるように指導する。

〈解説〉(1) 個別の指導計画と混同しやすいので注意。 (3) 『特別支援学校学習指導要領解説 総則等編』(高等部)第1編第1章第2節を参照。 (5) 生徒自身の自立心を向上させることも大切であるが，生徒が希望する福祉施設側に生徒についての基本的な情報や特徴を理解してもらうよう働きかけることも大切である。

【6】(1)　色素性乾皮症(XP)　(2)　1型糖尿病　(3)　白血病
(4)　ペルテス病　(5)　ネフローゼ症候群　(6)　筋ジストロフィー
(7)　もやもや病　(8)　プラダー・ウィリー症候群
(9)　ダウン症候群　(10)　レット症候群

〈解説〉(1)　色素性乾皮症(XP…Xeroderma Pigmentosum)とは，強い光線過敏が皮膚に生じる進行性の神経障害で，日本には500人前後の患者がいると言われており，現在も治療法は未確立な病気である。
(2)　糖尿病には1型糖尿病と2型糖尿病があり，本問題ではインスリンが分泌されていないか量が少ないこと，15歳以下に多いと書かれていることから，1型糖尿病が正解となる。　(6)　デュシェンヌ型がもっとも多く，この型は男児のみの発症となる。　(10)　自閉症をはじめとする他の障害と同じような症状を呈すこともあり間違えられやすいが，発症前までは異常が見られないこと，女児のみ報告されていること，などが特徴である。

【7】特別支援学校に通う児童生徒が地域の大人や子どもたちと交流することで，障害の有無に関わらず，誰もが互いに個性と人格を尊重し合えるよい機会となると考える。何故なら，人間は，どうしても知らないことや物に対して誤った偏見を無意識に抱いてしまうものである。よって，共同活動をすることで感情を共有し，その過程で少しずつ両者はお互いを知り，歩み寄ることで皆同じ人間であり，個々人が唯一無二の存在であるということを実感していく機会が重要であると考えるからである。問題の詩では，自分と相手がオンリーワンな存在であることを詠んでいて，まさに交流から生まれる気づきであるといえる。問題の文からは，まずは周りの大人が障害児と社会との関わりをサポートすることで障害児の特性を尊重しつつ，彼らの世界を更に広げる橋渡しをすることの意義が読み取れる。制度の面から考えると，平成21(2009)年の学習指導要領の改訂では，交流及び共同学習の推進という事項が新たに盛り込まれた。この内容は障害のある子どもと障害のない子どもとの交流及び共同学習を計画的・組織的に行うことを規定

している。障害のある人と障害のない人が互いに理解しあうことが不可欠であるという考えが根底にある。また障害者基本法第16条によると，「交流及び共同学習を積極的に進めることによって，その相互理解を促進しなければならない」とあり，日本国憲法も第14条で法の下の平等を謳っている。以上のことを実現するためにも，私はやはり地域社会の人たちが，ふれ合い，共に活動する機会を設けることが重要となってくると考える。

〈解説〉平成21(2009)年の学習指導要領の改訂，障害者基本法第16条，日本国憲法第14条(法の下の平等)などを参考にすると説得力のある考えが書けるため，障害者の人権に関する法律を押さえておきたい。問題に即して考えると，谷川俊太郎の詩からは，格差や差別のない世界観や，個人と他人の存在とその関わり合いの大切さが読み取れる。また，ローナ・ウイングの文の抜粋からは，障害がある人との関わり方について，自閉性障害独自の世界観，などが読み取れる。

2012年度　実施問題

【1】次の図は,「特別支援学校学習指導要領解説総則等編(幼稚部・小学部・中学部)」(平成21年6月文部科学省)を参考に，知的障害者である児童生徒に対する教育を行う特別支援学校における小学部，中学部の教育課程を構成する内容と指導の形態をまとめたものである。各問いに答えよ。

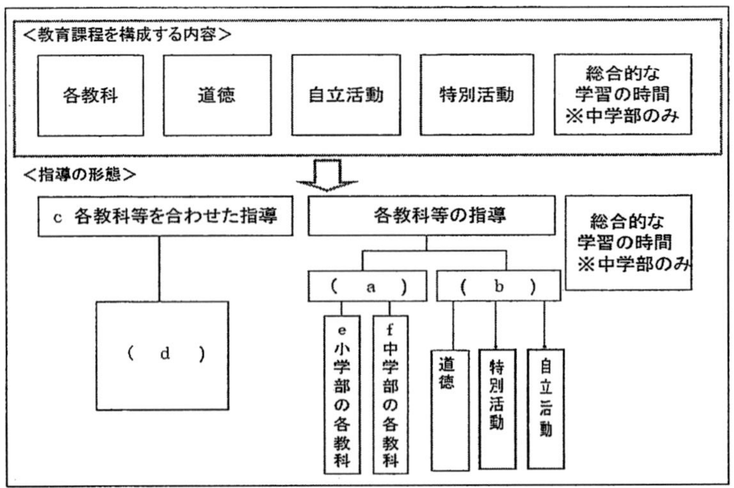

(1)　図中(a), (b)に当てはまる語句をそれぞれ書け。

(2)　図中c「各教科等を合わせた指導」の「等」とは何をさすか。全て書け。

(3)　図中(d)に当てはまる指導の形態の例を4つ書け。

(4)　図中eの各教科の1つに「生活科」がある。学習指導要領に示されている生活科の目標を書け。

(5)　図中fの各教科の1つとして「働くことに関心をもち，作業や実習に参加し，働く喜びを味わう」という内容が示されている教科がある。この教科名を書け。

(6)　図中e・fの各教科の内容は，学年別ではなく段階別に示されている。段階別に示している理由を書け。また，小学部では何段階で示されているか。その数字を書け。

(7)　小学部のRさんは理解言語は多く，教員からの言葉の指示は理解できている。しかし，表出言語が極めて少なく自分から関わりをもとうとする場面はあまり見られず，集団での活動も苦手で一人で過ごしていることが多い。Rさんに必要な指導内容を国語科と自立活動の両面から考え，具体的に書け。

(☆☆☆☆☆◎◎◎◎◎)

【2】高機能自閉症ついて，各問いに答えよ。

(1)次の①～③において現れる高機能自閉症の特徴について，具体例を挙げて，それぞれ説明せよ。

①　対人関係

②　言葉やコミュニケーション

③　知識や興味・関心

(2)　次の文章は，地域の小学校に通う2年生の高機能自閉症のT君について述べたものである。各問いに答えよ。

いつもの体育ではすぐ体操着に着替え始めるT君が，A時間割を変更して運動会の練習を行う時には，着替えに取りかかる様子がありません。また，先生が学級全員に早く着替えるように口頭指示を出しても取りかかる様子もありません。しかし多くの友達が着替えをすませ教室から出て行こうとしていることに気付いたり，友達から「運動会の練習だよ，早く」と声をかけられたりすると，あわてて着替え始めます。そのためB練習に遅れ，友達から非難されることが多くなっています。

①　下線部Aについて，T君のこのようなつまずきの要因として考えられることを2つ挙げ，それぞれに必要な手立てを具体的に書け。

②　下線部Bについて，T君を取り巻く集団への対応として大切なこ

とは何か。「自尊心」,「労(ねぎら)い」の2つの語句を用いて書け。

③　T君の障害特性を踏まえ，避難所生活を余儀なくされるような災害時に備えて日頃から指導すべきことと避難所生活をする際の配慮すべきことについて具体的に書け。

(☆☆☆☆☆◎◎◎◎◎)

【3】次の文章は，肢体不自由特別支援学校に通う小学部1年生のMさんの様子を書いたものである。各問いに答えよ。

Mさんは$_A$脳性まひで，重度の運動機能障害があり，$_B$医療的ケアを必要としている。座位姿勢を保持したり，自分で姿勢を変換することは難しく，また，呼吸が浅いため，血液中の$_C$動脈血酸素飽和度が低下してしまうこともある。食物をペースト状にして摂りやすくしているが，$_D$舌を前の方に突き出しながらチューチューと音を立てて吸うような動きになる。$_E$固形物よりも水分を摂ることの方が苦手で，むせることも多い。

(1)　下線部Aにはいくつかの病型がある。その中から病型を2つ書け。

(2)　下線部Bについて，教員が行うことができる行為を2つ書け。また下線部Bの実施において，ヒヤリハット事例の蓄積や活用が重要とされている理由を書け。

(3)　下線部Bを学校で行う意義について書け。

(4)　下線部Cを測る医療機器を何というか。また，下線部Cが通常の値より低下することで現れる症状を1つ書け。

(5)　下線部DのようなMさんの舌の動きは新生児から乳幼児期に見られる原始反射である。この反射を何というか。その名称を書け。

(6)　下線部Eについて，このような状態になるのはなぜか。理由を書け。また，水分摂取の練習の時に，上唇をぬらしながら飲ませることが大切であるが，それはなぜか。その理由を書け。

(☆☆☆☆☆◎◎◎◎)

【4】次の文章は，「特別支援学校小学部・中学部学習指導要領」(平成21年3月文部科学省告示)の第7章自立活動の一部である。各問いに答えよ。

第7章　A自立活動

第1　目標

個々の児童又は生徒が自立を目指し，障害による学習上又は生活上の困難を(　a　)に改善・克服するために必要な知識，技能，態度及び(　b　)を養い，もって心身の(　c　)の基盤を培う。

第2　内容

[　　C　　]

第3　指導計画の作成と内容の取り扱い

1　略

2　個別の指導計画の作成に当たっては，次の事項に配慮するものとする。

(1)　個々の児童又は生徒について，障害の状態，(　d　)や経験の程度，興味・関心，(　e　)や学習環境などの実態を的確に把握すること。

(2)　実態把握に基づき，長期的及び短期的な観点から指導の目標を設定し，それらを達成するために必要な指導内容を段階的に取り上げること。

(3)　具体的に指導内容を設定する際には，B以下の点を考慮すること。

以下略

(1)　(　a　)～(　e　)に当てはまる語句を書け。

(2)　下線部Aについて説明した次の文のうち，間違っているものを次のア～オから1つ選び，その記号を書け。

ア　自立活動は，特別支援学校の教育課程において特別に設けられた指導領域である。

イ　自立活動は，授業時間を特設して行う自立活動の時間における指導を中心とし，各教科等の指導においても，自立活動の指導と密接な関連を図って行わなければならない。

ウ　自立活動の指導は，集団で指導することを前提としている点に十分留意する必要がある。

エ　学習指導要領に示す自立活動の内容は，個々の児童生徒に，その全てを指導すべきものとして示されているものではないことに十分留意する必要がある。

オ　自立活動の指導に当たっては，個々の児童生徒の実態を的確に把握し，個別に指導の目標や具体的な指導内容を定めた個別の指導計画を作成する必要がある。

(3)　下線部Bについて説明した次の文のうち，間違っているものを次のア～エから1つ選び，その記号を書け。

ア　児童又は生徒が，障害を改善・克服することができるような指導内容を重点的に取り上げること。

イ　個々の児童又は生徒が，活動しやすいように自ら環境を整えたり，必要に応じて周囲の人に支援を求めたりすることができるような指導内容も計画的に取り上げること。

ウ　個々の児童又は生徒の発達の進んでいる側面を更に伸ばすことによって，遅れている側面を補うことができるような指導内容も取り上げること。

エ　児童又は生徒が興味をもって主体的に取り組み，成就感を味わうとともに自己を肯定的にとらえることができるような指導内容を取り上げること。

(4)　[　C　]には，自立活動の内容として，次の6区分26項目が示されている。これについて各問いに答えよ。

1　健康の保持

(1)　生活のリズムや生活習慣の形成に関すること。

(2)　病気の状態の理解と生活管理に関すること。

(3)　身体各部の状態の理解と養護に関すること。

(4)　健康状態の維持・改善に関すること。

2　心理的な安定

(1)　情緒の安定に関すること。

(2)　(　f　)

(3)　障害による学習上又は生活上の困難を改善・克服する意欲に関すること。

3　人間関係の形成

(1)　他者とのかかわりの基礎に関すること。

(2)　他者の意図や感情の理解に関すること。

(3)　(　g　)

(4)　集団への参加の基礎に関すること。

4　環境の把握

(1)　保有する感覚の活用に関すること。

(2)　感覚や認知の特性への対応に関すること。

(3)　感覚の補助及び代行手段の活用に関すること。

(4)　感覚を総合的に活用した周囲の状況の把握に関すること。

(5)　(　h　)

5　身体の動き

(1)　姿勢と運動・動作の基本的技能に関すること。

(2)　姿勢保持と運動・動作の補助的手段の活用に関すること。

(3)　日常生活に必要な基本動作に関すること。

(4)　身体の移動能力に関すること。

(5)　(　i　)

6　コミュニケーション

(1)　コミュニケーションの基礎的能力に関すること。

(2)　言語の受容と表出に関すること。

(3)　言語の形成と活用に関すること。

(4)　コミュニケーション手段の選択と活用に関すること。

(5)　状況に応じたコミュニケーションに関すること。

①　(　f　)～(　i　)に当てはまるものを，次のア～カから1つずつ選び，その記号を書け。

ア　作業に必要な動作と円滑な遂行に関すること。

イ　自己の理解と行動の調整に関すること。

ウ　損傷の状態の理解と養護に関すること。

エ　認知や行動の手掛かりとなる概念の形成に関すること。

オ　対人関係の形成の基礎に関すること。

カ　状況の理解と変化への対応に関すること。

②　知的障害があり，かつ，てんかんのある高等部の生徒に，病気の状態の理解を図り，進んで自己の生活規制を行うことができるような指導を行いたい。指導内容を設定するに当たり，「1　健康の保持」のほか，必要だと思われる区分を2つ選び，その区分の番号と選んだ理由をそれぞれ書け。

(☆☆☆☆◎◎◎◎◎)

【5】次の(1)～(3)の語句について，簡潔に説明せよ。

(1)　就学指導委員会

(2)　リソースルーム

(3)　網膜色素変性症

(☆☆☆☆◎◎◎)

【6】次の表は，障害のある児童生徒の実態把握をする際に使用されることが多い検査をまとめたものである。各問いに答えよ。

検査の名称	A新版K式発達検査2001	B遠城寺式・乳幼児分析的発達検査法	C絵画語い発達検査
検査の特徴	(a)(b)(c)の3つの領域と全領域のそれぞれについて，発達年齢(DA)と発達指数(DQ)を得ることができる。	「運動」「社会性」「言語」の3つの領域ごとに発達を評価し，各領域における発達指数を得ることができる。	語い年齢(VA)と評価点(SS)を算出し，それをもとに語い理解力の発達水準を得ることができる。
検査の名称	D田中ビネー知能検査V	(d)	K－ABC心理・教育アセスメントバッテリー
検査の特徴	2～13歳までは精神年齢(MA)及び知能指数(IQ)を，14歳以上は原則として偏差知能指数(DIQ)を得ることができる。	言語性IQ(VIQ)，動作性IQ(PIQ)，全検査IQ(FIQ)及び4つの群指数(言語理解，知覚統合，注意記憶，処理速度)を得ることができる。	認知処理過程尺度[(e)尺度と(f)尺度を合わせたもの]と習得度尺度，加えて動作によって反応できる下位検査を選択することで，非言語性尺度を得ることができる。

(1)　表中(　a　)～(　c　)に当てはまる領域の名称は何か。それぞれの名称を書け。

(2)　表中(　d　)に当てはまる検査の名称は何か。その名称を書け。

(3)　表中(　e　)，(　f　)に当てはまる語句をそれぞれ書け。また，それぞれの尺度ではどのような認知処理能力を測定できるか。簡潔に説明せよ。

(4)　表中A～Cの各検査と関係の深いものを，次のア～カからそれぞれ1つずつ選び，その記号を書け。

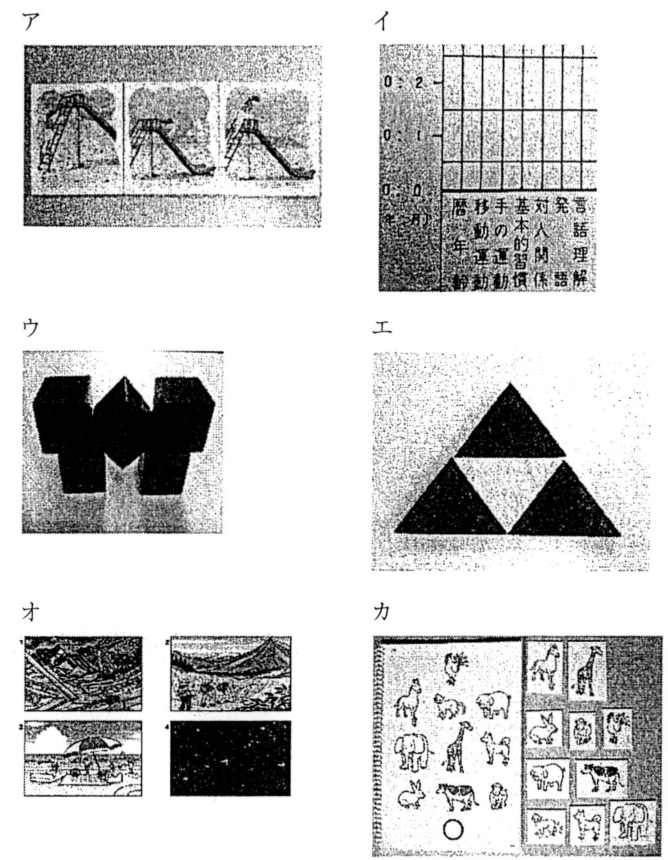

(5)　表中Dの検査を7歳1ヶ月の児童に実施したところ，精神年齢(MA)が4歳9ヶ月という結果になった。この児童の知能指数(IQ)を求めよ。ただし，小数点第1位を四捨五入すること。

(6)　発達検査や知能検査を用いて実態把握を行う際，より精度の高い実態把握とするために検査の実施場面で留意すべきことを書け。

(☆☆☆☆◎◎◎◎◎)

【7】ユニバーサルデザインについて，各問いに答えよ。

(1)　次に示す①～⑦は，ユニバーサルデザインを説明するものとしてよく用いられる「7つの原則」である。(　a　)～(　d　)に当てはまる語句を書け。

①　(　a　)でも公平に使えること

②　使う上で自由度が高いこと

③　使い方が(　b　)ですぐに分かること

④　必要な情報がすぐに分かること

⑤　うっかりミスが(　c　)につながらないこと

⑥　身体への(　d　)が少ないこと

⑦　利用するための十分な大きさや広さがあること

(2)　身の回りにある日用品で，ユニバーサルデザインが採り入れられた具体物を2つ挙げ，それぞれについて，どのような点がユニバーサルデザインなのかを書け。

(3)　次はある駅の写真である。ユニバーサルデザインの観点から説明せよ。

(4) 昨今,「授業のユニバーサルデザイン」について議論されているが,あなたが考える「授業のユニバーサルデザイン」とはどういうことか。「困っている子」,「全ての子」,「配慮」の3つの語句を用いて,説明せよ。

(☆☆☆◎◎◎◎)

【8】あなたが目指す特別支援学校の教師像と子どもへの指導と支援について大切だと思うことを,次の2つの資料と関連付けて書け。

凡庸な教師はただしゃべる。
よい教師は説明する。
すぐれた教師は自らやって見せる。
そして,偉大な教師は心に火をつける。

ウィリアム・アーサー・ワード

山下清「長岡の花火」

(☆☆☆☆◎◎◎◎◎)

解答・解説

【1】(1)　a　教科別の指導　　b　領域別の指導　　(2)　道徳・特別活動・自立活動　　(3)　日常生活の指導，遊びの指導，生活単元学習，作業学習　　(4)　日常生活の基本的な習慣を身に付け，集団生活への参加に必要な態度や技能を養うとともに，自分と身近な社会や自然とのかかわりについての関心を深め，自立的な生活をするための基礎的能力を育てること。 (5)　職業・家庭　　(6)　児童生徒の学力などが，同一学年であっても，知的障害の状態や経験等が様々であり，個人差が大きいため。　段階数…3段階　　(7)　国語科…「きのうのこと」という題材で，見聞きしたことなどのあらましや自分の気持ちなどを身振りやサイン，簡単な言葉で表現させる。　自立活動…心理的な安定の区分から，Rさんの好きなことや得意なことを話題にしながら，自分から伝えようとする気持ちを育てる。

〈解説〉本問については特別支援学校学習指導要領解説 総則等編(幼稚部・小学部・中学部)の第3編 第2部 第3章を参照するとよい。学習指導要領解説では「各教科等を合わせた指導」「教科別の指導」「領域別の指導」がそれぞれ並列した形で表現されているが，問題の表では「教科別の指導」「領域別の指導」の上層部に「各教科等の指導」があることに注意したい。　(5)　教科の中に，職業が位置付けられていることを知っておくこと。　(6)　小学部が3段階になっていることのみならず，個人差が特に大きいためという「理由」も理解しておく必要がある。　(7)　障害が重度もしくは重複していると自立活動の比重が多くなる。その際，各教科と自立活動が別の物として展開されるのではなく，いかに連関させて展開するかが重要である。その際，教科の学習なのか，障害の改善・克服を図るための自立活動なのかを意識して記述する必要がある。

【2】(1) ① 状態や相手の気持ちを汲み取ることが困難で，初対面の人に対しても「太っているからダイエットしたほうがいいよ」などと言ってしまい，対人関係が気づきにくいことがある。 ② ドアを開けることに苦労している時に「頭を使いなさい」などと言われると，実際に頭でドアを開けようとしてしまうなど，言葉を字義通りにとらえてしまい，うまく意思疎通ができないことがある。 ③ 「自分だけの知識世界」が存在し，過去や未来の曜日を知っていたり，電車の音だけで「○○型の特急だ」と当てたりする。 (2) ① (要因：手立ての順) ・決められたことへのこだわりがあり，予定変更に対応できない。：少なくとも前日までに伝え，当日の朝，再度説明するとともに視覚的に確認できるようにする。 ・全体に対して発せられた聴覚情報にうまく対応できない。：全体への指示後，個別に指示する。注意喚起をする。視覚的な情報もあわせて行う。 ② 友達からの非難などによるT君の自尊心低下を防ぐためにT君の特性を丁寧に説明するとともに，T君を温かく受け止めようとする集団のがんばりにも労いの気持ちをもって接する。 ③ 基本的な防災用語や身を守る動作を教えたり，「お泊り体験」をさせたりしておく。災害後は前と変わらない生活リズムを意識してケアをし，連絡や指示を明確に伝えるために張り紙やメモを使う。

〈解説〉高機能自閉症は知的障害を伴わない自閉症であり，特殊な認知や知覚，言語障害を基本として，社会性や対人関係の問題，変化に対する嫌悪などがみられる。 (2)の①については，こだわりや聴覚的情報収集が困難という背景的要因を踏まえ，その対応を述べるとよい。
③は予習やリハーサルをしておくこと，避難所生活では聴覚障害のみならず視覚的に情報を提供することなども重要である。

【3】(1) 痙直型，アテトーゼ型 (2) ・咽喉手前までのたんの吸引 ・経管栄養 重要とされている理由… 重大な事故にまで至らなかった小さな問題を記録したり，分析したりすることによって，事故を未然に防ぐことができるから。 (3) 医療的ケアを受けることによっ

て，生活リズムや生活習慣が確立され，学校生活の基盤を充実できる。保護者から離れて医療的ケアを受けることにより，児童生徒の社会的自立が促進される。　(4)　器具名…パルスオキシメータ　　症状…唇や爪の色が悪くなる。顔色が悪くなる。　(5)　吸てつ反射
(6)　むせる理由…　固形物に比べ，水分(液体)は移動する速度が速いため。　水分摂取の理由…　上唇は感覚の鋭い部位の1つで，上唇を使って液体の温度や性質を敏感に感じとり，口の中に入れる量を調節しているから。
〈解説〉(1)　その他の病型としては失調型，強剛型，混合型などがあげられる。　(2)　平成16年の「盲・聾・養護学校におけるたんの吸引等の取扱いについて」や平成17年の「医師法第17条，歯科医師法第17条及び保健師助産師看護師法第31条の解釈について」に基づいて，特別支援学校において教員が実施することができる医療的ケアが明確化された。具体的には①たんの吸引，②経管栄養，③導尿補助などがあげられる。　(3)　子どもにとっての利点，保護者にとっての利点の双方があるとよい。　(5)　重度重複障害の子どもの発達においては，新生児や乳幼児の発達や支援方法を参照する必要がある。　(6)　重度重複障害の子どもの教育では，給食における嚥下支援などの摂食指導も重要になる。

【4】(1)　a　主体的　　b　習慣　　c　調和的発達　　d　発達　　e　生活　　(2)　ウ　　(3)　ア　　(4)　①　f　カ　　g　イ　　h　エ　　i　ア　　②　(区分：理由の順)　・2：興奮やストレスがてんかんの発作の誘因となることが多いから　　・6：自分の病状を他の人に適切に伝えることが必要であるから
〈解説〉(2)　自立活動は集団指導ではなく，個々の児童生徒の状況にあわせた指導が前提となる。　(3)　障害自体ではなく，障害による学習上のもしくは生活上の困難を改善・克服すること，そしてその意欲を高める指導に重点を置いている。　(4)　知的障害とてんかんのある子どもを想定した場合，ストレスマネジメントや周囲への支援を求める

ことなどについて記述する。

【5】(1) 市町村教育委員会等に設置され，障害のある子ども一人一人の教育的ニーズを踏まえた適正な就学を支援することを業務の中心とする委員会。 (2) アメリカなどの障害児教育において，通常の学級に在籍する障害のある子どもが特別な教育サービスを受けることを目的とした教室。日本の「通級による指導」のモデルと言える。

(3) 遺伝性，進行性の網膜疾患。暗いところで物が見えにくくなったり，視野が狭くなったりするような症状をおこし，病気の進行とともに視力が低下，失明に至ることもある。

〈解説〉(1) 就学指導委員会は，就学指導のみならず「教育相談」の機能を強化した組織が議論されており，また廃止を検討している自治体もある。 (2) LDとADHDを新たに支援対象とした日本の「通級」による指導制度の参考になっているものが，アメリカのリソースルームである。

【6】(1) a 姿勢・運動 b 認知・適応 c 言語・社会 (順不同可) (2) d WISC-Ⅲ知能検査法 (3) (語句，説明の順) e 継次処理：情報を一つ一つ時間的な順序で処理する能力 f 同時処理：複数の情報をその関連性に着目して全体的に処理する能力

(4) A ウ B イ C オ (5) 67 (6) 回答時の受け答えや反応などにも十分気を配ること。

〈解説〉 検査については頻出事項であり，他にもPEP，グッドイナフ人物画知能検査も問われたことがある。検査の特徴等は参考書等でも確認しておきたい。 (5) 精神年齢÷生活年齢×100で算出する。

(6) 結果のみならず，検査時の様子も記録しておく必要があることに注意したい。

【7】(1)　a　どんな人　　b　簡単　　c　危険　　d　負担
(2)　(具体物：理由の順)　・シャンプー容器：目を閉じていてもリンスとの区別が容易である。　・プラスチックリング付きピン：抜く時に力がいらず，落ちた時に針が上に向かないので安全である。
(3)　エレベーター，エスカレーター，階段が並列して設置されており，状況に応じて選択して利用することができる　(4)「困っている子」への「配慮」は授業を受けている「全ての子」にとって楽しくわかりやすい授業となり，満足感や達成感を持てることにつながる。

〈解説〉ユニバーサルデザインの定義は「年齢，性別，身体的状況，国籍，言語，知識，経験などの違いに関係なく，すべての人が使いこなすことのできる製品や環境など」を指し，7原則はロナルド・メイスが提唱したといわれるものが現在でも使われている。問題としては，バリアフリーとの比較で出題されるといったこともあるので，表を作成する等して，明確な使い分けをする必要がある。

【8】解答省略

〈解説〉山下清は「裸の大将」「放浪の旅」で知られる言語障害，知的障害を持つ画家である。清は知的障害児施設でちぎり紙細工に出会い，絵画の才能を開花させた。作品はその場で描くのではなく，自宅や施設に戻り，記憶した景色を思い出しながら描く方法であったため，清はサヴァン症候群ではなかったかといわれる。清が生前から認められていたのは，本人の才能はもとより，施設職員などまわりの人間の理解があったからという指摘もある。ウィリアム・アーサー・ワードはアメリカの学者・牧師で出題文にある代表的な格言で知られる。本問では，山下清についての知識と受験者の特別支援学校の教師像などがはっきりしていることが，満点の解答を書く第一歩になるだろう。限られた時間の中でどう表現するか迷うだろうが，作文問題は概して配点が高いので，考慮時間を十分に取りながら，誤字・脱字に注意してしっかりと書き上げたい。

2011年度　実施問題

【1】次の文章は,「特別支援学校小学部・中学部学習指導要領」(平成21年3月文部科学省告示)の中の第1章総則第2節「教育課程の編成」の一部である。各問いに答えよ。

第5　重複障害者等に関する教育課程の取扱い

1　児童又は生徒の障害の状態により特に必要がある場合には,次に示すところによるものとする。

[　　略　　]

2　視覚障害者,聴覚障害者,肢体不自由者又は病弱者である児童又は生徒に対する教育を行う特別支援学校に就学する児童又は生徒のうち,知的障害を併せ有する者については,各教科又は各教科の目標及び内容に関する事項の一部を,当該各教科に相当する第2章第1節第2款若しくは第2節第2款に示す知的障害者である児童又は生徒に対する教育を行う特別支援学校の各教科又は各教科の目標及び内容の一部によって,替えることができるものとする。なお,この場合,小学部の児童については,外国語活動及び総合的な学習の時間を設けないことができるものとする。また,中学部の生徒については,外国語科を設けないことができるものとする。

3　重複障害者のうち,障害の状態により特に必要がある場合には,各教科,道徳,外国語活動若しくは(　a　)の目標及び内容に関する事項の一部又は各教科,外国語活動若しくは(　b　)に替えて,(　c　)を主として指導を行うことができるものとする。

(1)　文章中の(　a　)~(　c　)に当てはまる語句をそれぞれ書け。

(2)　2の規定を適用し,知的障害を併せ有する視覚障害者,聴覚障害者,肢体不自由者又は病弱者に対する教育を行う特別支援学校の各教科の目標及び内容に関する事項の一部を,知的障害者に対する教育を行う特別支援学校の各教科の目標及び内容の一部に替えたい。

次の表の①，②に当てはまる教科の名称は何か。それぞれ1つずつ書け。

視覚障害者，聴覚障害者，肢体不自由者又は病弱者に対する教育を行う特別支援学校の各教科		知的障害者に対する教育を行う特別支援学校の各教科	
小学部	社会，理科，家庭→	小学部	①
中学部	技術・家庭→	中学部	②

(3)　次のア～エから，正しいものを2つ選び，その記号を書け。

ア　実態に応じて，中学部の生徒に小学部の各教科の指導を行うことができるが，各教科の名称を替えることはできない。

イ　中学部で外国語科を指導する際に，実態に応じて，その目標及び内容の全部を小学部の外国語活動と置き替えてもよい。

ウ　実態に応じて，小学部の児童に対してのみ幼稚部教育要領に示す各領域のねらい及び内容の一部を取り入れることができる。

エ　道徳及び特別活動については，その目標及び内容の全部を自立活動のそれらと置き替えることはできない。

(4)　個別の指導計画の作成について，「盲学校，聾学校及び養護学校小学部・中学部学習指導要領」(平成11年3月文部省告示)における規定と「特別支援学校小学部・中学部学習指導要領」(平成21年3月文部科学省)における規定との異なる点は何か。説明せよ。

(☆☆☆◎◎◎)

【2】聴覚障害のある児童生徒への教育について，各問いに答えよ。

(1)　生後2～3日ころから，BOA(聴性行動反応聴力検査)やAABR(自動聴性脳幹反応聴力検査)などの検査を実施し，聴覚障害の疑いを発見することができる。このような検査を何というか。その名称を書け。

(2)　聴覚障害のある児童生徒については，早期支援がとりわけ重要であると言われている。その理由を簡潔に書け。

(3)　内耳の蝸牛に電極を接触させ聴覚を補助する器具を何というか。その名称を書け。また，その器具を装用した児童生徒に対する言語指導を行う際の留意点は何か。1つ書け。

(4) 下の文章は，次のオージオグラムからわかることを書いたものである。文章中の(a)～(e)に当てはまる語句を，下のア～ケから1つずつ選び，記号で書け。

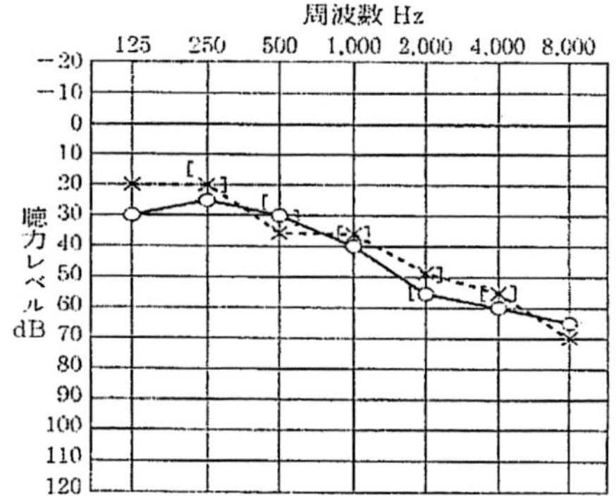

オージオグラム中の○印は右耳，×印は左耳の(a)を表している。また，[印は右耳の，]印は左耳の(b)を表しているが，ここに示された聴覚障害者は，(a)と(b)の差があまりない。また，周波数(Hz)の(c)は聞こえるが(d)になると聞き取りにくいことがわかる。

このことから，難聴の種類としては(d)が聞き取りにくい(e)であると言える。

ア 進行性難聴　　イ 気導聴力　　ウ 低い音
エ 純音聴力　　オ 伝音性難聴　　カ 骨導聴力
キ 高い音　　ク 語音聴力　　ケ 感音性難聴

(5) 聴覚障害のある児童生徒の音(音声)情報を補償するためには，「個人用補聴器」と「集団補聴システム」を併用することが効果的である。その理由を簡潔に書け。

(6) 聴覚障害のある児童生徒の言語による思考力を高めるために，学校の教育活動全般にわたって配慮すべきことは何か。簡潔に書け。

(☆☆☆◎◎◎)

【3】次の(1)～(4)の語句について，簡潔に説明せよ。

(1)　ノイズキャンセリング機能　　(2)　オプトメトリスト

(3)　LDI-R　　(4)　触地図

(☆☆☆◎◎◎)

【4】文章は，「特別支援学校学習指導要領解説総等編(高等部)」第2編第2部第1章第8節5にある「(6)進路指導の充実」の内容をまとめたものである。各問いに答えよ。

進路指導は，生徒が自己理解を深めるとともに，自己と社会とのかかわりについて深く考え(　a　)に進路を選択できるよう，校内の組織体制を整備し，A<u>教師間の相互の連携を図り</u>ながら，学校の(　b　)を通じ，計画的，組織的に行われなければならない。また，進路指導は生徒の(　c　)・(　d　)を育てるキャリア教育の一環であり，望ましい自己実現に向けて重要な役割を果たすものであることや，学ぶ意義の実感にもつながることなどを踏まえて指導を行うことが大切である。その際，(　e　)を活用し，家庭及び地域やB<u>福祉，労働等を行う関係機関</u>との連携を充分に図ること，C<u>就業体験</u>の機会の確保に配慮すること等が必要である。

(1)　文章中の(　a　)～(　e　)に当てはまる語句をそれぞれ書け。

(2)　下線部Aに示された連携とはどういうことか。具体的に書け。

(3)　下線部Bに該当する主な機関を2つ書け。

(4)　下線部Cの機会が大切なのはなぜか。その理由を書け。

(5)　知的障害者に対する教育を行う特別支援学校の高等部1年生で，「いろいろな仕事」という単元に取り組むことになった。「社会科」「職業科」「特別活動」の各教科等において，あなたが考える指導内容をそれぞれ1つずつ書け。

(6)　ライフステージに応じたキャリア教育を実施する際に留意すべき視点について，下図の3つのことばを使って説明せよ。

[できる自分]→[なりたい自分]→[なれる自分]

(☆☆☆◎◎◎)

【5】次の各文は母子保健法施行規則に示された「母子健康手帳」の中で，子どもの発達に関して各年齢ごとに保護者が観察し記録する項目として示されているものである。発達に関する各問いに答えよ。

A　クレヨンなどで丸(円)を書きますか。

B　ひとりで上手に歩きますか。

C　ママ，ブーブーなど意味のあることばをいくつか話しますか。

D　友だちと，ごっこ遊びをしますか。

E　走ることができますか。

F　2語文(ワンワンキタ，マンマチョウダイ)などを言いますか。

G　色(赤，黄，緑，青)がわかりますか。

H　片足でケンケンをしてとびますか。

I　でんぐり返しができますか。

J　自分でコップを持って水を飲めますか。

K　片足で5～10秒間立っていられますか。

L　手を使わずにひとりで階段をのぼれますか。

(1)　1歳6ヶ月児健診までに記入するように示されている項目はどれか。上のA～Lからすべて選び，その記号を書け。

(2)　Fのように2語文が言えたら，およそ何ヶ月ぐらいの発達とみてよいか。次のア～ウの中から選び，その記号を書け。

ア　15ヶ月～18ヶ月　　イ　21ヶ月～24ヶ月

ウ　33ヶ月～36ヶ月

(3)　H・I・K・Lは，粗大運動について示された項目である。粗大運動の発達の順に，その記号を並べ替えよ。

(4)　Aのように「丸(円)」がかけるまでの過程には，「点画[図]・線画[図]・円錯画[図]」をかく時期がある。この時期の描画の発達について，上肢の運動発達と関連させて簡潔に説明せよ。

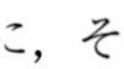

(5)　次のア～ウは，「新版K式発達検査2001」において，模写の発達をみる際に用いられる図形である。発達の順にア～ウの記号を並べ替えよ。

ア　ひし形　　イ　三角形　　ウ　正方形

(6)　子どもが次のような人物画をかいた。「グッドイナフ人物画知能検査法」では何歳ごろの発達段階と言えるか。また，そう判断したのはどのような描画の特徴からか。簡潔に書け。

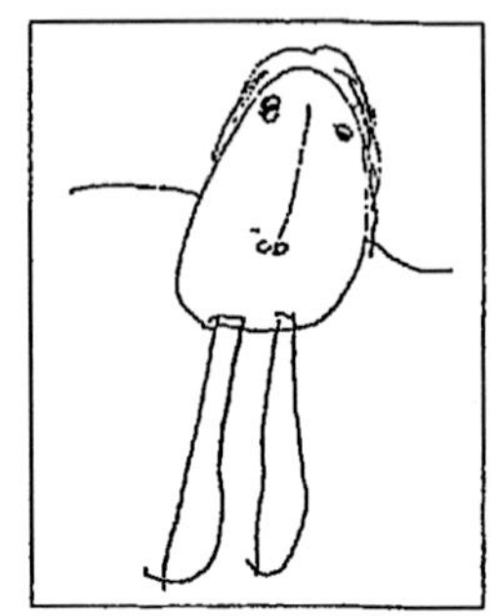

(☆☆☆◎◎◎)

【6】「特別支援学校小学部・中学部学習指導要領」(平成21年3月文部科学省告示)の第7章自立活動第2内容の新たな区分として「人間関係の形成」が設けられた。各問いに答えよ。

(1)　次の各文は「人間関係の形成」の4つの項目を示そうとしたものである。各文を完成させるために(　a　)～(　d　)に当てはまる語句を下のア～シの中からそれぞれ1つずつ選び，その記号を書け。

(1)　(　a　)とのかかわりの基礎に関すること。

(2)　(　a　)の意図や感情の理解に関すること。

(3)　(　b　)の理解と(　c　)の調整に関すること。

(4)　(　d　)への参加の基礎に関すること。

ア　自分　　イ　意思　　ウ　他者　　エ　社会
オ　感情　　カ　活動　　キ　自己　　ク　集団
ケ　行動　　コ　学習　　サ　他人　　シ　相手

(2)　次の文章は，小学校3年生のRくんの様子を書いたものである。各問いに答えよ。

ADHDのあるRくんは，A遊びの説明を聞き漏らしたり，最後まで聞かずに遊びを始めたりするなど，ルールを理解できていないことがある。また，理解していても，B勝ちたいという気持ちからルールを守れず，うまく遊びに参加することができない。

① 下線部Aの状況は，ADHDのどのような障害特性によるものと考えられるか。2つ書け。

② 下線部Bの状況を改善するために，どのような指導が考えられるか。「人間関係の形成」を踏まえて具体的に書け。

③ ②の指導を行う際，「人間関係の形成」と相互に関連づけて選定すべき自立活動の区分を1つ挙げ，その理由を書け。

(☆☆☆◎◎◎)

【7】次の会話文は，知的障害者に対する教育を行う特別支援学校の小学部1年生のKくんと学級担任とのやりとりである。子どもへの指導や子どもとのかかわりの中であなたが大切にしたいことは何か。資料を用いて，あなたの考えを書け。

T：「Kちゃん，朝の会，始まるよ。」

K：「先生，見て見て！このトンネル(砂場で大きな山を作りトンネルを掘っている)，見て見て！」

T：「すごいね。でも，もう朝の会，始まる時間ですよ。」

K：「えー，やだー。(スコップでトンネルを掘り続けている)」

T：「だめでしょ。早くしないとみんな待ってるよ。」

K：「いいよー。」

T：「だめ。だめ。」

K： (スコップでトンネルを掘り続けている)

T：「朝の会に行かなきゃだめでしょ。来なさい。(手を引く)」

K：「やだー，やだー。(叫ぶ，やがて泣き声に)」

T：「(窓からのぞいた同じ学級の先生に)先に朝の会始めておいて。すぐに行くから。」

K：「やだー，やだー。(Kくんはしゃがみ込もうとするが，先生に手を引っ張られ連れられて行く)」

資料

この宇宙のなかに子どもたちがいる。これは誰でも知っている。しかし，ひとりひとりの子どものなかに宇宙があることを，誰もが知っているだろうか。それは無限の広がりと深さをもって存在している。大人たちは，子どもの姿の小ささに惑わされて，ついその広大な宇宙の存在を忘れてしまう。大人たちは小さい子どもを早く大きくしようと焦るあまり，子どもたちのなかにある広大な宇宙を歪曲してしまったり，回復困難なほどに破壊したりする。このような恐ろしいことは，しばしば大人たちの自称する「教育」や「指導」や「善意」という名のもとになされるので，余計にたまらない感じを与える。

(河合隼雄『子どもの宇宙』より)

(☆☆☆◎◎◎)

【論述試験】

【1】次の文章は，知的障害者に対する教育を行う特別支援学校の高等部2年生のあゆみさんの「将来の夢」である。生徒が，「今ある姿」や「ありたい姿」に向き合い，また自分にあった進路の方向を見つけていくために，特別支援学校の教員としてあなたはどのように指導するか。資料1，資料2の両方に言及し，あなたの考えを書け。

あゆみさんの「将来の夢」

私の夢は，早く一人ぐらしができるようになることです。お金がたまったら両親を，海外旅行につれていてあげたいです。

（梅永雄二『特別支援学校の進路指導』より）

資料1

「どんな仕事を学びたいですか?」，

「どの仕事がすぐに学べそうですか?どの仕事が難しそうですか?」

「これらの仕事ができるようになるためには，どのようなサポートが必要ですか?」

「どうなれば『できるようになった』と言えますか?」

(石塚謙二『特別支援教育×キャリア教育』より)

資料2

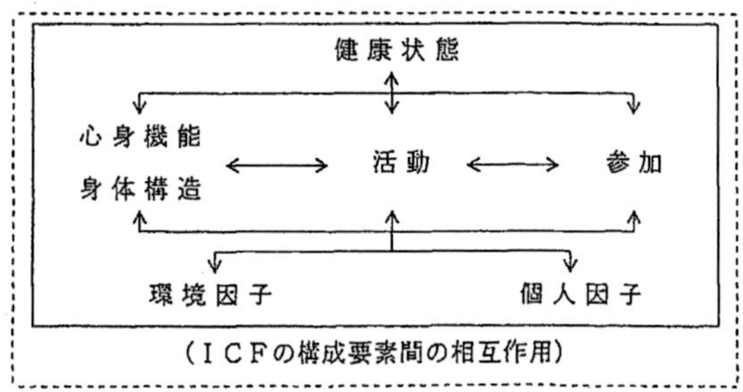

(ICFの構成要素間の相互作用)

(☆☆☆◎◎◎)

解答・解説

【1】(1) a 特別活動　b 総合的な学習の時間　c 自立活動

(2) ① 生活　② 職業・家庭　(3) ア，エ　(4) 平成11年3月告示の学習指導要領では，自立活動や重複障害者の指導に当たって作成するものとされていたが，今回の改訂では自立活動だけでなく各教科等にわたり，全ての幼児児童生徒に対して作成するものとされた。

〈解説〉視覚障害者，聴覚障害者，肢体不自由者，病弱者の各教科の目標・内容は当該学部に相当する学校の目標・内容と同じである。学習指導要領では，各障害ごとに，配慮すべき事項が記されている。知的障害者は，4障害とは異なり，別に教科の目標・内容が設けられていることをしっかりと押さえておく必要がある。

【2】(1)　新生児聴覚スクリーニング検査　　(2)　聴覚障害のある児童生徒にとって，乳幼児期は保有聴力の活用や発声・発語器官の発達を促すなど，言語獲得に向けての基礎作りをしなければならない大切な時期だから。　(3)　名称：人工内耳　　留意点：人工内耳によって難聴が治るわけではない。補聴器の性能がよくなっただけと考える方がよい。補聴器を装用している子どもと同様に聴能の訓練を丹念にする必要がある。　(4)　a　イ　　b　カ　　c　ウ　　d　キ　　e　ケ

(5)　補聴器を装用すると身の回りの音は聞き取りやすくなるが，体育館等では周りの音が反響し正確に聞き取ることが難しい。集団補聴システムを利用することでマイクからの音声のみを明瞭に聞くことができる。　(6)　言葉の意味を理解し，言葉で表現できるように，視覚的に情報を獲得しやすい教材教具を活用したり，体験的な活動や読書活動を取り入れたりする。

〈解説〉(1)　BOAやAABRは新生児に対するスクリーニング聴力検査である。この検査で聴覚障害が疑われた場合は耳鼻科医による精密検査を受けることになる。幼児を対象にした聴力検査にはCOR(条件詮索反応聴力検査)や遊戯聴力検査があり，より正確な聴力検査ができる。幼児期から学齢期以降では標準聴力検査が行われる。　(2)　乳幼児期は話し言葉によって言語を獲得する時期である。聴覚に障害があると言語発達が遅れてしまう。そこで，言語を学習する乳幼児の時期からの早期教育が重要になってくる。また，補聴器による聴覚補償が早ければ早いほど聴覚的能力の発達が期待できることからも聴覚活用を促す支援が必要になる。　(3)　人工内耳は補聴器の効果があまり期待できない最重度の聴覚障害児に施される。人工内耳を装用すると軽度から中等度の難聴と同じくらいにまで聞こえるようになるが，健聴者とは違った音に聞こえるため，手術後の聴能訓練が施されないと聞こえの能力は伸びにくい。　(4)　ア：進行性難聴は1回の聴力検査結果では判断できない　エ：純音を検査音として聴力検査をした結果のことである　オ：伝音性難聴とは外耳または中耳に疾患があって難聴になった場合をいう。気導聴力検査では難聴，骨導聴力検査では正常の値が

得られる。　ク：語音を検査音源として検査した結果のことであり，語音聴力検査によって測定する。話し言葉がどれくらい聞き取れるかを検査するものである。　(5)　個人用補聴器は聴覚障害児・者が携帯して使う補聴器のこと。個人用補聴器の場合，周囲に騒音があると補聴効果が薄れてしまう。集団補聴システムとしてはFM補聴システムやループ補聴システム，赤外線補聴システムなどがある。話し手が小さいマイクを装着して話すことによって聴覚障害児・者は周囲の騒音に邪魔されることなく話し手の音声を聞くことができる。　(6)　聴覚障害児には聴覚情報の入力を補助するため，視覚情報を提供することが必要である。言語についても同様であり，視覚的な教材や視覚的な手がかりあるいは体験を通して言語理解や言語表出を補助する必要がある。特に抽象的な意味を有する単語を学習させたり論理的な思考能力をつけるために，様々な配慮が必要である。

【3】(1)　雑音を排除し，聞きたい音だけを選択することができる機能。
(2)　視覚機能の問題を発見し，見え方など目の総合的な能力を改善するための訓練を行う専門家。　(3)　LD判断のために標準化された調査票で，中学生用の領域である英語と数学が加えられたもの。
(4)　視覚障害者が空間を認識するための地図で，凹凸のある線や網目模様，点字等で表現されている。

〈解説〉(3)　LDI-RはHammill，Dによって開発された質問シートであり，「聞く」「話す」「読む」「書く」「計算する」「推論する」の学力に関する領域と，「行動」「社会性」に関する領域について評定される。各領域にいくつかの質問項目があり，対象児の普段の生活をよく知り，かつ客観的な視点を持つ者に4段階評定で回答してもらい，各領域の点数の分布からLDの有無について検討される。

【4】(1)　a　主体的　　b　教育活動全体　　c　勤労観　　d　職業観　e　個別の教育支援計画　　(2)　進路指導主事や担任，教科担当者が，生徒の社会参加や自立に向けての目標および課題を共有し，それらを学校生活や授業に生かすこと。　(3)　ハローワーク，障害者就業・生活支援センター　　(4)　地域に出て仕事を体験することで，生徒自身が働くことを具体的にイメージでき，今後の課題を明らかにできる。
(5)　社会科：身近にある工場等の場所や仕事を知るために生活地図の作成やインタビューを行う。　職業科：働く意欲を高めるために職場見学を行い，必要な資質や能力について考える。　特別活動：役割を果たすための意欲や態度を育てるために学級や家庭での役割について話し合う。　(6)　まずは，生活面や学習面で，やればできそう，やればできたというような経験を積み「できる自分」を感じることができる取り組みが大切である。次に，体験や経験を通して興味や関心を広げ「なりたい自分」を主体的に選択できるような取り組みへとつなげる。そして，作業学習や就業体験等を通じ，社会的な自立のために必要な資質や能力を見極め，「なれる自分」を確立させていく取組が大切になる。

〈解説〉就業体験(インターンシップ)については，中央教育審議会答申(平成20年1月)において，社会人・職業人として自立していくためには，生徒一人一人の勤労観・職業観を育てるキャリア教育を充実することが重要であり，その一環として小学校での職場見学，中学校での職場体験活動，高等学校での就業体験活動等を通じた体系的な指導を推進することが提言されている。就業体験は，職業の現場における実際的な知識や技術・技能に触れることが可能となるとともに，学校における学習と職業との関係についての生徒の理解を促進し，学習意欲を喚起すること，生徒が自己の職業適性や将来設計について考える機会となり，主体的な職業選択の能力や高い職業意欲の育成が促進されること，生徒が教師や保護者以外の大人と接する貴重な機会となり，異世代とのコミュニケーション能力の向上が期待されることなど，高い教育効果を期待できるものである。就業体験については，職業教育に関する配慮事項としても，学校においては，キャリア教育を推進するために，地域や産業界などとの連携を図り，産業現場等における長期間の実習を取り入れるなど就業体験の機会を積極的に設けるよう配慮すべきことを示している。(第1章第2節第4款の4(3))

【5】(1) B・C・J　(2) イ　(3) L→H→I→K　(4) 肩を支点とした運動ができるようになれば点画，肘を支点とした運動ができるようになれば線画，手首の回転を伴った操作ができるようになれば円錯画が描けるようになる。 (5) ウ→イ→ア　(6) 4歳頃　顔だけではなく，手や足などの全身像が描出されていること。

〈解説〉(1) 歩き始めや前言語期の終了は生後1年頃が目安である。図形描画の発達過程において，斜線の描画がうまくできるようになるには時間を要する。グッドイナフ人物画知能検査法(DAM)は人ひとりを頭の先から足の先まで描くことを求める。描かれたものについて50項目からなる採点を行って評価を行う。 (5) 新版K式発達検査は，姿勢－運動(P-M)・認知-適応(C-A)・言語-社会(L-S)の3領域とおよび全領域の発達指数を算出し，発達の診断を行う検査である。

【6】(1) a ウ　b キ　c ケ　d ク　(2) ① 衝動性，不注意　② 集団への参加ができるように，いろいろな遊び場面を設定し勝ち負けを経験させる。 ③ 区分：心理的な安定

理由：勝ち負けを受け入れる等，気持ちをコントロールすることで次の意欲を促すため。

〈解説〉「人間関係の形成」では，自他の理解を深め，対人関係を円滑にし，集団参加の基盤を培う観点から内容を示している。改訂においては，幼児児童生徒の障害の重度・重複化，発達障害を含む多様な障害に応じた指導を充実する観点から，従前の「2 心理的な安定」の区分に示されていた「対人関係の形成の基礎に関すること」を含めて必要とされる項目を検討し，「他者とのかかわりの基礎に関すること」，「他者の意図や感情の理解に関すること」，「自己の理解と行動の調整

に関すること」,「集団への参加の基礎に関すること」を新たに示し,これらを区分「3 人間関係の形成」として整理されたものである。

【7】解答略

〈解説〉河合隼雄の資料からは,子どもには子どもの世界があり,「教育」「指導」が大人の側からの押しつけになってはならないことが読み取れる。一方,K君の資料では朝の会が始まるために教師がいやがるK君の手をひっぱていく場面が記されている。子どもの主体性を尊重する必要性はあるが,その一方で学校では時間などの一定のきまり枠内で活動が展開されていることを念頭に置きながら,子どもとのかかわりの中で自分が大切にしたいことを論じるとよい。

【論述試験】

【1】解答略

〈解説〉この論述問題については,以下に挙げるキーワードを組み合わせて論じるとよい。

(1)　特別支援学校の目的

「視覚障害者,聴覚障害者,知的障害者,肢体不自由者又は病弱者(身体虚弱も含む)に対して,幼稚園,小学校,中学校又は高等学校に準ずる教育を施すとともに,障害による学習上又は生活上の困難を克服し自立を図るために必要な知識技能を授ける」ここで示されている目的である「準ずる教育」とは,「同等の」という意味であり,「準優勝」などで用いられる「レベルが下の」という意味の「準」ではないことに留意する必要がある。

(2)　特別支援学校の目標

高等部においては,高等学校教育の目標とともに,「障害による学習上又は生活上の困難を改善・克服し自立を図るために必要な知識,技能,態度及び習慣を養うこと」が目標とされる。

(3)　知的障害の特徴や学習上の特性を配慮すること

①児童生徒の実態等に即した指導内容を選択・組織する。②児童生

徒の実態等に即したまとまりのある学校生活を用意する。③社会生活能力の育成を教育の中心的な目標とする。④職業教育を重視し，将来の生活に必要な基礎的な知識や技能を育てる。⑤生活に結びついた実際的で具体的な学習活動を中心とする。⑥生活の課題に沿った多様な生活経験をとおして，生活の質が高まるようにする。⑦児童生徒の興味・関心のある教材・教具を用意し，段階的な指導を工夫する。
⑧できる限り成功経験を多くするとともに，自発的・自主的活動を大切にし，主体的活動をひきだす。⑨児童生徒一人一人が集団の中で役割を得て，その活動を遂行できるよう工夫する。⑩発達の不均衡や障害への個別的な対応を徹底する。

(4)　作業学習

作業学習は，作業活動を学習活動の中心にしながら，児童生徒の働く意欲を培い，将来の職業生活や社会自立に必要な事柄を総合的な学習するものである。

作業学習の指導は，単に職業及び家庭の内容だけではなく，各教科等の広範囲の内容が扱われるようにすることにも留意する。

(5)　キャリア教育

中央教育審議会答申(平成11年12月)によると，キャリア教育とは，「望ましい職業観や勤労観及び職業に関する知識や技術を身に付けさせるとともに，自己の個性を理解し，主体的に進路選択する能力・態度を育てる教育」と意義づけている。また，その実施に当たっては，「家庭・地域と連携し，体験的な学習を重視するとともに，各学校ごとに目標を設定し教育課程に位置付けて計画的に行う必要がある。また，その実施状況や成果については，絶えず評価を行うことが重要である」としている。

キャリア教育については，文部科学省で作成されたキャリア教育についてのパンフレットをホームページ等でも公開している。定義も含めて正確に理解しておきたい。

(6)　職業教育

一般に，職業教育では，特定の職業に就くために必要な知識・技能及び態度を身に付けることを目指すが，知的障害者に対する教育においては，従来から将来の社会参加を目指し，社会人・職業人として必要とされる一般的な知識・技能及び態度の基礎を身に付けるようにすることが重視されている。

また，知的障害者を対象とした学校教育では，特殊学級が中心であった頃より，作業学習や生活単元学習等をとおして将来の職業生活を見据え，三者面談や現場実習などを充実させることによって具体的に進路先を決定するための職業教育を展開してきた。

実際的現実的な学習経験を積み重ねることによって，社会人としての知識・態度，職業人としての態度や技能などを身に付け，卒業していくことができるような教育が展開された。さらに，卒業後の社会生活や職業生活を維持していくために，会社訪問や卒業生指導などの予後指導にも力を入れてきた。

現在でも，作業学習や現場実習，進路学習，生活単元学習などをとおして，幅広く職業教育を展開している。また，学校卒業後の生活にスムーズにつなげていくことができるように，個別の移行支援計画を作成し，諸機関と連携を図りながら，一人一人の実態に沿った支援を行っている。

(7)　WHOによる国際生活機能分類ICF

ICFは，人間の生活機能と障害の分類法として，2001年5月，世界保健機構(WHO)総会において採択された。この特徴は，これまでWHO国際障害分類(ICIDH)がマイナス面を分類するという考え方が中心であったのに対し，ICFは，生活機能というプラス面からみるように視点を転換し，さらに環境因子等の観点を加えたことである。

ICFは，人間の生活機能と障害に関して，アルファベットと数字を組み合わせた方式で分類するものであり，人間の生活機能と障害について「心身機能・身体構造」「活動」「参加」の3つの次元及び「環境因子」等の影響を及ぼす因子で構成されており，約1500項目に分類されている。これまでの「ICIDH」が身体機能の障害による生活機能の障害(社会的不利)を分類するという考え方が中心であったのに対し，

ICFはこれらの環境因子という観点を加え，例えば，バリアフリー等の環境を評価できるように構成されている。このような考え方は，今後，障害者はもとより，全国民の保健・医療・福祉サービス，社会システムや技術のあり方の方向性を示唆しているものと考えられる。
(以上，「国際生活機能分類－国際障害分類改訂版－」(日本語版)の厚生労働省ホームページ掲載について)

(8)　個別の移行支援計画

障害のある子どもたちに，乳幼児から学校卒業後まで一生涯にわたって諸機関や様々なサービスを提供することができるように，総合的に一体となった支援を行うためのツールとして「個別の支援計画」の策定が求められている。

共生社会においては，障害者は社会の対等な構成員として，自己選択と自己決定をもとに社会のあらゆる活動に参加，参画すると共に社会の一員としての責任を果たす必要があるという考え方がもとになっている。また，障害者一人一人のニーズに対応した総合的かつ適切な支援を実施することが必要である。つまり，本人及び保護者のニーズを十分に踏まえた上で，障害のある子どもの生活全般から支援計画を立てる必要がある。

学校教育を受けている間は，「個別の教育支援計画」として学校が中心になって計画を作成していくことになっている。さらに，「個別の教育支援計画」の一部として，将来の生活を見通して，関係機関等と連携して一人一人のニーズに応じて学校から社会への移行期である高等部段階において主に作成されるものが「個別の移行支援計画」である。

2010年度　実施問題

【1】次の文章は，政府が策定した「重点施策実施5か年計画」(平成19年12月25日障害者施策推進本部決定)の一部である。各問いに答えよ。

Ⅰ　重点的に実施する施策及びその達成目標

3　生活環境

○　基本方針

誰もが，快適で生活しやすいユニバーサルデザインに配慮した生活環境の整備を推進する。

このため，障害者等すべての人が安全に安心して生活し，社会参加できるよう，住宅，建築物，公共交通機関，歩行空間など生活空間のバリアフリー化を推進し，自宅から交通機関，まちなかまで連続したバリアフリー環境の整備を推進する。

(1)　下線部について，建築物の「段差」を例にあげて簡潔に説明せよ。

(2)　公共交通機関で使用されている様々なバス車両のうち，バリアフリー化を目的として導入されている車両の名称を1つ書け。

(3)　「重点施策実施5か年計画」には，生活空間のバリアフリー化の他に「心のバリアフリー」の推進についても記されている。「心のバリアフリー」とはどういうことか。簡潔に説明せよ。

(☆☆☆◎◎◎)

【2】次の文章は，「特別支援学校小学部・中学部学習指導要領」(平成21年3月文部科学省告示)の一部である。各問いに答えよ。

第1章　総則

第2節　教育課程の編成

第1　一般方針

4　学校における自立活動の指導は，障害による(　a　)上又は生活上の(　b　)を改善・克服し，自立し(　c　)する資質を養うため，学校の(　d　)を通じて適切に行うものとする。特に，自立活動の時間における指導は，各教科，道徳，(　e　)，総合的な学習の時間及び特別活動と密接な関連を保ち，個々の児童又は生徒の障害の状態や発達の段階等を的確に把握して，適切な指導計画の下に行うよう配慮しなければならない。

第7章　自立活動

第2　内容

略

第3　指導計画の作成と内容の取扱い

1　自立活動の指導に当たっては，個々の児童又は生徒のA障害の状態や発達段階等の的確な把握に基づき，B指導の目標及び指導内容を明確にし，個別の指導計画を作成するものとする。その際，C第2に示す内容の中からそれぞれにD必要とする項目を選定し，それらを相互に関連付け，具体的に指導内容を設定するものとする。

(1)　文章中の(　a　)～(　e　)に当てはまる語句をそれぞれ書け.

(2)　下線部Aが指導計画の作成に必要とされる理由を書け。

(3)　下線部Bには，長期的及び短期的な観点が必要である。障害の状態等は変化する可能性があるということを踏まえて，長期的な指導目標を設定する際，考慮すべきことを簡潔に書け。

(4)　下線部Cに含まれる区分を，次のア～サから6つ選び，その記号を書け。

ア　環境の理解　　イ　姿勢の保持　　ウ　情緒的な安定
エ　環境の把握　　オ　人間関係の基礎　　カ　健康の保持
キ　身体の動き　　ク　心理的な安定　　ケ　人格の形成
コ　人間関係の形成　　サ　コミュニケーション

(5)　下線部Dについて，障害が重度で重複している児童の「覚醒と睡眠のリズムを形成する」ために，具体的な指導内容を設定するとき，必ず選定すべき自立活動の項目を1つ書け。

なお，ここでいう項目とは，第2に示す内容に含まれる6つの区分の下に分類・整理されたものであり，全部で26項目が示されている。

(☆☆☆◎◎◎)

【3】特別支援学校に通う小学部5年生のTさんが，居住地の小学校と「交流及び共同学習」を行うことになった。以下は，Tさんの様子とその実施計画(全3回)の概要である。各問いに答えよ。

【Tさんの様子】

知的障害のあるTさんは，指示される簡単な内容は理解でき，相手に単語で意思を伝えることもできる。また，一人遊びが好きだが，周囲の状況に合わせて行動することもできる。運動面でのぎこちなさはあるが，音楽に合わせて身体を動かすことや，水遊び，粘土遊びが好きである。

【実施計画】

回	内　容	教育課程上の位置付け	活　動　の　目　標
1	花瓶作り	図画工作	粘土を使って花瓶を作り、友達と作品を見せ合うことができる。
2	①	体　育	②
3	③	音　楽	④

(1) 2回目，3回目の「交流及び共同学習」を計画する際，上に示したTさんの様子を踏まえて，実施計画の①～④に，あなたが考える内容及び活動の目標を書け。

(2) 3回の活動に共通して，指導者がTさんに対して配慮すべきことを2つ書け。

(☆☆☆◎◎◎)

【4】小学4年生の児童の担任から相談があった。以下はその相談内容及び当該児童のWISC-Ⅲ知能検査の結果である。各問いに答えよ。

【相談内容】

Y君は，走り方や身体の動かし方が非常にぎこちない。漢字の書き取りなどでは，細部の書き間違いが多い。また，授業中は，ぼんやりしてしまうことが多い。整理整頓は苦手で身だしなみもあまりよくないため，だらしなく見えてしまう。

【WISC-Ⅲ知能検査の結果(9歳6ヶ月時)】

言語性検査	評価点	動作性検査	評価点
知　識	9	絵画完成	10
類　似	8	符　号	4
算　数	9	絵画配列	5
単　語	11	積木模様	10
理　解	9	組合せ	11
数　唱	10	記号探し	7
		迷　路	11

	ＩＱ／群指数	パーセンタイル	90%信頼区間
言語性	95	37	89 - 101
動作性	86	18	80 - 94
全検査	90	25	85 - 96
言語理解	95	37	87 - 104
知覚統合	93	32	86 - 101
注意記憶	97	42	90 - 105
処理速度	75	5	70 - 89

(1) 上のWISC-Ⅲ知能検査の結果から，この児童の特性として当てはまるものを次のア～オから3つ選び，その記号を書け。

ア　全検査の結果から知的な遅れはない。

イ　視覚・運動処理過程の能力に比べ，聴覚・音声処理過程の能力が低い。

ウ　聴覚的な情報を正確に取り込む能力は平均域にある。

エ　語いに関する知識に課題がある。

オ　時間的な順序の認識及び時間概念に弱さがある。

(2) 漢字の書き取りにおいて「細部の書き間違いが多い」ことについて，検査の結果を踏まえて予想される原因を1つあげ，それに対する具体的な指導の手立てを簡潔に書け。

(3) 検査結果の信頼性を高めるために，他の心理検査と組み合わせることを何というか。その用語を書け。

(☆☆☆◎◎◎)

【5】次の(1)～(5)の語句について，簡潔に説明せよ。

(1)　通級による指導

(2)　アナフィラキシーショック

(3)　学習障害(Learning Disabilities)

(4)　混合性難聴

(5)　DSM-Ⅳ

(☆☆☆◎◎◎)

【6】次の文章は，特別支援教育の在り方に関する調査研究協力者会議が平成15年3月にまとめた「今後の特別支援教育の在り方について(最終報告)」において示された，高機能自閉症の定義である。各問いに答えよ。

高機能自閉症とは，(　a　)歳位までに現れ，他人との(　b　)的関係の形成の困難さ，(　c　)の発達の遅れ，興味や関心が狭く特定のものにこだわることを特徴とする行動の障害である自閉症のうち，(　d　)の遅れを伴わないものをいう。

また，(　e　)系に何らかの要因による機能不全があると推定される。

(1)　文章中の(　a　)～(　e　)に当てはまる数字または語句をそれぞれ書け。

(2)　高機能自閉症の児童に，時間割の変更を伝えることになった。その際，留意すべきことについて，障害特性を踏まえて書け。

(3)　中学校の教員から，高機能自閉症と診断された生徒のことについて相談があった。特別支援学校の教員として，コンサルテーションの視点を踏まえ，どのように応対するか。留意すべき点々を明らかにし，簡潔に書け。

(☆☆☆◎◎◎)

【7】ICF(国際生活機能分類)はICIDH(国際障害分類)の改定版である。2001年5月，世界保健機関(WHO)総会によって承認され，国際的に用いられるようになった。次の図1，図2を見て，各問いに答えよ。

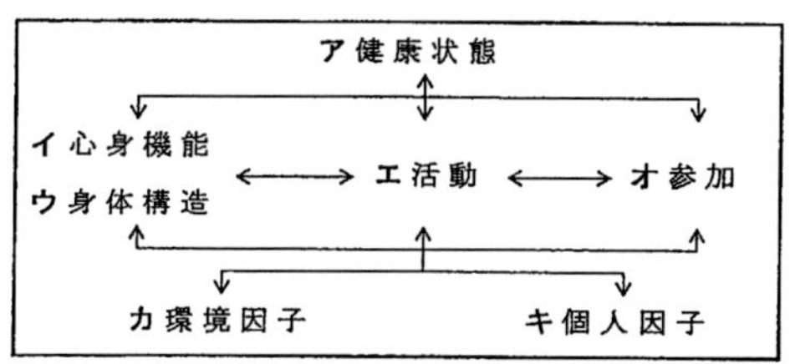

図1　ＩＣＦの構成要素間の相互作用

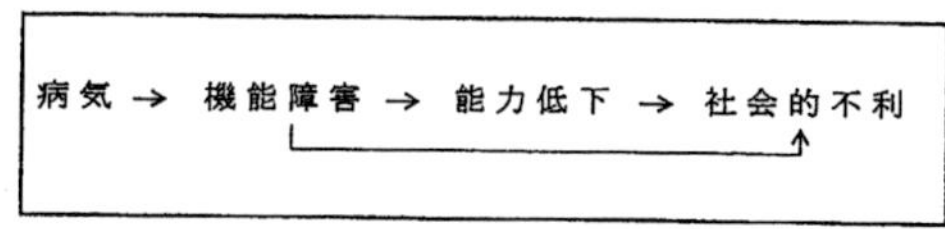

図2　ＩＣＩＤＨの概念図

(1)　図1で示されている構成要素カ，キを合わせて何というか。その名称を書け。

(2)　ICFの考え方は，福祉，医療，教育等の様々な分野において活用が試みられている。ICFの活用を考えたとき，次の①～③の文章中の下線部A～Dは，それぞれ図1のア～キのどれに当てはまるか。その記号を書け。

①　生徒Sさんは，ネックが上下左右に曲がる$_{A}$<u>介護用スプーン</u>を使用することで$_{B}$<u>食べ物を口に運ぶこと</u>が上手になった。

②　生徒Uさんは，$_{C}$<u>脳性まひ</u>である。下肢の筋力低下があり，日常生活では電動車椅子を使用している。

③　生徒Fさんは，衝動性が強いため，友達とのトラブルを起こし，授業にも集中できない。最近，$_{D}$<u>登校をしぶる</u>ようになった。

(3)　ICFとICIDHにおける「障害」の捉え方の違いを，図1と図2を踏まえながら，3つの観点から説明せよ。

(4)　次の文章は，授業中におけるN君の様子を書いたものである。ICFの視点を踏まえ，各問いに答えよ。

小学3年生のN君には視覚障害がある。$_{A}$<u>教科書</u>を読むときは手持ちルーペを使用している。顔を教科書に近づけるため$_{B}$<u>極端に前かがみになってしまう</u>。

また，C鉛筆や消しゴムを頻繁に床に落としてしまうが，D拾わずそのままにしていることが多い。

① 下線部Aについて，N君の見え方に最適な書体や文字のサイズ等を用いた教科書の使用が考えられる。そのような教科書を一般的に何と呼ぶか。その名称を書け。

② 下線部Bの状態を改善するため，どのような視覚補助具の使用が考えられるか。1つ書け。

③ 下線部Cを改善するため，環境因子の視点から，どのような支援が考えられるか。1つ書け。

④ 下線部Dについて，個人因子の視点からどのような指導が考えられるか。1つ書け。

(☆☆☆◎◎◎)

【8】特別支援学校の教員として，あなたはどのように児童生徒に向き合い，どのような教員を目指すか。次に示した資料1，資料2の両方に言及し，あなたの考えを書け。

資料1

私と小鳥と鈴と

私が両手をひろげても、
お空はちつとも飛べないが、
飛べる小鳥は私のやうに、
地面を速くは走れない。

私がからだをゆすつても、
きれいな音は出ないけど、
あの鳴る鈴は私のやうに
たくさんな唄は知らないよ。

鈴と、小鳥と、それから私、
みんなちがつて、みんないい。

（金子みすゞ『さみしい王女　金子みすゞ全集・Ⅲ』）

資料2

（吉村敬子『わたし　いややねん』中表紙）

(☆☆☆◎◎◎)

解答・解説

【1】(1)　高齢者や障害のある人に限らず，すべての人が使いやすいように，はじめから段差がないように設計すること。　(2)　ノンステップバス　　(3)　障害のあるなしにかかわらず，お互いが支えあい理解し合えるように，心理的な障壁をとりのぞくこと。

〈解説〉「障害者基本計画」(平成14年12月24日閣議決定。平成15年度～24年度)に基づき，その後期五か年(平成20年度～24年度)に，政府が重点的に取組むべき課題について具体的な達成目標及びその達成期間等を定めた「重点施策実施5か年計画」が，平成19年12月25日，障害者施策推進本部(本部長：内閣総理大臣，本部員：全閣僚)において決定されている。本計画においては，① 障害者自立支援法の移行に伴い，新サービス体系に基づく9項目の新たな数値目標を設定(都道府県において策定した障害福祉計画の全国集計値に基づき平成23年度までに達成すべき目標として設定)するほか，② 平成24年度までに全市町村に地域自立支援協議会を設置，③ 国は地方公共団体に対し，福祉施設等の受注機会の増大の推進を要請，④ 平成24年度までに高次脳機能障害の支援拠点機関を全都道府県に設置，等を定めている

【2】(1)　a　学習　　b　困難　　c　社会参加　　e　教育活動全体　e　外国語活動　　(2)　自立活動では，一人一人異なる障害に対応して，学習上または生活上の困難を改善・克服するために，指導内容や指導方法をよりいっそう個別化する必要があるから。　(3)　今後の見通しを予測しながら，弾力的に対応できる目標にすること。

(4)　エ，カ，キ，ク，コ，サ　　(5)　生活のリズムや生活習慣の形成に関すること。

〈解説〉本問は自立活動に関する問題である。小・中学校の教育課程は，各教科，道徳，外国語活動(小学校の場合)，総合的な学習の時間，特別活動，の五つで編成されている。特別支援学校では，これに加えて，昭和46年以降，障害に対応した指導を行う特別な領域として「養護・訓練」が設けられてきた。平成11年に改訂された盲・聾・養護学校の学習指導要領では，幼児・児童・生徒の障害の重度・重複化および多様化など実態が大きく変化してきている点や，この領域が一人ひとりの幼児・児童・生徒の実態に対応した活動であることや自立を目指した主体的な活動であることなどを一層明確にする観点から，その名称が「養護・訓練」から「自立活動」に改められた。

自立活動の目標は，「個々の児童又は生徒が自立を目指し，障害に基づく種々の困難を主体的に改善・克服するために必要な知識，技能，態度及び習慣を養い，もって心身の調和的発達の基盤を培う」とされている。新特別支援学校学習指導要領においては，従来の五区分(「健康の保持」「心理的な安定」「環境の把握」「身体の動き」「コミュニケーション」)に加えて「人間関係の形成」が加えられ，六区分となっっている。

【3】(1) ① プールで水遊び　② 簡単なきまりを守り，水中ゲームを楽しむことができる。 ③ リズム遊び　④ リズムに合わせて，友達や教師とダンスができる。 (2) 周囲の児童をモデルとして示し，活動内容を理解しやすくすること。 得意とする活動を取り入れ，活躍できる場を多くすること。

〈解説〉(2) Tさんの様子の内容に注目すると，「一人遊びが好きだが，周囲の状況に合わせて行動できる」という点が記述されており，まだ他の児童との交流が少ない状態にあると推測される。また，現時点で周囲の状況に注意を向け状況を理解することが可能とのことで，これらの点を伸ばすような配慮が重要となる。すなわち，①同じ活動に取りくむことで他者への関心を高めること，②彼らに関心を向けその行動に注目することで周囲の状況の理解が深まること，などが考えられる。

【4】(1) ア，ウ，オ　(2) 予想される原因：手先の不器用さ
手立て：「微細運動」を取り入れたゲーム　(3) テストバッテリー

〈解説〉漢字の書き取りがうまくできない場合，文字を構成している要素間の関係を把握する同時的処理の能力が低いことも考えられる。しかし，積木模様の評価点が平均の10点であること，知覚統合が低くないことからその可能性を否定することができる。この場合，動作性IQの低さ，処理速度の低さから運動の遂行面の問題が示唆される。

【5】(1) 小・中学校の通常の学級に在籍している軽度の障害のある児童生徒に対して，通常の学級で各教科等の指導を行いつつ，障害に応じた特別の指導を特別の場で行う特別支援教育の一つの形態。
(2) アレルギー反応により，皮膚症状，消化器症状，呼吸器症状等が，複数同時にかつ急激に出現した状態のうち，さらに血圧や意識の低下までに至った状態をいう。 (3) 基本的には全般的な知的発達に遅れはないが，聞く，話す，読む，書く，計算するまたは推論する能力のうち特定のものの習得と使用に著しい困難を示す様々な状態を指す。

(4)　外耳，鼓膜，中耳の障害で生じる伝音性難聴と，内耳もしくは聴覚神経の障害に起因する感音性難聴が合わさった聴覚障害。

(5)　アメリカ精神医学会の編集・作成による精神疾患の疾患分類(第4版)で，診断基準と病態の説明がなされている。

〈解説〉(3)　解答例は文部科学省によるものであるが，このほかに，医学的診断基準としてとしてDSM-Ⅳ-TR(精神障害の診断と統計の手引き：アメリカ精神医学会， 2000)やICD-10(疾病および関連保健問題の国際統計分類:世界保健機関， 2007改定)による定義も広く用いられている。

【6】(1)　a　3　　b　社会　　c　言葉　　d　知的発達　　e　中枢神経

(2)　時間割の変更は，できるだけ前もって予告したり，口頭だけではなく，変更後の時間割を視覚的に確認できるようにしたりする。

(3)　お互いの専門性を尊重し，協働することを共通理解したうえで，中学校教員が直面している困難について問題点を評価・整理するとともに，高機能自閉症の特性を生かした指導法等の具体的な対策について，共に検討する。

〈解説〉高機能自閉症児は，社会的関係の形成や言葉の発達の遅れ，興味関心の狭さを示し，特定の音や触覚への感覚過敏，状況理解の困難さ，パニック症状などへの対応が必要とされる。また，知的発達が比較的良好であるため，周囲の理解が得られずに誤った対応がなされてしまい二次的障害が引き起こされることも多い。こうした点への配慮が必要である。

【7】(1)　背景因子　　(2)　A　カ　　B　エ　　C　ア　　D　オ

(3)　①　ICIDHは，障害を機能障害，能力低下，社会的不利というマイナス面で捉えている。ICFは，障害を心身機能・身体構造，活動，参加といった「生活機能」というプラス面から捉えている。

②　ICFには，障害に影響を及ぼす「環境因子」等の観点が加わっている。　③　ICFは，それぞれの構成要素が互いに影響しあっている

と捉えられている。 (4) ① 拡大教科書 ② 拡大読書器 ③ 机から物が落ちないように，机の縁に段差を設ける。 ④ N君に対して，困ったときは他者に援助を求めることができるよう指導を行う。

〈解説〉ICFは，人間の生活機能と障害の分類法として，2001年5月，世界保健機構(WHO)総会において採択された。この特徴は，これまでWHO国際障害分類(ICIDH)がマイナス面を分類するという考え方が中心であったのに対し，ICFは，生活機能というプラス面からみるように視点を転換し，さらに環境因子等の観点を加えたことである。

ICFは，人間の生活機能と障害に関して，アルファベットと数字を組み合わせた方式で分類するものであり，人間の生活機能と障害について「心身機能・身体構造」「活動」「参加」の3つの次元及び「環境因子」等の影響を及ぼす因子で構成されており，約1500項目に分類されている。

これまでの「ICIDH」が身体機能の障害による生活機能の障害(社会的不利)を分類するという考え方が中心であったのに対し，ICFはこれらの環境因子という観点を加え，例えば，バリアフリー等の環境を評価できるように構成されている。このような考え方は，今後，障害者はもとより，全国民の保健・医療・福祉サービス，社会システムや技術のあり方の方向性を示唆しているものと考えられる。

(参考，「国際生活機能分類－国際障害分類改訂版－」(日本語版)の厚生労働省ホームページ掲載について)

【8】解答略

〈解説〉肢体不自由をはじめ，障害があると，本人も周囲もその「障害」のみに注目することが多い。本人にとっては，障害があることによって「できない」ことに意識が向いて，自己肯定感が下がり，いろいろなことに挑戦しようという意欲が持てなくなってしまう。

障害＝その人(本人)ではない。重い肢体不自由や言語障害があっても，自分の生活の仕方を自分で決めて，適切な支援を受けながら自立的な生活を送っている人もいる。

教員として，障害のある児童生徒に対し，障害による困難の改善･克服に向けた指導･支援を行うことは重要だが，さらにその子の「できること」や「よさ」にも着目し，それらを伸ばすかかわりをしていく必要がある(資料1)。それによりその子は自分の「できること」や「よさ」に気づき，またそれを評価されることで自己肯定感が上がり，たとえ車いすによる移動が必要な障害があっても，自信をもっていろいろなことに挑戦できるようになるであろう(資料2)。そのためには対象児童生徒の障害による困難だけでなく，「できること」や「よさ」を含めた全体を的確に把握し，調和的発達を促す観点からその子に必要な指導・支援を行ことのできる教員であることが重要だといえる。

2009年度　実施問題

【1】次の文章は，「特別支援教育の推進について(通知)」(平成19年4月1日付け文部科学省初等中等教育局長)の一部である。各問いに答えよ。

3.　特別支援教育を行うための体制の整備及び必要な取組

(1)　特別支援教育に関する校内委員会の設置

各学校においては，校長の(　a　)の下，全校的な支援体制を確立し，発達障害を含む障害のある幼児児童生徒のA実態把握や支援方策の検討等を行うため，校内に特別支援教育に関する委員会を設置すること。

委員会は，校長，教頭，B特別支援教育コーディネーター，教務主任，生徒指導主事，通級指導教室担当教員，特別支援学級教員，養護教諭，対象の幼児児童生徒の学級担任，学年主任，その他必要と思われる者などで構成すること。

なお，特別支援学校においては，C他の学校の支援も含めた組織的な対応が可能な体制づくりを進めること。

7.　教育活動等を行う際の留意事項等

(1)　障害種別と指導上の留意事項

障害のある幼児児童生徒への支援に当たっては，障害種別の(　b　)も重要であるが，当該幼児児童生徒が示す(　c　)に，より重点を置いた対応を心がけること。

また，医師等による障害の(　d　)がなされている場合でも，教師はDその障害の特徴や対応を固定的にとらえることのないよう注意するとともに，その幼児児童生徒のニーズに合わせたE指導や支援を検討すること。

(中略)

(3)　生徒指導上の留意事項

障害のある幼児児童生徒は，その障害の特性による学習上・生活上の(　c　)を有しているため，周囲の理解と支援が重要であり，

F生徒指導も十分な配慮が必要であること。(以下省略)

(1) 文章中の(　a　)～(　d　)に当てはまる語句をそれぞれ書け。ただし，同じ記号には同じ語句が入るものとする。

(2) 下線部Aを行う際は，早期発見・早期支援が重要である。その理由を書け。

(3) 下線部Bの主な役割には，校内委員会の企画・運営がある。これ以外にどのようなことがあるか。2つ書け。

(4) 下線部Cについて，特別支援学校の果たすべき役割を規定した法律は何か。その名称を書け。

(5) 下線部Dについて，このようにするのはなぜか。1つの障害を例にあげて理由を書け。

(6) 下線部Eについて，特別支援教育では「適切な指導」と「必要な支援」が大切であるといわれている。それぞれについて説明せよ。

(7) 下線部Fについて，具体的に説明せよ。

(☆☆☆◎◎◎)

【2】次の文章は，「小学校学習指導要領第1章　総則　第4　指導計画の作成等に当たって配慮すべき事項」(平成20年3月28日付け文部科学省告示第27号)の一部である。各問いに答えよ。

障害のある児童などについては，A特別支援学校等の助言又は援助を活用しつつ，例えば指導についての計画又は家庭や医療，福祉等の業務を行う関係機関と連携した支援のための計画を個別に作成することなどにより，個々の児童の障害の状態等に応じた指導内容や指導方法の工夫を計画的，組織的に行うこと。特に，特別支援学級又はB通級による指導については，教師間の連携に努め，効果的な指導を行うこと。

(1) 下線部Aについて，特別支援学校の教員として，あなたならどのようなことができるか具体例を1つあげ，それを行う際の留意点を書け。

(2) 学校教育法施行規則第140条(一部改正：平成20年3月28日付け文

部科学省令第5号)において，原則的に下線部Bの対象になっていない障害種別とその理由を書け。

(☆☆☆◎◎◎)

【3】次の(1)～(4)は特別支援教育に関する用語である。それぞれについて簡潔に説明せよ。

(1) 応用行動分析　(2) TEACCH　(3) 音韻障害

(4) 発達性協調運動障害

(☆☆☆◎◎◎)

【4】次の文章を読んで，各問いに答えよ。

ゆかさんは高等部1年生である。A脳性麻痺によるB下肢の筋力低下のためC移動に難しさがあり，クラッチや車椅子を使用している。家から600メートルほどの所にあるD市立図書館に行きたいが，行くことができない。家からこの図書館まではE坂道が続く。使用しているF車椅子の性能が不十分であること，もともとG内気な性格であること等から外出は今までほとんどない。また，H母親は祖母の介護のためなかなか家を空けることができず，図書館まで付き添うことは難しい。そこで，ゆかさんの市立図書館利用を実現させるため，教育・福祉・医療等の関係機関が集まり，それぞれの立場から何ができるかを話し合った。

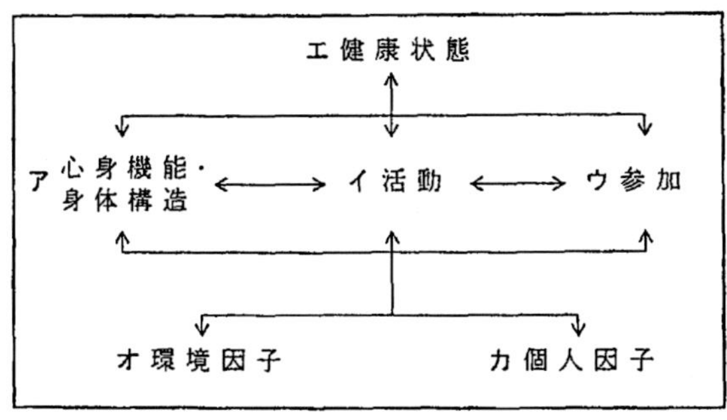

ICFの構成要素間の相互作用

(1)　上図ICF(国際生活機能分類)の視点から子どもの理解と指導を考えた場合，下線部A～Hはア～カのどれに当たるか，記号で書け。

(2)　波線部にかかわって①～③の問いに答えよ。

①　関係機関が連携する上で，コミュニケーションツールとして活用されるよう，学校が中心となって作成すべき計画は何か。その名称を書け。

②　ゆかさんが図書館に行けるように，福祉面からどのような支援が考えられるか。具体的に書け。

③　学校では，病院の意見を参考にし，自立活動の時間に坂道を歩く練習を取り入れることになった。この指導内容を設定する際の配慮事項を書け。

(☆☆☆◎◎◎)

【5】次の自閉症に関する文章を読んで，各問いに答えよ。

自閉症の障害特性や認知特性に応じた学習方略を考える上で，私たち教師は，「自閉症は発達障害であり，中枢神経系の機能の障害を基盤にした発達過程の歪み(つまり，適切な方法に基づく教育により，状態が改善する可能性がある)」という認識をもつようにすることが大切だと考えています。その際，「自閉症の(　a　)」と言われる定義に加えて，よく理解しておかなければならないA障害特性があります。(　b　)などのB感覚の問題，(　c　)などの情動のコントロールの問題，二つ以上の情報を処理することが困難な(　d　)の問題，いろいろな情報をまとめて全体像をつかむ力が弱いセントラルコヒーレンスの問題などです。(以下省略)

(国立特別支援教育総合研究所『自閉症教育実践ケースブック』による)

(1)　(　a　)～(　d　)に当てはまる語句を次のア～オの中から1つずつ選び，記号で書け。

ア　パニック　　イ　カタトニア　　ウ　三つ組み

エ　シングルフォーカス　　オ　過敏性

(2) 下線部Aについて，視覚的な情報処理に優れているが，発語は1語文が中心で，文字の理解が困難な自閉症の生徒がいる。この生徒に，「授業で，学校の近くのスーパーまでニンジンを買いに行く」ということを，あなたならどのように伝えるか。具体的に書け。

(3) 偏食があり，ランチルームでは食事に集中できない自閉症の生徒がいる。この生徒に給食指導を行う場合，下線部Bを踏まえて配慮すべき点を具体的に2つ書け。

(4) 自閉症の障害特性や認知特性に配慮した教育診断検査にPEP－3がある。この検査の特徴を2つ書け。

(☆☆☆◎◎◎)

【6】次の各問いに答えよ。

(1) 難聴には，大きく分けて「伝音性難聴」と「感音性難聴」と呼ばれるものがある。それぞれの特徴を書け。

(2) 現行の「特別支援学校小学部・中学部学習指導要領」では，知的障害者である児童生徒に対する教育を行う特別支援学校における各教科の内容は，「段階」で示されている。その理由を書け。

(3) 視機能は，視力等の各種の機能から成り立っている。視力以外にどのようなものがあるか。2つ書け。

(4) ADHDの基本症状を3つ書け。

(5) 肢体不自由のある子どもに，アシスティブ・テクノロジーを活用することの意義を書け。

(☆☆☆◎◎◎)

【7】教員として，どのように子どもたちに向き合うか。次の資料A，Bを参考に，あなたの考えを書け。

資料A

寿命というのは，つまり，生きることに費やすことのできる時間です。

それは，生まれたときに，

「はい，きみは日本人ですね。では，いまのところの平均寿命は八十二歳ですから，八十二年分の時間をさしあげましょう」

と，平均寿命に見合った時間をぽんと手わたされるようなものではありません。それではまるで，生まれた瞬間から寿命という持ち時間をどんどんけずっていくようで，なんだか生きていくのがさみしい感じがしてきます。

わたしがイメージする寿命とは，手持ち時間をけずっていくというのとはまるで反対に，寿命という大きなからっぽのうつわのなかに，せいいっぱい生きた一瞬一瞬をつめこんでいくイメージです。

(日野原重明『十歳のきみへ』による)

資料B

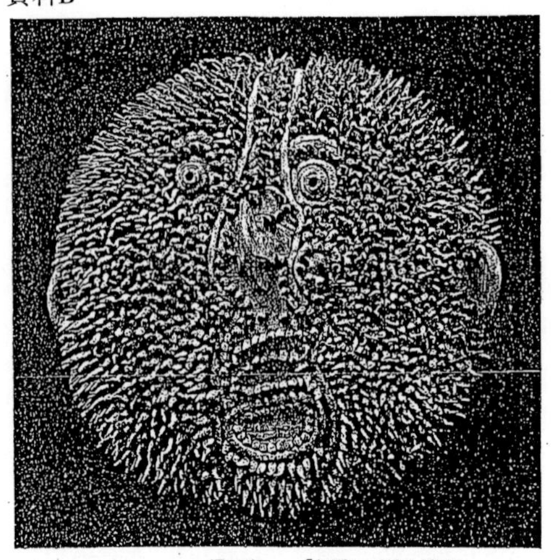

澤田真一　「無題」（粘土造形）

澤田には自閉症がある。対話はほとんどないが，幼少のころから手先が器用で，自宅ではいつも何かを作って遊んでいた。現在通う知的障害者施設ではパン作り班で仕事をし，週2回ほど作陶場で陶芸に打ち込んでいる。

小さな棘（とげ）をひとつずつゆっくりと植え付けてゆく。ときおり本当にうれしそうにひとりでにっこりしながら，黙々と制作する。

(はたよしこ『アウトサイダー・アート の世界－東と西のアール・ブリュット－』による)

(☆☆☆◎◎◎)

解答・解説

【1】(1) a リーダーシップ b 判断 c 困難 d 診断
(2) (例) 少しでも早く適切な理解と対応をとることで，本人も，また周囲の人たちも不要なストレスを感じずに過ごすことにつながり，本人の自尊心や自己評価の過剰な低下を防ぐことにもつながるから。
(3) 研修の企画・運営，関係機関・学校との連絡・調整 (4) 学校教育法 (5) 同じ障害名であっても，それによる困難さの現れ方は様々である。例えば，同じようにLDと判断されたとしても，読みに困難がある場合や書きに困難がある場合などその現れ方が違い，対応の仕方も異なるので，一人一人の実態と課題を見極めることが大切であるから。 (6) どちらも実態を踏まえて行われるが，指導は本来の子どものもてる力を引き出し，困難克服のために一般化・波及を含めて意図的・計画的に行うもの。一方，支援は，本人の活動を充たすために必要に応じて行われる介助的な要素をもつものである。 (7) 生徒指導上の諸問題に対しては，表面上に現れた現象のみにとらわれず，障害の特性をよく理解した上で対応することが大切。

〈解説〉(4) 特別支援学校のセンター的機能と呼ばれているものである。根拠となるのは，学校教育法第74条であり，「特別支援学校においては，第72条に規定する目的を実現するための教育を行うほか，幼稚園，小学校，中学校，高等学校又は中等教育学校の要請に応じて，第81条第1項に規定する幼児，児童又は生徒の教育に関し必要な助言又は援助を行うよう努めるものとする」とされている。

【2】(1)　具体例：特別支援教育に関する相談・情報提供・研修協力　留意点：教員としてのお互いの専門性を生かすこと。　(2)　障害種別：知的障害　　理由：知的障害の特性からすると，ほとんどの時間，通常の学級で通常の授業を受けながら通級するよりは，障害の特性や発達状態に応じて，じっくりゆっくり繰り返し学ぶことができる特別の教育課程や指導法により指導することが効果的であるため。

〈解説〉(2)　通級による指導は，1992(平成4)年の「通級による指導に関する充実方策について」において提言されたシステムで，翌1993(平成5)年から制度化されたものである。この報告で，知的障害者は固定式の学級での指導が望ましいとされたため，現在も知的障害者は通級による指導の対象となっていない。通級による指導の対象や授業時数等の改正は平成18年である。特殊教育から特別支援教育への転換がなされる平成19年の前年になされたのは，根拠となる法令が省令である「学校教育法施行規則」であり，「学校教育法」とは異なり，国会の審議を経ずに行うことが可能であったことによる。通級による指導の法的根拠は，学校教育法施行規則第140条にある。同規則で定められた対象は，言語障害者，自閉症者，情緒障害者，弱視者，難聴者，学習障害者，注意欠陥多動性障害者，その他である。その他として，肢体不自由者，病弱・身体虚弱者がある。指導内容は，「自立活動」と「教科指導の補充」を併せて年間35～280単位時間(週1～8時間)とされている。また，LD等については，年間10～280単位時間が標準とされ，月1回程度の指導も可能となっている。

【3】(1)　スキナーによって創始された行動分析学の一分野であり，人間の行動形成のために応用した方法論。　(2)　自閉症の自立支援および共生を目指した指導プログラム。視覚による支援や構造化が有効である。　(3)　発達段階に応じた適切な音声を用いた会話ができないこと。　(4)　発達段階に比べて極端に不器用で，学業成績や日常の活動を顕著に妨害していること。

〈解説〉(1)　B. F. スキナーによって創案され，適切な行動の形成や不適切な行動の改善を図る方法論である。応用行動分析においては，人の「行動」について，先行する環境刺激(Antecedent condition)，それを手がかりとして人が行う行動(Behavior)，その行動の結果(Consequense)として起こる何らかの刺激(強化や罰)，という枠組みで捉える。こうしたセットにおける行動の分析を「ABC分析」という。 (2) E.ショプラーによって研究・開発された方法論で，自閉症児・者を主な対象とし，児一人一人の個人に合った指導プログラム(Individualized Educational Program : IEP)を作成し，生涯にわたる包括的な支援を目的としている。具体的には，自閉症児・者は視覚情報の処理に優れていることが多いため，絵カードや写真，文字などのツールを用いて環境調整を図り，自身の周辺の状況理解を促進する方法(構造化)などが含まれる。

【4】(1) A エ B ア C イ D ウ E オ F オ G カ H オ (2) ① 個別の教育支援計画 ② お母さんに代わって図書館まで付き添う移動支援。 ③ 主体的に取り組み，成就感を味わえるようにすること。改善・克服の意欲を高めるようにすること。発達の進んだ側面を更に伸ばすようにすること。

〈解説〉(1) ICF(国際生活機能分類)は，人間の生活機能と障害の分類法として，2001年5月，世界保健機関(WHO)総会において採択された。特徴は，これまでのWHOによる国際障害分類(ICIDH)がマイナス面を分類するという考え方が中心であったのに対し，ICFは，生活機能というプラス面からみるように視点を転換し，さらに環境因子等の観点を加えたことである。学校教育にもICFを有効活用して指導に当たる必要がある。 (2) 個別の教育支援計画をツールとして使い，関係機関が集まって支援会議を開き，子どもの実態や支援目標等について情報交換·情報共有することが重要。学校での指導·支援に福祉の制度等を含む子どもを取り巻く環境に関する情報等も生かしていく。

【5】(1) a ウ b オ C ア d エ (2) 写真や絵などを用い，視覚的に示しながら，短い言葉で買い物の目的を明確に示す。 (3) 味覚過敏がある場合は，ある種の味だけはどうしても受けつけられないことがあるので，決して無理強いはしない／聴覚過敏がある場合は，ランチルームで食べることにこだわらず，別室などの静かな環境を用意する。 (4) 合格と不合格の間を，「めばえ」として評価できる。検査項目の順番は，子どもの様子や状態に応じて変更できる。

〈解説〉a 自閉症の三つ組みとは，イギリスの児童精神科医ローナ・ウィング(Wing, L.)が自閉症や広汎性発達障害の中核症状として定義した「ウィング(自閉症)の三つ組」を指す。「三つ組」とは，対人関係の障害(社会性の障害)，コミュニケーションの障害，想像力の障害(こだわり行動と興味の偏り，固執性)という三つの自閉症特有の障害のことで，自閉症や広汎性発達障害児では，他者の意図を想像したり，自分の意思を伝えることが苦手で，想像力が乏しい為に同じ行動を反復的に繰り返す常同行動や光や音に対する感覚過敏などが特徴的に認められることを指摘している。

シングルフォーカスとは，複合刺激の弁別や二つ以上の情報の処理が困難な状態を示し，従来は「刺激の過剰選択性」として捉えられていました。自閉症児では，複合刺激が提示されても，一部の要素刺激のみに反応が制御されてしまう特性が一部認められ，様々な学習困難を導くことが示唆されている。

【6】(1) 伝音性難聴：外耳や鼓膜等の障害で生じる難聴で，補聴器により改善が期待できる。 感音性難聴：内耳もしくは，聴覚神経に障害がある難聴で，小さく聞こえるだけでなく，音が歪んで聞こえることが多い。 (2) 学年(年齢)が同じであっても，知的発達の遅滞の状態や経験の程度が様々であり，個人差が大きいため。 (3) 視野，眼球運動 (4) 不注意，多動性，衝動性 (5) 機械を使うことだけが目的ではなく，学習活動をより主体的なものにすることに意義がある。

〈解説〉(1)「耳の構造とその機能」「音が聞こえるまでの経路」「難聴の種類と特徴」は互いに関連しているので，セットで学習するとよい。外耳と中耳は音を物理的に伝える系なので伝音系と呼ばれる。それに対して内耳以降は音を感じる系なので感音系と呼ばれる。外耳あるいは中耳になんらかの問題があって難聴になった場合を伝音(性)難聴と言い，内耳およびそれ以降の神経系になんらかの問題があって難聴になった場合を感音(性)難聴と言う。　(4)　ADHD(注意欠陥多動性障害)は不注意，多動性，衝動性を主な特徴とする。主に視覚刺激に対しては良好な処理能力を有するが，それに比較して聴覚刺激については困難を示すことが多いため，絵カードなどのツールが有効である。また，話に集中して欲しい際は，呼びかけて注意を喚起させたり，聞き逃した場合の対応を学習させることが重要である。また，衝動性に起因する問題行動により，周りの児童とのトラブルが生じやすく，大人から叱責されることが多いため，自尊感情が低下しやすいことから，適切な行動を行った際は褒めるなどの対応も必要不可欠となる。

【7】解答略

〈解説〉小論文を書く際には，大きな構造として序論，本論，結論の3部の構造がある。まず序論において自分が各論文の概要や自身の考えの大枠を述べ，本論で自身の考えの説明やそれに関連する重要な情報などを述べ，最後に結論でこれまでに述べた内容から導き出された考えを述べるようにする。

さらに，それぞれの各論の中においては説明する内容ごとに段落を設定していく。各段落はあまり多すぎない量にまとめ上げ，また他者が読んでわかりやすいように，時系列に沿った順番にしたり，「AだからB，BだからC…」というように，順序立てて論理を展開するよう心がけることが重要である。

また，本問のように参考とする資料が添付されている場合は，自身の考えを述べる際にどの資料のどこの部分を参考にしたか明確にすることも必要である。

第3部

チェックテスト

過去の全国各県の教員採用試験において出題された問題を分析し作成しています。実力診断のためのチェックテストとしてご使用ください。

特別支援学校教諭

／100点

【1】平成19年4月1日付けの文部科学省初等中等教育局長通知「特別支援教育の推進について」から一部分を抜粋したものである。文中の各空欄に適する語句を答えよ。

(各1点　計8点)

1　特別支援教育の理念

特別支援教育は，障害のある幼児児童生徒の自立や社会参加に向けた(　①　)な取組を支援するという視点に立ち，幼児児童生徒一人一人の(　②　)を把握し，その持てる力を高め，生活や学習上の困難を(　③　)又は(　④　)するため，適切な指導及び必要な支援を行うものである。

また，特別支援教育は，これまでの特殊教育の対象の障害だけでなく，知的な遅れのない(　⑤　)も含めて，特別な支援を必要とする幼児児童生徒が在籍する全ての(　⑥　)において実施されるものである。

さらに，特別支援教育は，障害のある幼児児童生徒への教育にとどまらず，(　⑦　)の有無やその他の個々の違いを認識しつつ様々な人々が生き生きと活躍できる(　⑧　)の形成の基礎となるものであり，我が国の現在及び将来の社会にとって重要な意味を持っている。

【2】次の(1)～(9)について，文中の各空欄に適する語句を答えよ。

(各2点　計20点)

(1)　教育基本法第4条では，「国及び地方公共団体は，障害のある者が，その障害の状態に応じ，十分な教育を受けられるよう，(　　)を講じなければならない。」と定められている。

(2)　障害者基本法では，第4条に差別の禁止条項として「何人も，障害者に対して，障害を理由として，差別することその他の(　　)を侵害する行為をしてはならない。」と定められている。

(3) 学校教育法第80条には，「(　　)は，その区域内にある学齢児童及び学齢生徒のうち，視覚障害者，聴覚障害者，知的障害者，肢体不自由者又は病弱者で，その障害が第75条の政令で定める程度のものを就学させるに必要な特別支援学校を設置しなければならない。」と定められている。

(4) 障害のある者に対して交付される手帳には，身体障害者手帳，療育手帳，(　　)がある。

(5) 角膜，水晶体，硝子体のうち，光を最も大きく屈折させるのは(　　)である。

(6) 国際音声学協会が提案した国際音声字母表では，子音の分類基準は，調音方法，調音点，(　　)である。

(7) 平成20年6月に「障害のある児童及び生徒のための教科用特定図書等の普及の促進等に関する法律」が成立した。この法律において教科用特定図書等とは，教科用(　　)，教科用点字図書，その他障害のある児童及び生徒のために作成した教材であって，検定教科用図書等に代えて使用できるものである。

(8) 学習指導要領では，「各教科等の指導に当たっては，個々の児童又は生徒の実態を的確に把握し，(　　)を作成すること。」と定められている。

(9) 知的障害者に対する教育を行う特別支援学校中学部の職業・家庭科に示す「産業現場等における実習」(一般に「現場実習」や「職場実習」とも呼ばれている。)を，他の教科等と合わせて実施する場合は，(　　)として位置付けられる。

【3】次の各問いに答えよ。

((2)イ 3点，他 各2点　計21点)

(1) 次の文は，「幼稚園，小学校，中学校，高等学校及び特別支援学校の学習指導要領等の改善及び必要な方策等について(平成28年12月21日　中央教育審議会)で示されている「知的障害者である児童生徒に対する教育課程」について抜粋したものである。文中の各空欄に適する語句を答えよ。ただし，同じ問いの空欄には，同じ解答が入るものとする。

○　小学校等の学習指導要領等の改訂において，各学校段階の全ての教科等において育成を目指す資質・能力の三つの柱に基づき，各教科等の目標や内容が整理されたことを踏まえ，知的障害者である児童生徒のための各教科の目標や内容について小学校等の各教科の目標や内容の(　①　)・関連性を整理することが必要である。

○　各部の各段階において育成を目指す資質・能力を明確にすることで計画的な指導が行われるよう，各段階共通に示している目標を，段階ごとに示すことが必要である。

○　各部間での円滑な接続を図るため，小学部，中学部及び高等部の各部や各段階の内容のつながりを整理し，小学部と中学部，中学部と高等部間や段階間で(　②　)のある内容を設定することが必要であり，特に，現行では一段階のみで示されている中学部については，新たに第二段階を設けることが適当である。

○　小学校における(　③　)教育の充実を踏まえ，小学部において，児童の実態等を考慮の上，(　③　)に親しんだり，外国の言語や文化について体験的に理解や関心を深めたりするため，教育課程に(　③　)活動の内容を加えることができるようにすることが適当である。

○　各教科については，小学校等の各教科の内容の改善を参考に，社会の変化に対応した各教科の内容や構成の充実を図ることが必要である。

○　障害の程度や学習状況等の個人差が大きいことを踏まえ，既に当該各部の各教科における段階の目標を達成しているなど，特に必要がある場合には，個別の(　④　)に基づき，当該各部に相当する学校段階までの小学校等の学習指導要領の各教科の目標・内容等を参考に指導できるようにすることが適当である。

○　教科別や領域別に指導を行う場合の基本的な考え方を十分に理解した上で，各教科等を合わせた指導が行われるよう，学習指導要領等における示し方を工夫することが重要である。

○　児童生徒一人一人の学習状況を(　⑤　)に評価するため，各教科の目標に準拠した評価の観点による学習評価を導入し，学習評価を基に授業評価や指導評価を行い，教育課程編成の改善・充実に生かすことのできるPDCAサイクルを確立することが必要である。

(2)　次の文は，特別支援学校小学部・中学部新学習指導要領(平成29年3月告示)の 第2章　各教科　第1節　小学部の「第2款　知的障害者である児童に対する教育を行う特別支援学校」の「第1　各教科の目標及び内容」の〔生活〕の目標である。下の各問いに答えよ。

> 具体的な活動や体験を通して，生活に関わる見方・考え方を生かし，自立し生活を豊かにしていくための資質・能力を次のとおり育成することを目指す。
>
> (1)　活動や体験の過程において，自分自身，身近な人々，社会及び自然の特徴やよさ，それらの(　①　)等に気付くとともに，生活に必要な習慣や技能を身に付けるようにする。
>
> (2)　自分自身や身の回りの生活のことや，身近な人々，社会及び自然と自分との関わりについて理解し，考えたことを(　②　)することができるようにする。
>
> (3)　自分のことに取り組んだり，身近な人々，社会及び自然に自ら(　③　)，意欲や(　④　)をもって学んだり，生活を豊かにしようとしたりする態度を養う。

ア　文中の各空欄に適する語句を答えよ。

イ　下線部の「具体的な活動や体験」とはどういうことか，述べよ。

【4】次の文は，知的障害をともなう自閉症の子どもの特性を踏まえた対応について述べたものである。文中の各空欄に適する語句を答えよ。

(各1点　計9点)

(1)　子どもにとって活動場所や活動内容がわかりやすい教室や校内の環境づくり，活動の(　①　)と(　②　)がわかりやすい学習課題の設定等に留意すること。

(2) (　③　)の急な変化を少なくし，活動の時間帯や活動の内容等を同一のパターンで繰り返す等，子どもが(　④　)して活動できるようにすること。

(3) 様々な活動場面で混乱しやすいことへの対応として，積極的に(　⑤　)な手がかりを活用して学習活動やその展開を伝え，理解を促すこと。

(4) 感覚刺激への(　⑥　)，食生活の偏り等，一人一人の課題に応じた接し方や指導方法が必要であることを(　⑦　)全てが理解し，実践すること。

(5) 子ども自らが判断して行動することを促す等，周囲の適切なかかわりによって(　⑧　)を少しずつ育てること。また，行動のモデルとなるような子どもとの関係を育て，周囲の子どもとの安定したかかわりや(　⑨　)への参加等を促す等社会生活スキルを育てるようにすること。

【5】次の(1)～(5)と最も関連のあるものを下のア～コから1つずつ選び，記号で答えよ。

(各1点　計5点)

(1) 筋ジストロフィー　(2) マカトン法　(3) ITPA

(4) 点字　(5) ICD-10

ア　サイン言語　イ　国際疾病分類

ウ　音声言語　エ　アテトーゼ型

オ　ヴィゴツキー　カ　デュシェンヌ型

キ　ルイ・ブライユ　ク　国際生活機能分類

ケ　インリアル・アプローチ　コ　イリノイ式言語学習能力検査

【6】次の文は，ある法令の条文の一部を示したものである。あとの各問いに答えよ。

(各2点　計12点)

第22条の3　法第75条の政令で定める視覚障害者，聴覚障害者，知的障害者，肢体不自由者又は病弱者の障害の程度は，次の表に掲げるとおりとする。

区分	障害の程度
視覚障害者	両眼の視力がおおむね(　①　)のもの又は視力以外の視機能障害が高度のもののうち，拡大鏡等の使用によつても通常の文字，図形等の視覚による認識が不可能又は著しく困難な程度のもの
聴覚障害者	両耳の聴力レベルがおおむね(　②　)以上のもののうち，補聴器等の使用によつても通常の話声を解することが不可能又は著しく困難な程度のもの
知的障害者	1　知的発達の遅滞があり，他人との意思疎通が困難で日常生活を営むのに頻繁に援助を必要とする程度のもの 2　知的発達の遅滞の程度が前号に掲げる程度に達しないもののうち，(　③　)への適応が著しく困難なもの
肢体不自由者	1　肢体不自由の状態が補装具の使用によつても歩行，筆記等日常生活における基本的な動作が不可能又は困難な程度のもの 2　肢体不自由の状態が前号に掲げる程度に達しないもののうち，常時の(　④　)観察指導を必要とする程度のもの
病弱者	1　慢性の呼吸器疾患，腎臓疾患及び神経疾患，悪性新生物その他の疾患の状態が継続して医療又は(　⑤　)を必要とする程度のもの 2　身体虚弱の状態が継続して(　⑤　)を必要とする程度のもの

(1) この条文が定められている法令名を答えよ。

(2) (①)〜(⑤)に当てはまる語句を答えよ。

【7】次の(1)〜(6)の文は，心理アセスメントについて説明したものである。各文中の( )に入る語句として最も適切なものを，以下のa〜eの中から一つ選びなさい。ただし，(5)・(6)の( )にはそれぞれ同じ語句が入るものとする。

(各2点 計12点)

(1) ( )は2歳から成人までの知能を測定することを目的とした個別式の知能検査である。2歳から13歳までは精神年齢および知能指数を算出し，14歳以上は原則として偏差知能指数を算出する。14歳以上においては「結晶性領域」「流動性領域」「記憶領域」「論理推理領域」に分け，領域ごとの評価点や領域別偏差知能指数・総合偏差知能指数を算出し，プロフィール等で対象者の特徴を示す。

a 新版K式発達検査2020　b 田中ビネー知能検査Ⅴ
c WAIS－Ⅳ　d KABC－Ⅱ
e MIM－PM

(2) ( )は基本的な語い理解力を幼児から児童まで簡便に測定できる言語検査である。聞いた単語の意味するものを4つの図版から選ぶことで，おおよその発達段階を推定することができる。検査の対象年齢は3歳0か月から12歳3か月で，個人の語い理解力がどのくらいの年齢水準にあるかを推定する語い年齢と，同一年齢水準で個人がどのあたりに位置するのかを表す評価点を算出できる。

a PVT－R　b ADOS－2　c LCスケール　d MMPI
e KIDS

(3) ( )はPASS理論によって示される認知機能を測定するために開発された。プランニング，注意，同時処理，継次処理の4つの機能を測定することができる。5歳0か月から17歳11か月が対象。

a S－M社会生活能力検査　b ITPA　c DN－CAS
d WISC－Ⅴ　e WPPSI知能診断検査

(4) (　　)はスイスの精神医学者によって作り出された代表的な投影法の一つである。インクのしみが印刷された10枚の図版を被検査者に提示して，それがどのように見えるかを答えてもらうことで，被検査者の自我機能の働き具合，世界の体験の仕方，コミュニケーションの特徴を明らかにする。

a　TAT　　b　SCT　　c　P−Fスタディ　　d　ロールシャッハ法
e　バウムテスト

(5) (　　)法は心理アセスメントの一つである。心の働きは行動に現れるとの前提に立ち，対象の(　　)を通して現象を理解しようとする方法である。行動には，身体運動や姿勢，広くは表情や発語なども含まれる。アセスメントに際して，対象者への拘束や制約が少なく，自然な行動を対象にできること，行動そのものを対象とするため言語能力の十分でない者を対象とできる等の利点がある。

a　観察　　b　構造化面接　　c　半構造化面接
d　非構造化面接　　e　心理検査

(6) 心理テストとは，あらかじめ定められた問題や作業を課し，それに対する被検査者の反応等を記録し，記録を分析することで対象者の特徴を明らかにしようというものである。この際，心理テストが計測しようとしている目標を確実に計測できているかどうかを表すのが(　　)であり，(　　)があることが心理テストの重要な要件である。(　　)は表面的(　　)，内容的(　　)，基準関連(　　)，構成概念(　　)に大別できる。

a　信頼性　　b　α係数　　c　内的整合性　　d　妥当性
e　再現性

【8】次の各文は障害児教育に携わった人物について述べたものである。(1)〜(7)の文で説明している人物を下のア〜タから1つずつ選び，記号で答えよ。

(各1点　計7点)

(1) 佐賀市生まれ。わが国最初の知的障害児施設「滝乃川学園」の創始者。知的障害児の教育と福祉を本格的に開始した。

(2) 1919年デンマークに生まれる。1950年代より，行政官としての立場からノーマライゼーション理念を行政サービスに具体的に展開し，世界に初めて法にノーマライゼーション理念が明記された1959年の精神遅滞者法の成立に力を注いだ。

(3) 世界最初の聾唖教育施設の創設者。手話の記号をフランス語を表すものとして方法的手話を考案した。

(4) アメリカ合衆国の心理学者。知覚の発達から概念形成に至る過程における運動の要素を重視し，知覚と運動の統合訓練法を研究した。

(5) 浜松市生まれ。最大の功績は，日本点字翻案の完成であり，「わが国将来幾千万人の盲人をして文化の恵沢に浴せしむる源泉」と讃えられた。

(6) アメリカ合衆国の心理学者。1967年，自閉症研究室を開設し，コンピュータを駆使して自閉症に関する世界中の文献を網羅し，データの交換などを精力的に行ってきた。

(7) 高崎藩士の長男として江戸に生まれる。1878年受洗し，終生無教会主義に基づく信仰生活を続けた。1884年に渡米，翌年1月から7カ月間，ペンシルベニア知的障害児訓練学校で看護人として働いた。

ア　ハビィガースト	イ　三木安正	ウ　石川倉次
エ　石井亮一	オ　ケファート	カ　エアーズ
キ　城戸幡太郎	ク　リムランド	ケ　榊保三郎
コ　内村鑑三	サ　ブラーユ	シ　ド・レペ
ス　シュトラウス	セ　ミケルセン	ソ　ハイニッケ
タ　ドクロリー		

【9】次の文中の各空欄に適する語句を答えよ。

(各1点　計6点)

(1) ダウン症候群は，染色体異常症であり，(　①　)番染色体が1個過剰に存在する状態の標準型(　①　)トリソミー，過剰な染色体が他の染色体に付着するタイプの(　②　)型，同一個体内で正常核型細胞と異常核型細胞とが混在している状態の(　③　)型の3つの型がある。

(2)　(　④　)は自閉症教育のキーワードの一つである。細かく分類すると，場所の一対一対応などの「物理的(　④　)」，活動の流れなどの「スケジュールの(　④　)」，自立課題の数をはじめから提示しておくなどの「視覚的(　④　)」が挙げられる。

(3)　フェニルケトン尿症は先天性(　⑤　)異常症である。

(4)　てんかん発作はその始まりの違いから，部分発作と(　⑥　)発作の2つに分けられる。

解答・解説

【1】①　主体的　②　教育的ニーズ　③　改善　④　克服
⑤　発達障害　⑥　学校　⑦　障害　⑧　共生社会

解説　「特別支援教育の推進について(通知)」に関する問題は頻出事項であるので，全文に目を通しておく必要がある。本通知は，中教審答申「特別支援教育を推進するための制度の在り方について」とともに，特別支援教育に関して出題の柱を形成しているものである。近年では，報告書や答申に加えて，本通知からの出題や，特別支援教育に関わる部分の法改正に関する複合問題が出されるなど，出題の多様化が進んでいる。この報告書では「1. 特別支援教育の理念」，「7. 教育活動等を行う際の留意事項等」が頻出箇所である。法改正などとあわせて学習しておこう。

【2】(1)　教育上必要な支援　(2)　権利利益　(3)　都道府県
(4)　精神障害者保健福祉手帳　(5)　角膜　(6)　無声有声
(7)　拡大図書　(8)　個別の指導計画　(9)　作業学習

解説 (1) 教育基本法第4条第2項の規定である。昭和22年に公布された教育基本法では,「障害」という用語は全く用いられていなかったが,平成18年の改正で問題文の規定が加えられた。障害のある者に対して教育上必要な支援を講じなければならない点を明示した意義は極めて大きい。 (2) 障害者基本法は第1条や第4条などが頻出条文である。必ずおさえておこう。 (4) 身体障害者手帳については身体障害者福祉法に,精神障害者保健福祉手帳については精神保健及び精神障害者福祉に関する法律に,それぞれ手帳発行に関する記述があるが,療育手帳に関しては知的障害者福祉法にその記述はなく,1973年9月27日に当時の厚生省が出した通知「療育手帳制度について」(厚生省発児第156号厚生事務次官通知)に基づいている。つまり,都道府県の独自発行であるため,名称や障害の程度区分が地域によって異なっている。 (7) 障害のある児童及び生徒のための教科用特定図書等の普及の促進等に関する法律は,平成20年に成立。今後は出題増加が予想される法律なので,全条文に目を通しておきたい。 (8) 個別の指導計画は平成11年度の盲・聾・養護学校学習指導要領で作成が義務づけられた文書である。これまで「個別の指導計画」は自立活動と重複障害者を指導する場合に作成されていたが,新特別支援学校学習指導要領では,すべての幼児・児童・生徒について,各教科等にわたって作成することが義務づけられた。また,小・中学校の新学習指導要領においても作成することが求められている。 (9) ここでいう「産業現場等」とは,実際の産業にかかわっている企業,商店,農場などの事務所のほか,作業所などの福祉施設,市役所などの公的機関を指している。

【3】(1) ① 連続性 ② 系統性 ③ 外国語 ④ 指導計画 ⑤ 多角的 (2) ア ① 関わり ② 表現 ③ 働きかけ ④ 自信 イ 児童が,健康で安全な生活をするために,日々の生活において,見る,聞く,触れる,作る,探す,育てる,遊ぶなど対象に直接働きかける学習活動であり,そうした活動の楽しさやそこで気付いたことなどを自分なりに表現する学習活動

解説 (1) この答申に基づき，平成29年3月に「特別支援学校幼稚部教育要領　小学部・中学部学習指導要領」が告示された。 (2) 生活科の目標は小学部の終わりまでに身に付ける資質・能力を示している。しかしながら，児童の実態によっては，途中の段階で終了することもある。

【4】① はじめ　② 終わり　③ 環境　④ 安心　⑤ 視覚的　⑥ 過敏性　⑦ 指導者　⑧ 対人関係　⑨ 集団活動

解説 知的障害特別支援学校では，自閉症もしくは疑いのある児童生徒の割合が40％を超えるといわれている。現在の知的障害特別支援学校は，自閉症教育を中心に展開しているといえる。自閉症児の7～8割は，知的障害も併せ持つことから，授業場面や日々の教育的支援では，知的障害にも応じた，彼らが理解しやすく，参加しやすい視覚手がかりや環境設定などが求められる。また，自閉症児の多くは何らかの行動上の問題を示し，行動問題への対応は課題であり，個々の特性を理解しながら，個に応じた支援が必要となる。

【5】(1) カ　(2) ア　(3) コ　(4) キ　(5) イ

解説 正解とならなかった選択肢についても重要であるので，理解を深めておきたい。特にクのICFは，教員採用試験でも頻出事項であるので要注意。国際生活機能分類(ICF)は，人間の生活機能と障害の分類法として，2001年5月，世界保健機関(WHO)総会において採択された。ICFは，人間の生活機能と障害に関して，アルファベットと数字を組合せた方式で分類するものであり，人間の生活機能と障害について「心身機能・身体構造」「活動」「参加」の3つの次元及び「環境因子」等の影響を及ぼす因子で構成されており，約1500項目に分類されている。これまでの「ICIDH」が身体機能の障害による生活機能の障害(社会的不利)を分類するという考え方が中心であったのに対し，ICFはこれらの環境因子という観点を加え，例えば，バリアフリー等の環境を評価できるように構成されている。このような考え方は，今後，障害者はもとより，全国民の保健・医療・福祉サービス，社会システムや技術のあり方の方向性を示唆しているものと考えられる。

【6】(1)　学校教育法施行令　(2)　①　0.3未満　②　60デシベル　③　社会生活　④　医学的　⑤　生活規制

解説　平成14年の学校教育法施行令の改正により，問題文の通りとなった。背景としては平成13年1月15日に「21世紀の特殊教育の在り方に関する調査研究協力者会議」が「21世紀の特殊教育の在り方について(最終報告)」を出し，その中で以下の通り見直しを提言したことによる。「特別な教育的ニーズに応じた教育を行うため，学校教育法施行令第22条の3に規定する盲・聾・養護学校に就学すべき児童生徒の障害の程度に関する基準を医学，科学技術等の進歩を踏まえ，教育的，心理学的，医学的な観点から見直すこと」。本条文は頻出事項であるのでしっかりと覚えておく必要がある。

【7】(1)　b　(2)　a　(3)　c　(4)　d　(5)　a　(6)　d

解説　心理アセスメントの方法には観察法，面接法，心理検査，調査法(関係機関からの情報収集)がある。心理検査については，大きく知能検査と性格検査がある。　(1)　適用範囲を2歳から成人までとしている田中ビネー知能検査Ⅴは，14歳以上の成人級の問題については，「結晶性領域」「流動性領域」「記憶領域」「論理推理領域」の領域別DIQ(偏差知能指数)，総合DIQ(偏差知能指数)も算出し，プロフィール等で各人の特徴もわかる。　(2)　言語関係の検査には，適用年齢が0歳～6歳の乳幼児の言語コミュニケーション発達を基盤にしてつくられた検査法である「LCスケール(言語・コミュニケーション発達スケール)」や，適用年齢が3歳0か月～9歳11か月の全体的な発達のレベルだけでなく個人内差も測定できる「ITPA言語学習能力診断検査」，本問の「PVT－R(絵画語い発達検査)」などがある。「ADOS－2」は，行動観察と面接で自閉スペクトラム症の評価を行う検査。「MMPI」は人格検査で，「KIDS」は乳幼児発達検査。　(3)　DN－CASは，ヴィゴツキーらとともに文化歴史心理学を創設したルリヤの神経心理学モデルから導き出されたPASSモデル(4つの認知機能領域)を理論的基礎とする心理検査である。「S－M社会生活能力検査」は，自立と社会参加に必要な生活への適応能力を測定する検査。「ITPA」は言語学習能力診断検査。「WISC－V」や「WPPSI知能診断検査」は，ウェクスラー式知能検査で，適用する年代別に，成人用のWAIS(ウェイス)，児童用のWISC(ウィスク)，幼児用のWPPSI(ウィプシー)の3つがある。
(4) 人格検査の中で，ロールシャッハによって作り出された代表的な投影法による検査を「ロールシャッハ法(ロールシャッハ・テスト)」という。投影法には，この他に，同じ視覚刺激法による「TAT」が，表現活動による検査には「P－Fスタディ」がある。また，性格検査として，描かれた木の特徴から描き手のパーソナリティを把握する描画による投影法検査に「バウムテスト」が，受検者に自由に文章を記述させる検査として「SCT」がある。 (5) 心理アセスメントの手法には，観察法，面接法，心理検査，調査法がある。言語能力の十分でない者を対象とできる検査は「観察法」である。観察法には，人間の行動をあるがままに観察する自然観察法や行動観察法，ある一定の条件を設定して観察を行う条件観察法・実験観察法等がある。面接法はフレームを設けないでする自由面接や相談室で時間などを決めて行う直接面接などがある。 (6) 標準化された心理テストには，「妥当性」と「信頼性」が備わっている。「妥当性」とは，その検査が測定しようとしているものをどれくらい的確に測定できているかということであり，「信頼性」とは，結果が一貫して安定しているということである。

【8】(1) エ　(2) セ　(3) シ　(4) オ　(5) ウ　(6) ク　(7) コ

解説 障害児(者)の教育・福祉の発展に寄与した人物と業績を関連づける問題は頻出である。 (1) 石井亮一は明治から昭和初期にかけての社会事業家である。知的障害児に強い関心を示し，アメリカに2度にわたり渡米し，知的障害者教育を学んだ。帰国後，日本初の知的障害者施設である「滝乃川学園」を創始した。 (3) 聾児に対する教育方法として，手話と口話があり，いずれが適切かという議論がなされてきた。口話による指導を体型化したのが，選択肢ソのハイニッケであるのであわせて覚えておきたい。

【9】 ① **21**　② **転座**　③ **モザイク**　④ **構造化**　⑤ **代謝**　⑥ **全般**

解説 障害の原因となる疾患やてんかんは頻出事項であるので深く理解しておく必要がある。

第４部

特別支援教育マスター

特別支援教育マスター

歴史・原理

障害児の教育・福祉の歴史的展開やその発展に貢献した人物は頻出事項であるので，その業績と合わせて学習しておく必要がある。内容は広範に及んでいるが，特別支援教育の概論書の末尾に，資料として年表が記してあったり，内外の著名な人物とその業績をコンパクトにまとめてあるものも見られるので参考にするとよい。また，概論書の索引に挙げられている人物名などの事項について，正確に説明できるかどうかを自己評価し，自分の弱点を押さえながら学習を進めると効果的であろう。

さらに，特殊教育から特別支援教育への転換の経緯や，その過程で文部科学省から出された諸文書については必ず目を通しておく必要がある。

その他，2001年に世界保健機関(WHO)で採択された国際生活機能分類(ICF)についてもよく出題されるので，歴史的経緯や内容をよく理解しておきたい。

問題演習

【1】次の文は，我が国の特殊教育の制度等について述べたものである。この文を読んであとの問いに答えよ。

① 大正12年 (Ⅰ)が公布される。

② 昭和16年 (Ⅱ) が公布され，同施行規則で養護学級・養護学校の編成について規定される。

③ 昭和(Ⅲ)年 盲学校，聾(ろう)学校の義務制が学年進行により実施される。

④ 昭和(Ⅳ)年 「盲学校・聾(ろう)学校学習指導要領小・中学部一般編」が通達される。

⑤ 昭和(Ⅴ)年 「養護学校小学部・中学部学習指導要領精神薄弱編」が文部事務次官通達として示され，同年4月から実施される。

⑥ 昭和45年 教育課程審議会の答申を受けて，a「養護学校(精神薄弱教育)小学部・中学部学習指導要領」の改訂が行われ，同46年に告示される。

⑦ 昭和54年 (Ⅵ)が実施される。

⑧ 平成元年 「盲学校，聾(ろう)学校及び養護学校幼稚部(Ⅶ)」，「盲学校，聾(ろう)学校及び養護学校小学部・中学部学習指導要領」及び「盲学校，聾(ろう)学校及び養護学校高等部学習指導要領」が告示される。

⑨ 平成5年 (Ⅷ)が制度化される。

(1) 文中の(Ⅰ)～(Ⅷ)に，当てはまる語句について，ア～トから1つずつ選び，記号で答えよ。

ア 盲学校及聾(ろう)唖学校令　イ 盲唖教育令　ウ 国民学校令
エ 小学校令　オ 学校教育法　カ 22
キ 23　ク 24　ケ 28
コ 32　サ 36　シ 38
ス 保育要領　セ 教育要領　ソ 学習指導要領
タ 障害者プラン　チ 盲・聾(ろう)・養護学校高等部の訪問教育
ツ 養護学校教育の義務制　テ 通級による指導
ト 国連障害者の十年

(2) 下線部aについて，この学習指導要領の特色として，正しいものには○，誤っているものには×を付けよ。

ア 重複障害者の指導に当たっては，個別の指導計画を作成し，それに基づいて指導することとされた。

イ 盲学校，聾(ろう)学校，養護学校小学部・中学部に共通の領域として「養護・訓練」が新たに設けられた。

ウ 小学部・中学部に訪問教育に関する規定が新たに設けられた。

エ 交流教育に関する規定が新たに設けられた。

オ 各教科等の全部または一部を合わせる指導に道徳が加えられた。

【2】文中の(　A　)～(　G　)に当てはまる語句について下のア～チから1つずつ選び，記号で答えよ。

(1) 1760年，フランスのパリにおいて，ド・レペにより(　A　)が創設され，ついで1784年，アユイにより盲学校が創設された。

(2) 1799年，(　B　)は，アヴェロンの森で発見された「野生児」に対する教育を行った。同氏の指導を受けた(　C　)は，パリのビセートル院などで知的障害者への教育を続け，「生理学的方法」を開発した。渡米後，1879年，ニューヨークに知的障害者のための通学制の私立学校を設立した。後に，この学校へは，日本で最初の知的障害児施設である(　D　)の創設者石井亮一が訪れることになる。

(3) 1916年，アメリカのターマンが，精神年齢と生活年齢の比から，(　E　)を算出することを考え，年齢ごとに正規分布することを示した。

(4) 1943年，(　F　)が，後に「早期幼児自閉症」と命名された11名の症例について最初の報告を行った。翌年，オーストリアの(　G　)は，独自の立場から，この報告に酷似する症例を報告し，「子どもの自閉性精神病質」と名付けた。

ア　アスペルガー　　イ　ラター　　ウ　カナー
エ　ピアジェ　　オ　セガン　　カ　クレペリン
キ　イタール　　ク　ビネー　　ケ　養護学校
コ　聾(ろう)唖学校　　サ　特殊学級　　シ　滝乃川学園
ス　白川学園　　セ　柏学園　　ソ　知能指数
タ　社会生活指数　　チ　発達指数

【3】聴覚障害児のコミュニケーション手段の活用に関する歴史的な記述として適切なものを次の①～④から1つ選べ。

① 大正13年には，「盲学校及聾(ろう)唖学校令」が施行され，書き言葉の組織的研究，普及活動が進み，書き言葉の積極的な導入が図られた。

② 昭和20年以降は，手話法が導入され，それまでの聴力利用と読話，発音・話し方の一体化指導法の開発と併せ，手話法の体制に向かう

ようになった。

③ 昭和46年度から実施された聾学校の学習指導要領においては，教育課程の領域に職能訓練を設け，口話法を基本としながら，聴力の活用も初めて考えるようになった。

④ 平成元年に改訂された盲学校，聾学校及び養護学校学習指導要領においては，各種の言語メディアの活用が明確に位置付けられた。

【4】新しい障害観について，次の各問いに答えよ。

(1) 2001年に世界保健機関(WHO)の総会で採択された新しい障害モデルを何というか答えよ。

(2) 次の図の(①)，(②)に当てはまる適切な語句を答えよ。

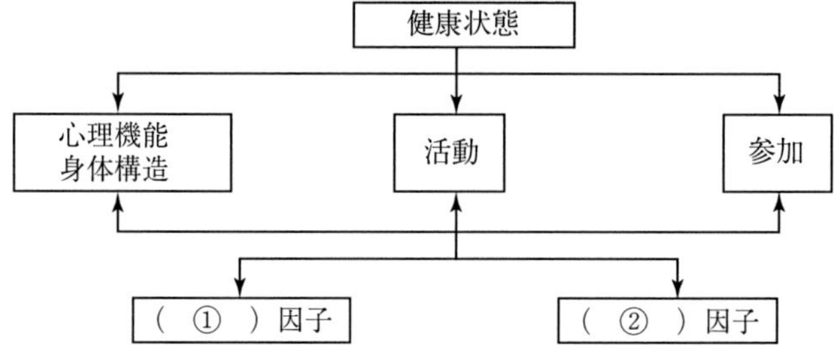

【5】平成28年12月21日に中央教育審議会から出された「幼稚園，小学校，中学校，高等学校及び特別支援学校の学習指導要領等の改善及び必要な方策等について」の答申における，特別支援教育に関する次の文を読み，あとの各問いに答えよ。

> 障害者の権利に関する条約に掲げられた(A)の構築を目指し，子供たちの自立と社会参加を一層推進していくためには，通常の学級，(B)，特別支援学級，特別支援学校において，<u>子供たちの十分な学びを確保し，一人一人の子供の障害の状態や発達の段階に応じた指導や支援を一層充実させていく必要がある</u>。

(1) 文中の(A)・(B)にあてはまる語句をそれぞれ答えよ。

(2) 下線部について，一人一人の教育的ニーズに応じた指導や支援が組織的・継続的に行われるよう，「個別の教育支援計画」や「個別の指導計画」を作成することが求められています。「個別の教育支援計画」とはどのようなものか。簡潔に書け。

【6】次の①から⑤の説明文にあてはまる人名を下のア～ケから1つずつ選び，記号で答えよ。

① 大正10年に我が国最初の肢体不自由児を対象とした施設を東京市小石川区に設立した。その後，東京市において大正末から公立の肢体不自由児の教育施設開設の機運が盛り上がった。

② 東京盲唖学校，東京聾唖学校の教師として盲唖教育に専念した。日本点字翻案を完成させた。

③ 自閉症という用語を，最初に用いた，アメリカの児童精神科医である。1943年いくつかの特徴的な行動を示した11人の子どもたちについて報告し，翌年の論文で「早期幼児自閉症」と命名した。

④ 1903年に「楽石社」を創設して，そのなかに言語研究部を設け，視話法の伝習，外国語の教授研究をおこなうとともに付帯事業として方言・吃音・聾唖者の矯正をおこなった。特に視話法を原理とした吃音矯正事業は成果をあげた。

⑤ 小学校の教員としておもに活動し，生活綴方教育を実践し，名著「子どもと生きる」で全国に注目された。1953年「のぎく寮」を創設し，1962年に成人施設「なずな寮」を開設した。

ア アスペルガー　　イ 柏倉松藏　　ウ 脇田良吉
エ 伊沢修二　　オ カナー　　カ 石井亮一
キ 石川倉次　　ク 田村一二　　ケ 近藤益雄

【7】次の(1)～(10)の文は，障害児教育に携わった人物について述べたものである。説明している人物をあとのア～ツから1つずつ選び，記号で答えよ。

(1) 精神薄弱児施設である日本心育園(1916年)，藤倉学園(1919年)，多摩藤倉学園(1958年)の創設者であり，「心錬」に代表される教育的治療学の確立にとりくんだ，わが国の精神薄弱児教育・保護事業草創期の代表的実践家。

(2) 近江学園の創立者。鳥取市に生まれ，1938年京都帝国大学文学部卒。卒後1年間小学校代用教員を経験する。この間，池田太郎，田村一二と知りあう。1939～1946年滋賀県庁に務め，1946年，池田，田村とともに戦災孤児，精神薄弱児を対象とした滋賀県立近江学園の設立に力を注ぎ，園長となる。

(3) 視覚障害児教育の創始者といわれるフランス人。彼は初期の教育を修道僧から受け，その後パリに出て学業をつづけ，当時の啓蒙思想に強い影響を受けた。さらに聴覚障害児教育に成功し名声を博したド・レペに深く感銘し，このことが後に視覚障害児教育を手がけるきっかけとなったという。

(4) スイスの障害児教育家で児童心理学においても優れた業績を持つ。新教育運動にかかわり，「機能主義教育論」で著名なクラパラードと知能検査研究にもとりくんだ。1909年より発達に遅れのある子どもの教育に携わるが，その経験をもとにまとめた『異常児の教育』は，戦前のわが国でも邦訳がある。

(5) フランスの心理学者・精神医学者。1904年フランス公教育省の知的障害児のための教育制度の審議に際し，パリの小学校での知的障害児の判別を行うため，1905年友人の医師シモン(Simon, T.)とともに，30問の難度の異なる問題からなる「異常児の知能水準を診断する新しい方法」を発表した。

(6) 電話の発明者として広く世の中に知られている。しかし，彼の活動範囲は驚くほど広く，航空，海洋，機械，電気，医学，優生学，音声学とあらゆる分野に関心を持った。彼は「自分は聾唖者の教師である」といっている。

(7) 1935年(昭和10年)3月に慶應義塾大学医学部を卒業し，同年4月同大学小児科助手を経て，1946年(昭和21年)4月より日本赤十字社産院小児科部長となり，1948年(昭和23年)には同院の乳児院が開設されると院長に就任した。

日赤時代における重度の障害児の治療の経験を生かし，日本で最初の重症心身障害児施設島田療育園(現島田療育センター)の設立(1961年)に尽力するとともに，初代の園長に就任した。

(8) スイスの心理学者。ニューシャッテル大学から，心理学を学ぶため，1918年チューリッヒに移り，その後，パリへ。フランスでは，シモン(Simon, J.)のあっせんでグランジュ・オー・ベルの小学校の実験室を与えられ，そこで子どもの推理過程を研究するための臨床法をつくった。同時に，サルペトリエール精神病院で知的障害児の数について研究を行っている。

(9) アメリカ合衆国の学習障害研究の創始者の1人。ノースウェスタン大学教授時代(1948～1969年)聾(ろう)の研究から心理神経学的な基盤に立つ理論と鑑別診断の重要性を説く。学習障害児の治療教育の先駆となる臨床研究に従事し，1960年代学習障害概念の成立過程においては，終始指導的な立場をとる。

(10) 「アヴェロンの野生児」の教育で知られるフランス人医師。フランス南部オートプロヴァンス県に生まれる。軍医として務めたあと，パリの国立聾学校の専任医師となり聴覚障害の研究と教育にかかわった。

ア 脇田良吉	イ ピアジェ	ウ 辻村泰男
エ マイクルバスト	オ イタール	カ ハンゼルマン
キ 石井亮一	ク 宮城道雄	ケ 糸賀一雄
コ アユイ	サ デクードル	シ 小林提樹
ス 川田貞治郎	セ ベル	ソ ドクロリー
タ デューイ	チ アドラー	ツ ビネー

【8】次の文は，「学制百年史(文部省　昭和56年9月5日)」からの抜粋である。特殊教育の発展(明治期)の説明について，空欄[　ア　]～[　エ　]に当てはまるものの組合せとして最も適切なものを，あとの

①〜④から選べ。

わが国の近代盲・聾教育は，十一年五月京都の上京区に開業した[　ア　]をもって創始されたといってよい。これに続いて設けられたものは，十三年一月事務を開始した東京築地の[　イ　]である。前者の設立は，上京区第一九組の熊谷伝兵衛，山田平兵衛，第一九番校(のちの待賢小学校)の教員，古河太四郎等の運動と，京都府の学校整備を推進した当時の府知事，槇村正直の力によったものであり，翌年府の施設として本校舎をつくった。東京においては七年来朝した英人医師・宣教師，[　ウ　]の発意で，当時の先導的開明の士，中村正直，津田仙，古川正雄，岸田吟香等が加わって，[　エ　]を組織し，[　イ　]設置運動を興した。後に[　エ　]に加わった山尾庸三等の働きで，九年三月東京府権知事楠本正隆を経て，内務郷大久保利通の裁可を得，設立の運びとなったものである。

① ア　訓盲院　　イ　楽善会
　ウ　ヘンリー・フォールズ　　エ　盲唖院
② ア　盲唖院　　イ　訓盲院
　ウ　ヘンリー・フォールズ　　エ　楽善会
③ ア　楽善会　　イ　盲唖院
　ウ　トーマス・ホプキンズ・ギャローデット　　エ　訓盲院
④ ア　訓盲院　　イ　盲唖院
　ウ　トーマス・ホプキンズ・ギャローデット　　エ　楽善会

【9】次の1〜10の文に最も関係の深いものを，それぞれの文の下にあるアからエのうちから1つ選び，記号で答えよ。

1　日本訓盲点字を翻案した人物。
　ア　石川倉次　　イ　糸賀一雄　　ウ　近藤益雄　　エ　高木憲次

2　世界保健機関が公表している国際疾病分類。
　ア　DSM　　イ　ICF　　ウ　CAI　　エ　ICD

3　文部科学大臣の認定・指定を受けている特別支援学校の保健理療科を修業することで受験資格を取得できる国家資格。

ア　理学療法士　　イ　はり師　　ウ　きゅう師
エ　あん摩マッサージ指圧師

4　学校教育法第81条第2項により，特別支援学級の対象として定められていない者。
ア　知的障害者　　　　　　　イ　肢体不自由者
ウ　注意欠陥多動性障害者　　エ　弱視者

5　五十音の仮名文字に対応した手指の形態であり，拗音，促音，濁音および長音なども表現することができる記号。
ア　手話　　イ　読話　　ウ　キュード・スピーチ　　エ　指文字

6　インスリンという膵臓から分泌されるホルモンの不足のため，ブドウ糖をカロリーとして細胞内に取り込むことのできない代謝異常が見られる疾患。
ア　高脂血症　　イ　血友病　　ウ　糖尿病
エ　フェニルケトン尿症

7　話し言葉を使う中で「さかな」を「たかな」,「はなび」を「あなび」などと，一定の音を習慣的に誤って発音する状態。
ア　吃音　　イ　自閉症　　ウ　緘黙　　エ　構音障害

8　学校教育法において，特別支援学校の設置義務があるとされるところ。
ア　国　　イ　都道府県　　ウ　都道府県及び政令指定都市
エ　市町村

9「障害者の雇用の促進等に関する法律」第27条の規定に基づき都道府県知事が指定した社会福祉法人やNPO法人等が運営し，障害者の身近な地域において，雇用，保健福祉，教育等の関係機関の連携拠点として，相談支援を実施する機関。
ア　障害者職業センター
イ　ハローワーク
ウ　障害者雇用支援センター
エ　障害者就業・生活支援センター

10　平成29年度学校基本調査結果(文部科学省)において，特別支援学校に在籍する児童生徒のうち，在籍児童生徒数が最も多い障害種。

ア　知的障害　　イ　肢体不自由　　ウ　病弱　　エ　聴覚障害

【10】次の文は，「合理的配慮」について述べたものである。文を読み，下の各問いに答えよ。

「合理的配慮」は，［　A　］において提唱された新たな概念であり，平成24年7月には，中央教育審議会初等中等教育分科会において，「(　a　)の形成に向けた［　B　］構築のための特別支援教育の推進(報告)」がまとめられた。この報告では，「合理的配慮」を「障害のある子供が，他の子供と(　b　)に「教育を受ける権利」を(　c　)・行使することを確保するために，学校の設置者及び学校が必要かつ適当な変更・(　d　)を行うことであり，障害のある子供に対し，その状況に応じて，学校教育を受ける場合に(　e　)に必要とされるもの」であり，「学校の設置者及び学校に対して，(　f　)面，財政面において，均衡を失した又は　(　g　)の負担を課さないもの」と定義している。なお，［　A　］において，「合理的配慮」の否定は，［　C　］に含まれるとされていることに留意する必要がある。

(1)　文中の(　a　)～(　g　)にあてはまる語句を書け。

(2)　文中の［　A　］にあてはまる条約は何か，その名称を書け。また，日本がその条約を締結した年月を書け。

(3)　文中の［　B　］，［　C　］にあてはまる語句を書け。ただし，［　B　］には13文字で，［　C　］には10文字で書くこと。

【11】次の①～⑤について，(　ア　)～(　ク　)にあてはまる最も適切な語句をそれぞれ答えよ。

①　学校教育法施行令第22条の3に規定されている病弱者の障害の程度は，「一　慢性の呼吸器疾患，腎臓疾患及び神経疾患，悪性新生物その他の疾患の状態が継続して(　ア　)又は生活規制を必要とする程度のもの」とされている。

②　「共生社会の形成に向けたインクルーシブ教育システム構築のための特別支援教育の推進(報告)」によると，「インクルーシブ教育シ

ステムにおいては，同じ場で共に学ぶことを追求するとともに，個別の教育的ニーズのある幼児児童生徒に対して，自立と(　イ　)を見据えて，その時点で教育的ニーズに最も的確に応える指導を提供できる，多様で柔軟な仕組みを整備することが重要である。小・中学校における通常の学級，通級による指導，特別支援学級，特別支援学校といった，連続性のある「(　ウ　)」を用意しておくことが必要である。」と示されている。

③　小学部・中学部学習指導要領第1章　総則　第2節　教育課程の編成　第4　指導計画の作成等に当たって配慮すべき事項では，「各教科等の指導に当たっては，個々の児童又は生徒の(　エ　)を的確に把握し，個別の指導計画を作成すること。また，個別の指導計画に基づいて行われた学習の状況や結果を適切に評価し，指導の(　オ　)に努めること。」と示されている。

④　高等部学習指導要領第1章　総則　第2節　教育課程の編成　第1款　一般方針では，「学校においては，生徒の障害の状態，地域や学校の実態等に応じて，就業やボランティアにかかわる体験的な学習の指導を適切に行うようにし，勤労の尊さや創造することの喜びを体得させ，望ましい勤労観，(　カ　)観の育成や社会奉仕の精神の涵養に資するものとする。」と示されている。

⑤　発達障害者支援法第2条第1項において，「この法律において「発達障害」とは，自閉症，(　キ　)症候群その他の広汎性発達障害，学習障害，(　ク　)多動性障害その他これに類する脳機能の障害であってその症状が通常低年齢において発現するものとして政令で定めるものをいう。」と示されている。

【12】次の(1)から(6)の文は特別支援教育に関する語句について述べたものである。(1)から(6)の文が説明している語句を答えよ。

(1)　人間の多様性の尊重等の強化，障害者が精神的及び身体的な能力等を可能な最大限度まで発達させ，自由な社会に効果的に参加することを可能とするとの目的の下，障害のある者と障害のない者が共に学ぶ仕組み。

(2) 調整又は特別な設計を必要とすることなく，最大限可能な範囲で全ての人が使用することのできる製品，環境，計画及びサービスの設計。

(3) 障害者が他の者との平等を基礎として全ての人権及び基本的自由を享有し，又は行使することを確保するための必要かつ適当な変更及び調整であって，特定の場合において必要とされるものであり，かつ，均衡を失した又は過度の負担を課さないもの。

(4) 学校における教育課程や指導計画，幼児児童生徒個々の教育的ニーズをふまえ，指導目標や指導内容・方法等を盛り込んだ計画。

(5) 障害のある幼児児童生徒の一人一人のニーズを正確に把握し，教育の視点から適切に対応していくという考えの下，長期的な視点で乳幼児期から学校卒業後までを通じて一貫して的確な支援を行うことを目的として策定する計画。

(6) 各学校における特別支援教育の推進のため，主に，校内委員会・校内研修の企画・運営，関係諸機関・学校との連絡・調整，保護者からの相談窓口などの役割を担う者。

【13】次のa～fのうち2つを選び，選択した語句の説明をそれぞれ簡潔に書け。なお，選択したa～fの記号を記入せよ。

a タイポスコープ　　b スピーチバナナ

c 日常生活の指導　　d 非対称性緊張性頸反射

e ターミナル期　　f 高機能自閉症

【14】次の各問いに答えよ。

問1 国際生活機能分類(ICF：International Classification of Functioning, Disability and Health)の説明について，[ア]～[エ]にあてはまる語句を図1を参考にして答えよ。

ICFでは，人間の生活機能は「心身機能・身体構造」「[　ア　]」「[　イ　]」の三つの要素で構成されており，それらの生活機能に支障がある状態を[　ウ　]ととらえている。そして，生活機能と[　ウ　]の状態は，健康状態や[　エ　]等と相互に影響し合うものとされ，構成要素間の相互関係については図1のように示される。

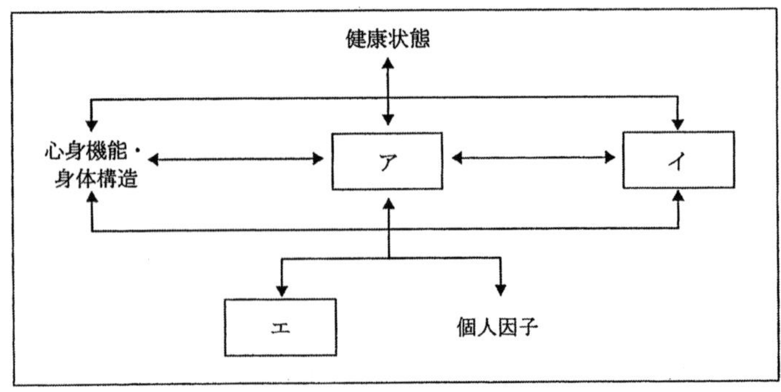

図1

問2　ICFを採択した国際機関を答えよ。また，採択されたのは何年か，西暦で答えよ。

【15】次の(1)〜(5)はそれぞれ何について説明したものか，答えよ。

(1)　骨格筋の壊死・再生を主病変とする遺伝性筋疾患の総称で，筋肉の機能に不可欠なタンパク質の設計図となる遺伝子に変異が生じたために起きる病気。

(2)　厚生労働大臣の免許を受けて，医師の指示の下，身体に障がいのある者に対し，主としてその基本的動作能力の回復を図るため，治療体操その他の運動を行わせ，及び電気刺激，マッサージ，温熱その他の物理的手段を加えることを業とする者。

(3)　肢体不自由により日常生活に著しい支障がある身体障がい者のために，物の拾い上げ及び運搬，着脱衣の補助，体位の変更，起立及び歩行の際の支持，扉の開閉，スイッチの操作，緊急の場合における救助の要請その他の肢体不自由を補う補助を行う犬。

(4) 自分で話したい内容が明確にあるのにもかかわらず，また構音器官のまひ等がないにもかかわらず，話そうとするときに，同じ音の繰り返しや，引き伸ばし，声が出ないなど，いわゆる流暢さに欠ける話し方をする状態。

(5) 日本点字の考案者。プライユ式点字の日本点字への翻訳に着手し，1890年に6点点字を考案した人物。

解答・解説

【1】(1) Ⅰ：ア　Ⅱ：ウ　Ⅲ：キ　Ⅳ：コ　Ⅴ：シ　Ⅵ：ツ　Ⅶ：セ　Ⅷ：テ　(2) ア：×　イ：○　ウ：×　エ：○　オ：○

解説 (2) ア 「個別の指導計画」を作成することとされたのは平成元年の学習指導要領においてであるので誤り。 イ 現在は「養護・訓練」ではなく「自立活動」と呼ばれている。 ウ 昭和40年代より訪問教育の進展はみられたが，学習指導要領に位置づけられるのは昭和54年の学習指導要領の改訂の折であるので誤り。 エ 第4章特別活動の5において示された。

【2】A：コ　B：キ　C：オ　D：シ　E：ソ　F：ウ　G：ア

【3】④

解説 ① 「盲学校及聾唖学校令」の施行により，道府県に盲学校と聾唖学校を別々に設置する義務が課せられたが，書き言葉の普及・導入とは関係がない。 ② 手話法ではなく口話法 ③ 昭和46年の学習指導要領で新設されたのは職能訓練ではなく養護・訓練である。

【4】(1) ICF(モデル)，国際生活機能分類 ※どちらでも可

(2)　①環境　②　個人　※①と②は順不同

解説 学習のポイントで記したICFの問題であり，図の矢印の意味を理解しておきたい。

【5】 1　A　インクルーシブ教育システム　B　通級による指導

2　学校生活だけでなく家庭生活や地域での生活を含め，長期的な視点に立って幼児期から学校卒業後まで一貫した支援を行うため，家庭や医療機関，福祉施設などの関係機関と連携し，様々な側面からの取組を示した計画。

解説 1　いわゆる障害者権利条約の内容を踏まえ，文部科学省は「共生社会の形成に向けたインクルーシブ教育システム構築のための特別支援教育の推進」を報告し，特別支援教育における基本的方針を示している。重要資料の一つといえるので，特別支援教育を学習する際はぜひ読んでほしい。また，通級による指導の法的根拠は学校教育法施行規則第140条になる。こちらも頻出なので，対象となる障害などを確認してほしい。　2　一方，個別の指導計画は「幼児児童生徒一人一人の教育的ニーズに対応して，指導目標や指導内容・方法を盛り込んだ指導計画」(文部科学省ホームページより)であり，個別の教育支援計画は長期計画，個別の指導計画は短期計画とみることもできる。各計画について関わる人も異なるので，相異点を中心にまとめるとよい。

【6】①　イ　②　キ　③　オ　④　エ　⑤　ケ

解説 ア　アスペルガーはオーストリアの小児科医で，アスペルガー症候群の研究で知られる。　ウ　脇田良吉は白川学園(知的障害児施設)の創設者として知られる。　カ　石井亮一は滝乃川学園(知的障害者施設)の創設者として知られる。　ク　田村一二は京都市滋野小学校の特別教室を担任し，その後滋賀の近江学園にも関わった人物である。

【7】(1)　ス　(2)　ケ　(3)　コ　(4)　サ　(5)　ツ　(6)　セ　(7)　シ　(8)　イ　(9)　エ　(10)　オ

解説 障害児・者の教育・福祉の発展に寄与した人物と業績を関連づける問題は頻出している。学習を進めるに際しては，『理解と支援の特別支援教育(2訂版)』(コレール社)を参考にするとよい。

【8】 ②

解説 ウの選択肢にある「トーマス・ホプキンズ・ギャローデット」はアメリカで聾教育の基礎を打ち立てた人物で，彼の名を冠した聴覚障害者のための大学「ギャローデット大学」がワシントンD.C.にある。本問は，アで京都に設立されたことや古河太四郎などが関与していることから，盲唖院とわかれば正答できるはずである。

【9】 1 ア　2 エ　3 エ　4 ウ　5 エ　6 ウ　7 エ　8 イ　9 エ　10 ア

解説 全体的に非常に基礎的な問題であるため，確実に内容を理解し，得点を取りたい問題である。　1　石川倉次は「日本点字の父」と呼ばれ，盲唖教育を推進した。ルイ・ブライユの考案した6点式点字を基に，日本語点字を考案した。イの糸賀一雄は「社会福祉の父」と呼ばれ，日本の障害者福祉を切り開いた第一人者である。ウの近藤益雄は昭和期の教育者で，後世は「のんき・こんき・げんき」をモットーに障害児教育を推進した。エの高木憲次は「肢体不自由児の父」と呼ばれ，肢体不自由児教育の創始者であり，日本初の肢体不自由児療育施設である整肢療護園の初代理事長を務めた。　2　ICDの正式名称は「疾病及び関連保健問題の国際統計分類(International Statistical Classification of Diseases and Related Health Problems)」で，世界保健機構(WHO)が病因や死因のデータを集計することや，統一的な診断基準を提供することを目的として作成した。身体疾患を含むすべての疾患を分類してそれぞれにICDコードを付与している。現在は第10版のICD-10である。アのDSM(Diagnostic and Statistical Manual of Mental Disorders)は，アメリカ精神医学会が作成した精神疾患の分類と診断の手引きである。現在は第5版のDSM-5である。イのICF(International

Classification of Functioning, Disability and Health)は国際生活機能分類と呼ばれており，2001年にWHOによって採択された。人間の「生活機能」と「障害」を判断するための「分類」を示したものである。ウのCAI(Computer-Assisted Instruction)はコンピュータ支援教育であり，コンピュータを最大限活用し教育を行う考え方である。 3 視覚障害者である生徒に対する教育を行う特別支援学校高等部においては，保健理療科を設置することが可能である。保健理療科では，高等部卒業の資格とあん摩マッサージ指圧師試験の受験資格の両方を取得できるように教育課程を編成することが，文部科学省により求められている。 4 学校教育法第81条第2項において定められる特別支援学級の対象は，「知的障害者，肢体不自由者，身体虚弱者，弱視者，難聴者，その他障害のある者で，特別支援学級において教育を行うことが適当なもの」とされている。 5 エの指文字は，手の形を書記言語の文字に対応させた視覚言語の一つである。アの手話は聴覚障害者を中心に手指動作(手・指・腕等)と非手指動作(顔の部位の動き等)を同時に使う視覚言語である。イの読話は聴覚障害者のコミュニケーション手段の一つであり，相手の口の動きや表情から音声言語を読み取り理解することである。ウのキュード・スピーチは話し言葉を視覚化する方法であり，手の形で子音を，口の形で母音を表す。 6 ウの糖尿病はインスリンの不足により血糖値が上がる疾病であり，4つのタイプに分類されている。小児の発症も増えているため，教育上の配慮等も理解しておく必要がある。アの高脂血症は，血中のコレステロールやトリグリセリドが増加する状態であり，動脈硬化の原因の一つである。イの血友病は先天性止血異常であり，血が止まりにくい，固まりにくい疾病である。エのフェニルケトン尿症は，フェニルアラニンを代謝する酵素の働きが生まれつき十分でないためフェニルアラニンが体内に蓄積し，尿中に多量のフェニルケトン体が排泄され，脳の発育に障害を起こす疾病である。 7 エの構音障害とは言語障害の一つであり，語音を作る過程に障害があり正確な構音ができない状態である。原因により器質性構音障害，運動障害性構音障害，聴覚性構音障害，機能性構音障害に分けられる。アの吃音は言語障害の一つであり，器質的異常はない言葉のリズムや流暢性の障害である。難発型，連続型，伸発型の3つのタイプがある。イの自閉症は，社会性の障害，コミュニケーションの障害，行動や興味の偏りを主な3つの症状としている脳機能障害である。ウの緘黙は発声器官や言語能力に問題はないものの，特定の場面や状況で話すことができなくなってしまう疾患である。場面(選択性)緘黙と全緘黙の2つのタイプがある。　8　学校教育法第80条において，特別支援学校の設置義務は都道府県に課されている。条文を確認しておくこと。　9　エの障害者就業・生活支援センターとは，障害者の職業生活における自立を図るため，雇用，保健福祉，教育等の地域の関係機関との連携の下，障害者の身近な地域において就業面及び生活面における一体的な支援を行う機関である。アの障害者職業センターは，独立行政法人高齢・障害・求職者雇用支援機構の事業の一つであり，障害者に対する専門的な職業リハビリテーションサービス，事業主に対する障害者の雇用管理に関する相談・援助，地域の関係機関に関する助言・援助を実施している機関である。イのハローワークとは，失業手当の給付と，職業紹介を行っている行政機関である。ウの障害者雇用支援センターとは，職業生活における自立を図るために継続的な支援を必要とする障害者に対し，職業準備訓練から就業・職業定着に至るまでの相談，援助を一貫して行い，就職が特に困難な障害者の雇用の促進を図る機関である。　10　在籍児童生徒数では知的障害が圧倒的に多く，次いで聴覚障害，肢体不自由，病弱の順となっている。在籍児童生徒数に併せて学校数についても確認しておくとよい。

【10】(1)　a　共生社会　b　平等　c　享有　d　調整　e　個別　f　体制　g　過度　(2)　名称…障害者の権利に関する条約(障害者権利条約)　年月…平成26年1月　(3)　B　インクルーシブ教育システム　C　障害を理由とする差別

解説 障害者権利条約は，2006(平成18)年，国連総会で採択された国際人権法に基づく人権条約である。障害者の人権や基本的自由の享有を確保し，障害者の固有の尊厳の尊重を促進することを目的とし，障害者の権利を実現するための措置などを規定している。日本は，2007(平成19)年に署名，2014(平成26)年批准した。また，日本では，障害者権利条約の批准に向けた国内法制度の整備の一環として，中央教育審議会初等中等教育分科会において，「共生社会の形成に向けたインクルーシブ教育システムの構築のための特別支援教育の推進(報告)」が検討され，「合理的配慮」と「基礎的環境整備」の定義が示された。

【11】ア　医療　　イ　社会参加　　ウ　多様な学びの場　　エ　実態　　オ　改善　　カ　職業　　キ　アスペルガー　　ク　注意欠陥

解説 ①　本施行令の第22条の3は，特別支援学校の対象とする障害の程度について示している。5区部にわけられており，本問以外には，視覚障害者，聴覚障害者，知的障害者，肢体不自由者についてである。視覚障害者は，「両眼の視力がおおむね0.3未満のもの又は視力以外の視機能障害が高度のもののうち，拡大鏡等の使用によつても通常の文字，図形等の視覚による認識が不可能又は著しく困難な程度のもの」，聴覚障害者は「両耳の聴力レベルがおおむね60デシベル以上のもののうち，補聴器等の使用によつても通常の話声を解することが不可能又は著しく困難な程度のもの」となっている。　②　インクルーシブ教育システムとは，障害者の権利に関する条約の第24条では，人間の多様性の尊重等の強化，障害者が精神的及び身体的な能力等を可能な最大限度まで発達させ，自由な社会に効果的に参加することを可能とするとの目的の下，障害のある者と障害のない者が共に学ぶ仕組，と説明されている。　③　個々の児童生徒の障害の状態や発達の段階などの実態に即して，指導方法を工夫して指導を行うことが重要である。　④　本資料当該部分は，職業やボランティアにかかわる体験的な学習の指導について，それらの学習の教育的効果を高めるためのねらいを示し，社会の構成員として共に生きる心を養い育てていく(涵養していく)ことが大切だと示されている。　⑤　本法律は，発達障害者の適正な発達・円滑な社会生活の促進のために，発達障害の症状の発現後，早期に発達支援を行うことを重要とし，発達支援を行う，国・地方公共団体等の責務を明らかにしている。また，第2条では，発達障害についての定義が示されている。

【12】(1) インクルーシブ教育システム　(2) ユニバーサルデザイン　(3) 合理的配慮　(4) 個別の指導計画　(5) 個別の教育支援計画　(6) 特別支援教育コーディネーター

解説 (1) 文章前半は共生社会についてであり，後半で「共に学ぶ仕組み」とあるので，インクルーシブ教育システムが連想される。「共生社会の形成に向けたインクルーシブ教育システム構築のための特別支援教育の推進(報告)」によると，インクルーシブ教育システムとは「同じ場で共に学ぶことを追求するとともに，個別の教育的ニーズのある幼児児童生徒に対して，自立と社会参加を見据えて，その時点で教育的ニーズに最も的確に応える指導を提供できる，多様で柔軟な仕組みを整備することが重要」としている。 (2) ユニバーサルデザインは製品だけでなく，サービス等にも該当することに注意したい。近年では「授業のユニバーサルデザイン化」として，障害の有無などに関係なく，すべての児童生徒が理解しやすい授業形式が一部で提唱されている。 (3) 合理的配慮については，定義だけでなく，具体的事例も文部科学省ホームページ等で確認しておきたい。 (4), (5) 個別の指導計画や個別の教育支援計画の作成については，学習指導要領などで示されてきた。さらに，2016年5月の発達障害者支援法の改正で第8条に内容が明示された。 (6) 特別支援教育コーディネーターに求められる役割としては，①校内の教員の相談窓口，②校内外の関係者との連絡・調整，③地域の関係機関とのネットワーク作り，④保護者の相談窓口，⑤教育的な支援などがあげられる。

【13】a 黒または濃い色の紙に一行から数行あるいは数文字を見ることができるように穴をあけたもので，視線の誘導，視対象の限定，対象のコントラストの改善などの効果がある　b オージオグラム上に

示されたバナナの形状をした日常会話音声範囲　c　知的障害者である児童生徒に対し，各教科等を合わせて指導を行う場合の指導形態の一つであり，児童生徒の日常生活が充実し，高まるように日常生活の諸活動を適切に指導するもの　d　乳幼児を仰向けに寝かせ，首を右(左)に向けると右(左)の手足は伸び，左(右)の手足は曲がる反射　e　病気を治癒に導く有効な治療法がなくなり，近い将来に死が近づいている時期。　f　3歳くらいまでに現れ，①他人との社会的関係の形成の困難さ，②言葉の発達の遅れ，③興味や関心が狭く特定のものにこだわることを特徴とする行動の障害である自閉症のうち，知的発達の遅れを伴わないもの

解説 a　タイポスコープは，拡大読書器などと同様，弱視者や加齢黄斑変性患者が使用する道具で，文章を読み書きする際に，読むべき行を焦点化して読みやすくするためのものである。　b　スピーチバナナは，人の話し声の音素を聴力図上に母音(a，i，u，e，o)と子音(k，s，t，nなど)別で表現した際にできるバナナ状の範囲であり，語音了解度検査によってスピーチバナナと個人の可聴音域が適合しているかどうかを測ることができる。　c　日常生活の指導は，知的障害特別支援学校で行われている領域・教科を合わせた指導の一形態であり，その他には，「遊びの指導」「生活単元学習」「作業学習」がある。日常生活の指導は生活単元学習と混同されがちであるが，前者は食事・排泄・衣服の着脱など基本的生活習慣や集団生活で必要となる技能を指導するものであるのに対し，後者は行事や買い物，お出かけなど児童生徒の生活に身近な活動を単元として扱い，児童生徒が自立して社会参加するために必要となる知識や技能を，具体的・実践的に学ぶことを目的としているものであって，両者の目的は大きく異なっている。　d　非対称性緊張性頸反射は，乳児の原始反射の1つであり，発達に異常がなければ生後4，5か月頃に消失する反射である。　e　ターミナル期は，「終末期」とも呼ばれ，病気の進行により余命が半年以下と推測される時期で，適切な治療法がないことから，身体的・精神的な苦痛を和らげてQOL(生活の質)を向上させる「ターミナルケア(終末期医療)」が提供される。　f　高機能自閉症は，知的発達に遅れがないこと(IQ71以上)以外は自閉症の特徴があてはまり，3歳以前に出現することにも変わりはない。

【14】1　ア　活動　　イ　参加　　ウ　障がい(障害)　　エ　環境因子
2　WHO(世界保健機関)　　2001年

解説 国際生活機能分類(ICF)は，国際障害分類(ICIDH)に代わるものとして，2001年に世界保健機関によって採択された。ICIDHは，これまで漠然としていた障害について概念的に明らかにし，障害と病気を区別したことに意義があったが，障害の状態像を機能障害→能力障害→社会的不利という一方向の作用で捉えており，社会側の拒否や否定的態度などによって生じる障害の状況が考慮されていなかった。そこでICFにおいては，障害の状態像を，3つの生活機能の活動レベルが相互に作用しているものとして示すことで，障害とは，活動する際の活動制限であり，参加する際の参加制約であると示した。すなわち，障害児者の生活機能を考え，様々な活動に参加することができるようになるためには，社会側が環境を整えていくことが重要であるとした。また，そのような生活機能と障害は，環境因子や個人因子といった背景因子と互いに関連し合うものとして示されていることも，ICFの大きな特徴である。

【15】(1)　筋ジストロフィー　　(2)　理学療法士　　(3)　介助犬
(4)　吃音　　(5)　石川倉次

解説 (1)　筋ジストロフィーには，筋細胞膜のジストロフィンタンパクが全欠損するデュシェンヌ型の他に，部分欠損するベッカー型，先天性筋ジストロフィー型などがあり，知的障害や自閉症の特性がみられることも少なくないため子どもの状態を総合的に把握し支援することが大切である。　(2)　理学療法士は，ケガや病気などで身体に障害のある人や障害の発生が予測される人に対して，基本動作の回復や維持，障害の悪化の予防を目的に，運動療法や物理療法(温熱，電気等の物理的手段を治療目的に利用するもの)などを用いて，自立した日常生活が送れるよう支援する医学的リハビリテーションの専門職。
(3) 介助犬は，手や足に障害のある方の日常生活を手助けするために特別な訓練を積んだ犬のこと。 (4) 吃音は，言語障害の中に含まれる。言語障害は，器質的言語障害と機能的言語障害に大別される。器質的言語障害は，構音障害，聴覚障害や言語に関する脳内部位・中枢神経の損傷による言語障害がある。それに対して，機能的言語障害は，それ以外の吃音や言語発達遅滞環境要因などによる機能的構音障害も含む。 (5) 石川倉次は，1890年に日本訓盲点字を翻案し，日本点字の父とも言われる。点字は縦3点・横2列，6つの凸点の組合せで構成されており，この単位を「マス」と言う。マスの6つの点には名称があり，凸面から見て，左の3点を上から「1の点」「2の点」「3の点」，右の3点を上から「4の点」「5の点」「6の点」と呼ぶ。

特別支援教育マスター

教育制度

平成19年の学校教育法の改正で変更された規定や，新たに盛り込まれた規定については理解を深めておきたい。また，学習に際しては，「日本国憲法」→「教育基本法」→「学校教育法」→「学校教育法施行令，学校教育法施行規則」→「通知，通達，告示等」という法令の階層性・関係性を踏まえた上で，個々の法律等の内容をおさえておくと効果的である。

特別支援学校の対象となる障害種と就学基準を示した学校教育法施行令第22条の3については頻出事項であるので正確に覚えておきたい。また，特別支援学級及び通級による指導の対象についても理解しておく必要がある。特に，自閉症者，学習障害者，注意欠陥多動性障害者の取り扱いについての新たな動向については注意しなければならない。

その他，近年「発達障害者支援法」などの厚生労働省関係の法令についても出題される傾向にあるので学習の範囲を広げておく必要があろう。

問題演習

【1】特別支援教育に関係する法令等にかかわって，次の空欄に当てはまる語句や数字を書け。

(1) 学校教育法第72条では，特別支援学校は「幼稚園，小学校，中学校又は高等学校に準ずる教育を施すとともに，障害による(　ア　)上又は(　イ　)上の困難を克服し自立を図るために必要な知識技能を授けることを目的とする」と記されている。

(2) 学校教育法第81条に記されている特別支援学級を設置する対象となる障害種は，知的障害者，(　ウ　)者，身体虚弱者，(　エ　)者，

(　オ　)者とその他障害のある者で，特別支援学級において教育を行うことが適当なものである。

(3)　学校教育法施行令第22条の3には，障害者と定めることのできる障害の程度が記されている。例えば視覚障害者の場合は，両眼の視力がおおむね(　カ　)未満のもの又は視力以外の視機能障害が高度のもののうち，(　キ　)等の使用によっても通常の文字，図形等の視覚による認識が不可能または著しく困難な程度のものと規定されている。

【2】特別支援教育に関する法令の説明として適切なものを，次の①～④から1つ選べ。

①　教育基本法には，国及び地方公共団体は，発達障害児がその障害の状態に応じ，十分な教育を受けられるようにするため，適切な教育的支援，支援体制の整備等を講じるものとすることが示されている。

②　学校教育法には，特別支援学校は，幼稚園，小学校，中学校または高等学校に準ずる教育を施すとともに，障害による学習上または生活上の困難を克服し自立を図るために必要な知識技能を授けることを目的とすると示されている。

③　学校教育法施行令には，小学校，中学校，高等学校及び中等教育学校には，知的障害者，肢体不自由者，身体虚弱者，弱視者，難聴者等に該当する児童及び生徒のために，特別支援学級を置くことができると示されている。

④　学校教育法施行規則には，通級による指導の対象となるか否かの判断及び障害の程度，指導の留意事項については，医学，科学技術の進歩等を踏まえ，医学的な診断を重視して判断することと示されている。

【3】障害のある児童生徒のうち，特別支援学校に就学すべき児童生徒は，この障害の区分と程度を政令により規定されている。このことをふまえ，次の各問いに答えよ。

(1) この政令の名称は何か，答えよ。

(2) この政令に掲げられている次の表の(①)～(⑮)に当てはまる数や語句を書け。

区　分	障害の程度
(①)	両眼の視力がおおむね (②) 未満のもの又は視力以外の視機能障害が高度のもののうち，拡大鏡等の使用によつても通常の文字，図形等の視覚による認識が不可能又は著しく困難な程度のもの
(③)	両耳の聴力レベルがおおむね (④) デシベル以上のもののうち，補聴器等の使用によつても通常の話声を解することが不可能又は著しく困難な程度のもの
(⑤)	1　知的発達の遅滞があり，他人との (⑥) が困難で日常生活を営むのに頻繁に (⑦) を必要とする程度のもの 2　知的発達の遅滞の程度が前号に掲げる程度に達しないもののうち，(⑧) への適応が著しく困難なもの
(⑨)	1　肢体不自由の状態が (⑩) の使用によつても歩行，(⑪) 等日常生活における基本的な動作が不可能又は困難な程度のもの 2　肢体不自由の状態が前号に掲げる程度に達しないもののうち，常時の (⑫) 観察指導を必要とする程度のもの
(⑬)	1　慢性の呼吸器疾患，(⑭) 及び神経疾患，悪性新生物その他の疾患の状態が継続して (⑮) 又は生活規制を必要とする程度のもの 2　身体虚弱の状態が継続して生活規制を必要とする程度のもの

【4】次の表は，障害のある子どもに対する教育制度に関することがらをまとめたものである。あとの問いに答えよ。

a	障害者基本法　改正 第16条 3　国及び地方公共団体は，障害者である児童及び生徒と障害者でない児童及び生徒との（　①　）を積極的に進めることによつて，その（　②　）を促進しなければならない。
b	発達障害者支援法　施行 第8条　国及び地方公共団体は，発達障害児がその（　③　）に応じ，十分な教育を受けられるようにするため，適切な（　④　），支援体制の整備その他必要な措置を講じるものとする。
c	特別支援教育の在り方に関する調査研究協力者会議「今後の特別支援教育の在り方について（最終報告）」答申 概要 障害の程度等に応じ特別な場で指導を行う「特殊教育」から障害のある児童生徒一人一人の（　⑤　）に応じて適切な（　⑥　）を行う「特別支援教育」への転換を図る。
d	教育振興基本計画「今後5年間に総合的かつ計画的に取り組むべき施策」閣議決定 幼児教育，義務教育である小学校・中学校段階，高等学校段階，さらに，特別な支援を必要とするすべての子どもの可能性を最大限に伸ばし，自立し，（　⑦　）するために必要な力を培うことを目的とする特別支援教育を通じて，改正教育基本法や改正学校教育法の理念を踏まえ，一人一人の「（　⑧　）」をはぐくむことを目指さなければならない。
e	中央教育審議会「特別支援教育を推進するための制度の在り方について」答申 「特別支援教育」とは，障害のある幼児児童生徒の（　⑨　）に向けた（　⑩　）な取組を支援するという視点に立ち，幼児児童生徒一人一人の教育的ニーズを把握し，その持てる力を高め，生活や学習上の（　⑪　）を改善又は克服するため，適切な指導及び必要な支援を行うものである。

(1) b～eのことがらについて，時系列の古いものから順に並べ換えよ。

(2) ①～⑪に当てはまる適当な語句を次のア～ソから1つずつ選び，記号で答えよ。(重複解答可)

ア	教育的ニーズ	イ	相互理解	ウ	生きる力
エ	主体的	オ	発達の段階	カ	課題
キ	障害の状態	ク	困難	ケ	自立や社会参加
コ	助言	サ	社会参加	シ	社会性
ス	交流及び共同学習	セ	教育的	ソ	教育的支援

【5】障害者福祉に関係する法律に関する記述として適切なものを，次の①～④から1つ選べ。

① 身体障害者福祉法は，昭和24年に制定され，当初の目的は職業リハビリテーションであったが，昭和42年の改正によるホームヘルパー，デイサービス，ショートステイ制度などを端緒として自立援助や保護へと目的が拡大した。

② 障害者自立支援法は，平成18年に制定され，教育，福祉，医療，保健，労働関係機関等が緊密な連携の下，一人一人のニーズに応じた適切な支援を一貫して行うため，学校において，個別の就学支援計画，個別の移行支援計画の策定・活用を義務付けている。

③ 知的障害者福祉法は，平成5年に国際障害者年の理念の具体化として成立し，さらに平成16年には，基本理念に，差別その他の権利利益を侵害する行為の禁止が明記されるなどの大幅な改正がなされた。

④ 障害者の雇用の促進等に関する法律は，平成元年に制定され，前文と54条からなり，「生きる権利」，「育つ権利」，「保護される権利」，「主体性が尊重される権利」が掲げられている。

【6】「障害者基本計画(第4次)」(平成30年3月)について，次の(1)～(3)の問いに答えよ。

(1) 次の文は，「Ⅲ　9. (1)インクルーシブ教育システムの推進」に関する記述の抜粋である。文中の(　A　)～(　D　)に入る正しいものを，それぞれ下の1～9のうちから一つずつ選べ。

○　障害のある児童生徒の(　A　)決定に当たっては，本人・保護者に対する十分な情報提供の下，本人・保護者の意見を最大限尊重しつつ，本人・保護者と市町村教育委員会，学校等が，教育的ニーズと必要な支援について合意形成を行うことを原則とするとともに，発達の程度や適応の状況等に応じて，柔軟に「学びの場」を変更できることについて，引き続き，関係者への周知を行う。

○　(　B　)のリーダーシップの下，(　C　)を中心とした校内支援体制を構築するとともに，スクールカウンセラー，スクールソーシャルワーカー，看護師，言語聴覚士，作業療法士，理学療法士等の専門家及び特別支援教育支援員の活用を図ることで，学校が組織として，障害のある幼児児童生徒の多様なニーズに応じた支援を提供できるよう促す。

○　早期のうちに障害に気付き，適切な支援につなげるため，医療，保健，福祉等との連携の下，乳幼児に対する健康診査や(　D　)の健康診断の結果，入学後の児童生徒の状態等を踏まえ，本人や保護者に対する早期からの教育相談・支援体制の充実を図る。

1　支援の　　2　校長
3　教育委員会　　4　特別支援教育コーディネーター
5　就学先　　6　養護教諭
7　保健所等　　8　教育長
9　就学時

(2)　次の文は，「Ⅲ　9. (2)教育環境の整備」に関する記述の抜粋である。文中の(　A　)～(　D　)に入る正しいものを，それぞれあとの1～9のうちから一つずつ選べ。

> ○　障害により特別な支援を必要とする幼児児童生徒は，全ての学校，全ての学級に在籍することを前提に，全ての学校における特別支援教育の体制の整備を促すとともに，(　A　)も踏まえながら，管理職を含む全ての教職員が障害に対する理解や特別支援教育に係る(　B　)を深める取組を推進する。
> ○　幼稚園，小・中学校，高等学校等における特別支援教育の体制整備や地域における障害のある幼児児童生徒の支援強化に資するよう，特別支援学校の地域における特別支援教育の(　C　)としての機能を充実する。
> ○　幼稚園，小・中学校，高等学校等に在籍する障害のある幼児児童生徒の支援における(　D　)の役割の重要性に鑑み，各地方公共団体における(　D　)の配置の促進を図る。

1　専門性　　2　特別支援教育支援員　　3　研修
4　相談窓口　　5　地域の実情　　6　専門相談員
7　センター　　8　最新の知見　　9　知識

(3)　次の文は，「Ⅲ　9．(2)教育環境の整備」に関する記述の抜粋である。文中の(　A　)～(　D　)に入る正しいものを，それぞれあとの1～9のうちから一つずつ選べ。

> ○　障害のある児童生徒の(　A　)の確保や自立と社会参加の推進に当たってのコミュニケーションの重要性に鑑み，デジタル教科書等の円滑な制作・供給やコミュニケーションに関する(　B　)の活用も含め，障害のある児童生徒一人一人の教育的ニーズに応じた教科書，教材，支援機器等の活用を促進する。
> ○　学校施設の(　C　)や特別支援学校の教室不足解消に向けた取組等を推進する。特に，災害発生時の避難所として活用されることもある公立小・中学校施設の(　C　)やトイレ

の洋式化については，学校設置者の要望を踏まえて，必要な支援に努める。

○　障害のある幼児児童生徒の学校教育活動に伴う移動に係る支援の充実に努めるとともに，各地域における教育と福祉部局との連携を促す。

○　特別支援学校，特別支援学級，通級による指導を担当する教師については，特別支援教育に関する専門性が特に求められることに鑑み，特別支援学校教諭等免許状(　D　)の向上の推進を含め，専門性向上のための施策を進める。

1　教育機会	2　バリアフリー化	3　AAC
4　学習機会	5　ICT	6　支援方法
7　取得率	8　ユニバーサルデザイン化	9　保有率

【7】通級による指導について，次の(1)，(2)の問いに答えなさい。

(1)　次の文章は，「障害に応じた通級による指導の手引　解説とQ&A(改訂第3版)」(文部科学省　編著)に示された通級による指導について述べたものである。適当でないものを次の①～④のうちから一つ選びなさい。

①　小中学校の通級による指導を行う際の授業時数は，週当たりに換算すると，1単位時間から8単位時間程度までとなる。

②　特に必要があるときは，障害の状態に応じて各教科の内容を取り扱いながら行うことができることとされている。ただし，この場合も，あくまで障害による学習上又は生活上の困難を改善し，又は克服することを目的として行われることが必要であり，単なる各教科の遅れを補充するための指導とはならないようにしなければならない。

③　通級による指導を受ける児童生徒の成長の状況を総合的に捉えるため，指導要録において，通級による指導を受ける学校名，通級による指導の授業時数，指導期間，指導内容や結果等を記入す

ることが必要である。

④　高等学校又は中等教育学校の後期課程における障害に応じた特別の指導に係る修得単位数は，年間8単位を超えない範囲で当該高等学校又は中等教育学校が定めた全課程の修了を認めるに必要な単位数のうちに加えることができるものとする。

(2)　「学校教育法施行規則の一部を改正する省令等の公布について(通知)」(平成28年12月9日付け　28文科初第1038号)に示された高等学校における通級による指導の制度化について述べたものである。[　1　]～[　5　]にあてはまる最も適当な語句を，以下の解答群からそれぞれ一つずつ選びなさい。

・　高等学校又は中等教育学校の後期課程において，([　1　])，自閉症者，情緒障害者，弱視者，難聴者，学習障害者，注意欠陥多動性障害者又はその他障害のある生徒のうち，当該障害に応じた特別の指導を行う必要があるものを教育する場合には，([　2　])が別に定めるところにより，規則第83条及び第84条(第108条第2項において準用する場合を含む。)の規定にかかわらず，([　3　])の教育課程によることができること。

・　規則第140条の規定により([　3　])の教育課程による場合においては，([　4　])は，生徒が，当該高等学校又は中等教育学校の設置者の定めるところにより他の高等学校，中等教育学校の後期課程又は特別支援学校の([　5　])において受けた授業を，当該高等学校又は中等教育学校の後期課程において受けた当該([　3　])の教育課程に係る授業とみなすことができること。(いわゆる「他校通級」)(規則第141条関係)

＜解答群＞

①　知的障害者　②　言語障害者　③　肢体不自由者
④　校長　⑤　文部科学大臣　⑥　教育委員会
⑦　追加　⑧　特別　⑨　中学部
⑩　高等部

【8】次の文の(　ア　)〜(　エ　)に当てはまる語句の最も適切な組合せを，あとの①〜⑤から1つ選べ。ただし，同じ問いの空欄には，同じ解答が入るものとする。

障害のある児童及び生徒のための教科用特定図書等の普及の促進等に関する法律「(　ア　)」は，教育の機会均等の趣旨に則り，障害のある児童及び生徒のための教科用特定図書等の発行と普及の促進を図り，障害その他の特性の有無にかかわらず，児童及び生徒が十分な教育を受けることができる学校教育の推進に資することを目的としています。教科用特定図書等とは，以下の3つの教科書，教材のことをいいます。

1. 拡大教科書
2. 点字教科書
3. (　イ　)

拡大教科書とは視覚障害のある児童及び生徒の学習の用に供するため文字，図形等を拡大して(　ウ　)を複製した図書，点字教科書とは点字により(　ウ　)を複製した図書，(　イ　)とは音声読み上げソフトを利用し，文字等を認識できる教材のことをいいます。これらを活用することにより，視覚障害や発達障害，またその他の障害のある児童生徒が十分な教育を受けることのできる環境整備が可能となります。

アクセシブルな情報システムの中で，近年特に注目されている(　イ　)として(　エ　)があります。(　エ　)では，音声にテキストおよび画像を同期させ，学習者は音声を聞きながらハイライトされたテキストを読み，同じ画面上の絵もみることが可能となります。これらの特徴から，(　エ　)は普通の印刷物を読むことが困難な学習障害，知的障害，精神障害の方にとっても読書経験を飛躍的に広げるものとして有効であることが国際的に広く認められています。

	ア	イ	ウ	エ
①	教科書バリアフリー法	音声教材	検定教科用図書等	アクセスリーディング
②	デジタル教科書法	録音教材	市販の参考書等	URAWSS
③	デジタル教科書法	音声教材	教科用特定図書等	アクセスリーディング
④	教科書バリアフリー法	録音教材	市販の参考書等	URAWSS
⑤	教科書バリアフリー法	音声教材	検定教科用図書等	URAWSS

【9】次の(1)から(6)は全て，学校教育法の条文である。____部の内容が正しいものには○を記し，誤っているものは正しい語句を答えよ。

(1) 特別支援学校は，視覚障害者，聴覚障害者，知的障害者，肢体不自由者又は病弱者(身体虚弱者を含む。以下同じ。)に対して，幼稚園，小学校，中学校又は高等学校に準ずる教育を施すとともに，障害による学習上又は生活上の困難を克服し自立を図るために必要な知識技能を授けることを目的とする。(第72条)

(2) 特別支援学校においては，第72条に規定する目的を実現するための教育を行うほか，幼稚園，小学校，中学校，義務教育学校，高等学校又は中等教育学校の要請に応じて，第81条第1項に規定する幼児，児童又は生徒の教育に関し必要な指導を行うよう努めるものとする。(第74条)

(3) 特別支援学校には，小学部及び中学部のほか，幼稚部又は高等部を置くことができ，また，特別の必要のある場合においては，前項の規定にかかわらず，小学部及び中学部を置かないで幼稚部又は高等部のみを置くことができる。(第76条②)

(4) 特別支援学校の幼稚部の教育課程その他の保育内容，小学部及び中学部の教育課程又は高等部の学科及び教育課程に関する事項は，幼稚園，小学校，中学校又は高等学校に準じて，校長が定める。(第77条)

(5) 特別支援学校には，訪問教育部を設けなければならない。ただし，特別の事情のあるときは，これを設けないことができる。(第78条)

(6) 市町村は，その区域内にある学齢児童及び学齢生徒のうち，視覚障害者，聴覚障害者，知的障害者，肢体不自由者又は病弱者で，その障害が第75条の政令で定める程度のものを就学させるに必要な特別支援学校を設置しなければならない。(第80条)

【10】次の文は，教科用図書と小・中学校等における同時双方向型授業配信について述べたものである。間違っているものを，次の①～⑤の中から一つ選べ。

① 教科用図書に掲載された著作物は，視覚障害，発達障害その他の障害により教科用図書に掲載された著作物を使用することが困難な児童又は生徒の学習の用に供するため，当該教科用図書に用いられている文字，図形等の拡大その他の当該児童又は生徒が当該著作物を使用するために必要な方式により複製することができる。

② 小・中学校等において，当該学校に在籍する病院や自宅等で療養中の病気療養児に対し，受信側に教科等に応じた相当の免許状を有する教師を配置せずに同時双方向型授業配信を行った場合，校長は，指導要録上出席扱いとすることはできないが，その成果を当該教科等の評価に反映することができることとする。

③ 学校その他の教育機関(営利を目的として設置されているものを除く。)において教育を担任する者及び授業を受ける者は，その授業の過程における使用に供することを目的とする場合には，必要と認められる限度において，公表された著作物を複製することができる。ただし，当該著作物の種類及び用途並びにその複製の部数及び態様に照らし著作権者の利益を不当に害することとなる場合は，この限りでない。

④ 小・中学校等では，病院や自宅等で療養中の病気療養児に対する学習支援として同時双方向型授業配信やそれを通じた他の児童生徒との交流を行っている場合があり，それにより病気療養児の教育機

会の確保や学習意欲の維持・向上，学習や学校生活に関する不安感が解消されることによる円滑な復学につながるなどの効果が見られている。

⑤ 障害のある児童及び生徒のための教科用特定図書等の普及の促進等に関する法律の規定により教科用図書に掲載された著作物に係る電磁的記録の提供を行う者は，その提供のために必要と認められる限度において，当該著作物を利用することができる。

【11】特別支援学校の小学部，中学部の教科書について述べたものとして<u>誤っているもの</u>を，次の①～⑤から1つ選べ。

① 小学校，中学校は，教科書を使用することが義務付けられている。この規定は，特別支援学校の小学部，中学部にも準用されている。

② 特別支援学校(知的障害)用の教科書として，小学部及び中学部の国語，算数・数学，音楽の文部科学省著作教科書があり，各教科書は学習指導要領における特別支援学校(知的障害)の各教科に示している具体的内容の各段階に対応するように作成されている。

③ 全児童・生徒に，使用する全教科の教科書が無償給与されている。

④ 当該学年の文部科学省検定済教科書及び文部科学省著作教科書を使用することが適当でない場合は，学校教育法附則第九条の規定により選定した教科用図書を使用することができる。

⑤ 文部科学省検定済教科書又は文部科学省著作教科書と学校教育法附則第9条の規定により選定した教科用図書を併せて無償給与することができる。

【12】発達障害者支援法について，次の各問いに答えよ。

(1) 第1章 総則に関する①，②の問いに答えよ。

① 次の文は，第1条の条文である。文中の(A)～(D)に入る正しいものを，それぞれあとの1～8のうちから1つずつ選べ。

(目的)

第1条 この法律は，発達障害者の心理機能の適正な発達及び円滑な社会生活の促進のために発達障害の症状の発現後できるだけ早期に発達支援を行うとともに，切れ目なく発達障害者の支援を行うことが特に重要であることに鑑み，(　A　)(昭和四十五年法律第八十四号)の基本的な理念にのっとり，発達障害者が基本的人権を享有する個人としての尊厳にふさわしい日常生活又は社会生活を営むことができるよう，発達障害を早期に発見し，発達支援を行うことに関する国及び地方公共団体の責務を明らかにするとともに，(　B　)における発達障害者への支援，発達障害者の(　C　)の支援，発達障害者支援センターの指定等について定めることにより，発達障害者の自立及び社会参加のためのその生活全般にわたる支援を図り，もって全ての国民が，障害の有無によって分け隔てられることなく，相互に(　D　)を尊重し合いながら共生する社会の実現に資することを目的とする。

1　就労　　2　基本的人権　　3　生活上
4　学校教育　　5　地域社会　　6　人格と個性
7　障害者基本法　　8　障害者総合支援法

②　次の文は，第2条の条文である。文中の(　A　)～(　D　)に入る正しいものを，それぞれあとの1～8のうちから1つずつ選べ。

(定義)

第2条　この法律において「発達障害」とは，自閉症，アスペルガー症候群その他の広汎性発達障害，学習障害，注意欠陥多動性障害その他これに類する(　A　)の障害であってその症状が(　B　)において発現するものとして政令で定めるものをいう。

2　この法律において「発達障害者」とは，発達障害がある者であって発達障害及び社会的障壁により日常生活又は社会生活に制限を受けるものをいい，「発達障害児」とは，発達障害者のうち18歳未満のものをいう。

3　この法律において「社会的障壁」とは，発達障害がある者にとって日常生活又は社会生活を営む上で障壁となるような社会における事物，制度，慣行，観念(　C　)ものをいう。

4　この法律において「発達支援」とは，発達障害者に対し，その(　D　)の適正な発達を支援し，及び円滑な社会生活を促進するため行う個々の発達障害者の特性に対応した医療的，福祉的及び教育的援助をいう。

1　学校生活　　2　通常低年齢　　3　心理機能
4　知的機能　　5　これら全ての　　6　脳機能
7　言語機能　　8　その他一切の

(2)　第2章　児童の発達障害の早期発見及び発達障害者の支援のための施策に関する問いに答えよ。

次の文は，第8条の条文である。文中の(　A　)〜(　D　)に入る正しいものを，それぞれ下の1〜8のうちから1つずつ選べ。

(教育)

第8条　国及び地方公共団体は，発達障害児(十八歳以上の発達障害者であって高等学校，中等教育学校及び特別支援学校並びに専修学校の高等課程に在学する者を含む。以下この項において同じ。)が，その年齢及び能力に応じ，かつ，その特性を踏まえた十分な教育を受けられるようにするため，可能な限り発達障害児が発達障害児でない児童と共に教育を受けられるよう配慮しつつ，適切な(　A　)を行うこと，個別の(　B　)の作成(教育に関する業務を行う関係機関と医療，保健，福祉，労働等に関する業務を行う関係機関及び民間団体との連携の下に行う個別の(　C　)に関する計画の作成をいう。)及び個別の指導に関する計画の作成の推進，いじめの防止等のための対策の推進その他の(　D　)の整備を行うことその他必要な措置を講じるものとする。

1　専門的な支援　　2　教育的支援　　3　組織的な支援
4　教育支援計画　　5　指導計画　　6　長期的な支援
7　支援体制　　8　合理的配慮の提供

【13】次の文は，「障害を理由とする差別の解消の推進に関する法律」第7条第2項の条文である。文中の［　A　］及び［　B　］に当てはまる適切な語句を答えよ。ただし，同じ記号には同じ語句が入るものとする。

行政機関等は，その事務又は事業を行うに当たり，障害者から現に［　A　］障壁の除去を必要としている旨の意思の表明があった場合において，その実施に伴う負担が過重でないときは，障害者の権利利益を侵害することとならないよう，当該障害者の性別，年齢及び障害の状態に応じて，［　A　］障壁の除去の実施について必要かつ［　B　］な配慮をしなければならない。

【14】次の文は，ある法令の条文を一部抜粋したものである。あとの各問いに答えよ。

> 第2条　この法律において「発達障害」とは，[　A　]，アスペルガー症候群その他の広汎性発達障害，(　①　)障害，注意欠陥多動性障害その他これに類する[　B　]機能の障害であってその症状が通常低年齢において発現するものとして政令で定めるものをいう。
>
> 第3条　国及び地方公共団体は，発達障害者の(　②　)機能の適正な発達及び円滑な社会生活の促進のために発達障害の症状の発現後できるだけ[　C　]に発達支援を行うことが特に重要であることに鑑み，前条の基本理念(次項及び次条において「基本理念」という。)にのっとり，発達障害の[　C　]発見のため必要な措置を講じるものとする。
>
> 2　国及び地方公共団体は，基本理念にのっとり，発達障害児に対し，発達障害の症状の発現後できるだけ[　C　]に，その者の状況に応じて適切に，就学前の発達支援，学校における発達支援その他の発達支援が行われるとともに，発達障害者に対する[　D　]，地域における生活等に関する支援及び発達障害者の家族その他の関係者に対する支援が行われるよう，必要な措置を講じるものとする。

第8条　国及び地方公共団体は，発達障害児(18歳以上の発達障害者であって高等学校，中等教育学校及び特別支援学校並びに専修学校の高等課程に在学する者を含む。以下この項において同じ。)が，その年齢及び(　③　)に応じ，かつ，その[　E　]を踏まえた十分な教育を受けられるようにするため，可能な限り発達障害児が発達障害児でない児童と共に教育を受けられるよう配慮しつつ，適切な教育的支援を行うこと，個別の教育支援計画の作成(教育に関する業務を行う関係機関と医療，保健，福祉，労働等に関する業務を行う関係機関及び民間団体との連携の下に行う個別の(　④　)的な支援に関する計画の作成をいう。)及び個別の指導に関する計画の作成の推進，[　F　]の防止等のための対策の推進その他の支援体制の整備を行うことその他必要な措置を講じるものとする。

(1)　この法令の名称を記せ。

(2)　(　①　)～(　④　)に当てはまる語句を下のア～クから1つずつ選び，記号で記せ。

ア　環境　　イ　心理　　ウ　適応　　エ　短期

オ　能力　　カ　長期　　キ　身体　　ク　学習

(3)　[　A　]～[　F　]に当てはまる語句を記せ。

【15】次のA，B，Cは，ある法律や条約の一部である。あとの各問いに答えよ。

A

「合理的配慮」とは，障害者が他の者との平等を基礎として全ての人権及び(　①　)を享有し，又は行使することを確保するための必要かつ適当な変更及び調整であって，特定の場合において必要とされるものであり，かつ，均衡を失した又は過度の(　②　)を課さないものをいう。

B

この法律は，発達障害者の(　③　)の適正な発達及び円滑な社会生活の促進のために発達障害の症状の発現後できるだけ早期に発達支援を行うとともに，切れ目なく発達障害者の支援を行うことが特に重要であることに鑑み，発達障害者が(　④　)を享有する個人としての(　⑤　)にふさわしい日常生活又は社会生活を営むことができるよう，発達障害を早期に発見し，発達支援を行うことに関する国及び地方公共団体の責務を明らかにするとともに，学校教育における発達障害者への支援，発達障害者の(　⑥　)，発達障害者支援センターの指定等について定めることにより，発達障害者の自立及び社会参加のためのその生活全般にわたる支援を図り，もって全ての国民が，障害の有無によって分け隔てられることなく，相互に人格と個性を尊重し合いながら共生する社会の実現に資することを目的とする。

C

第16条　国及び地方公共団体は，障害者が，その年齢及び能力に応じ，かつ，その(　⑦　)を踏まえた十分な教育が受けられるようにするため，可能な限り障害者である児童及び生徒が障害者でない児童及び生徒と共に教育を受けられるよう配慮しつつ，教育の内容及び方法の改善及び充実を図る等必要な施策を講じなければならない。

第18条　国及び地方公共団体は，障害者の(　⑧　)を尊重しつつ，障害者がその能力に応じて適切な職業に従事することができるようにするため，障害者の多様な(　⑨　)を確保するよう努めるとともに，個々の障害者の特性に配慮した職業相談，職業指導，職業訓練及び職業紹介の実施その他必要な施策を講じなければならない。

(1)　A，B，Cそれぞれの法律名や条約名を答えよ。

(2)　A，B，Cを制定又は締結された年代の古いものから順に並べよ。

(3)　文中の(　①　)～(　⑨　)に適する語句を次からそれぞれ1つ選び，記号で答えよ。

ア　バリアフリー　　イ　基本的自由　　ウ　整備

エ　身体機能　　オ　基本的人権　　カ　生命

キ	就労の支援	ク	特徴	ケ	特性
コ	工夫	サ	職業選択の自由	シ	合理的配慮
ス	負担	セ	心理機能	ソ	尊厳
タ	就職のあっせん	チ	就業の機会	ツ	生活
テ	充実	ト	就労に対する意欲		

解答・解説

【1】ア：学習(生活)　イ：生活(学習)　ウ：肢体不自由　エ：弱視　オ：難聴　カ：0.3　キ：拡大鏡　※ウ，エ，オは順不同

【2】②

解説 ①は発達障害者支援法の内容であるので誤り。　③は学校教育法の規定であるので誤り。　④は医学的な診断を重視してではなく，教育，心理学等も含めて総合的に判断しなければならないので誤り。

【3】(1)　学校教育法施行令　(2)　①　視覚障害者　②　0.3　③　聴覚障害者　④　60　⑤　知的障害者　⑥　意思疎通　⑦　援助　⑧　社会生活　⑨　肢体不自由者　⑩　補装具　⑪　筆記　⑫　医学的　⑬　病弱者　⑭　腎臓疾患　⑮　医療

解説 本問が「学習のポイント」で記した学校教育法施行令第22条の3である。

【4】(1)　c→b→e→d　(2)　①　ス　②　イ　③　キ　④　ソ　⑤　ア　⑥　ソ　⑦　サ　⑧　ウ　⑨　ケ　⑩　エ　⑪　ク

解説 (1)　bは平成17年4月1日(公布されたのは平成16年12月10日)，cは平成15年3月28日，dは平成20年7月1日，eは平成17年12月8日である。

【5】①

解説 ② 障害者自立支援法は学校において個別の計画を作成することは義務付けていない。 ③ 知的障害者福祉法は1960(昭和35)年に制定されている。 ④ 障害者の雇用の促進等に関する法律は，1960(昭和35)年に身体障害者雇用促進法という名称で制定され，1987(昭和62)年に現行の名称に改められた。文章の内容は，「子どもの権利条約」に関するものである。

【6】(1) A 5 B 2 C 4 D 9 (2) A 8 B 1 C 7 D 2 (3) A 1 B 5 C 2 D 9

解説 (1) 障害者基本計画(第4次)は，障害者の自立及び社会参加の支援等のための施策の総合的かつ計画的な推進を図るために策定されるものである。 A 障害のある子供の就学先については，本人・保護者の意見を可能な限り尊重し，教育的ニーズと必要な支援について合意形成を行うことを原則としている。 B・C 発達障害を含む障害のある幼児児童生徒の実態把握や支援方策の検討等を行うため，特別支援教育のコーディネーター的な役割を担う教員を「特別支援教育コーディネーター」に指名し，校務分掌に明確に位置付けることとされている。 D 就学時の健康診断は，その実施が市町村教育委員会に義務付けられている。治療の勧告，保健上必要な助言を行うとともに，適正な就学を図ることを目的としている。 (2) A・B 小・中学校等の通常の学級担任に求められる専門性については，一つ目に特別支援教育に関する基礎的知識(障害特性，障害に配慮した指導，個別の指導計画・個別の教育支援計画の作成・活用等)，二つ目に教育基礎理論の一環として，障害種ごとの専門性(障害のある幼児児童生徒の心理・生理・病理，教育課程，指導法)に係る基礎的知識として整理されている(文部科学省HPより)。 C 特別支援学校小学部・中学部学習指導要領(平成29年告示)の総則には，特別支援学校は特別支援教育のセンターとしての役割を果たすよう努めることが示されている。 D 平成19(2007)年から特別支援学校の制度が設けられたことに伴い，授業における個別支援，生活面・安全面に関する支援等のサポートを行ったりする「特別支援教育支援員」の活用が，障害に応じた適切な教育を実施する上で一層重要となってきた。 (3) A・B 特別支援学校等においては，今後はICTを活用した教材をこれまで以上に活用することにより，より効果的な学習支援につなげていくことが求められている。 C 文部科学省においては，「学校施設におけるバリアフリー化の加速に向けた緊急提言」(令和2年)をまとめた。その中では学校施設のバリアフリー化に対する支援策の充実，学校施設のバリアフリー化推進のための普及啓発や技術的支援，学校施設の周辺も含め多面的，一体的なバリアフリー化の推進などが提言されている。 D 特別支援学校教諭免許状については，当分の間，幼・小・中・高等学校の免許状のみで特別支援学校の教員となることが可能とされているが，専門性確保の観点から特別支援学校教諭等免許状保有率を向上させることが必要であるとされている。

【7】(1) ④ (2) 1 ② 2 ⑤ 3 ⑧ 4 ④ 5 ⑩

解説 (1) 「8 単位」ではなく「7単位」が正しい。 (2) 通級による指導は問題にもある学校教育法施行規則第140条が根拠となる。教育法規分野でも頻出であるため，対象となる障害を含めて全文暗記しておくことが望ましい。 高等学校における通級による指導を制度した背景として，小・中学校において通級による指導を受けている児童生徒の増加，高等学校における通級による指導の制度が未整備だったこと等があげられる。

【8】①

解説 イについて，「教科書バリアフリー法」によると，教科用特定図書等とは拡大教科書，点字教科書のほかに「その他障害のある児童及び生徒の学習の用に供するため作成した教材であって検定教科用図書等に代えて使用し得るもの」としており，具体的な名称は示されていない。ただし，文部科学省では教科用特定図書等の一つとして「音声教材」の普及を図っていることから，ここでは「音声教材」が適切と考える。

【9】(1)　○　　(2)　助言又は援助　　(3)　○　　(4)　文部科学大臣
(5)　寄宿舎　　(6)　都道府県

解説 学校教育法の第8章(第72～82条)は特別支援教育についての条文であるため，理解が不可欠である。 (2) 特別支援学校は地域の特別支援教育におけるセンター的機能を果たすことを求められており，地域の学校等や保護者に対し，障害のある児童生徒等の教育についての助言や援助を行うとしている。 (4) 日本の学校における教育課程は，文部科学大臣が「教育課程の基準」として公示する教育要領・学習指導要領に基づいて定められる。 (5) なお，訪問教育部とは，一般的に病気で入院している児童生徒の学習空白を解消するため，教員の派遣・授業の実施を行う部署を指す。 (6) 特別支援学校の設置義務は都道府県にある。

【10】②

解説 小・中学校等における同時双方向型授業配信については，文部科学省通知「小・中学校等における病気療養児に対する同時双方向型授業配信を行った場合の指導要録上の出欠の取扱い等について」(平成30年9月20日)を参照するとよい。②について，指導要録上の取扱い等上，「校長は，指導要録上出席扱いとすること及びその成果を当該教科等の評価に反映することができる」としている。

【11】⑤

解説 ⑤ 「障害のある児童及び生徒のための教科用特定図書等の普及の促進等に関する法律」によると，教科用図書等とは，視覚障害のある児童及び生徒の学習の用に供するための文字，図形などを拡大して検定教科用図書等を複製した図書，点字により検定教科用図書等を複製した図書，その他障害のある児童及び生徒の学習の用に供するため作成した教材であり，検定教科用図書等に代えて使用する。したがって，検定済教科書等と教科用著書をあわせて給与することはできないと考える。

【12】(1) ① A 7　B 4　C 1　D 6　② A 6　B 2　C 8　D 3　(2) A 2　B 4　C 6　D 7

解説 特別支援教育では，障害に関する法律が頻出なので十分な学習を必要とする。一般的に法の目的，その法律で使われている用語の定義が前(第1条など)にきている。あわせて，特別支援教育，または学校に関係する条文が頻出なので，少なくとも，それら3点の条文は暗誦できるぐらい学習することが望ましい。

【13】A 社会的　B 合理的

解説 障害を理由とする差別の解消の推進に関する法律は，国連の「障害者の権利に関する条約」の締結に向けた国内法制度の整備の一環として制定された。合理的配慮の具体例については文部科学省のホームページ等で学習しておきたい。

【14】(1) 発達障害者支援法　(2) ① ク　② イ　③ オ　④ カ　(3) A 自閉症　B 脳　C 早期　D 就労　E 特性　F いじめ

解説 法律は一般的に第1条で目的，第2条で用語の定義，第3条でその大まかな内容が示されていることが多い。また，前文があれば前文で，その法律の施行目的や成立背景が述べられているので，法律の大意を把握するには前文，および第1～3条ぐらいを見ればよい。本問では条文の空欄補充形式問題となっているので，条文内容を憶える必要があるが，出題されるのは本問のように前出の条文，および(障害者)教育に関する条文が一般的なので，過去問などで頻出の条文をチェックしておこう。なお，発達障害者支援法は「発達障害の早期発見」「発達支援を行うことに関する国及び地方公共団体の責務」「発達障害者の自立及び社会参加に資する支援」を主として，2005年に施行された法律である。

【15】(1) A 障害者の権利に関する条約(障害者権利条約) B 発達障害者支援法 C 障害者基本法 (2) 古 C → B → A 新 (3) ① イ ② ス ③ セ ④ オ ⑤ ソ ⑥ キ ⑦ ケ ⑧ サ ⑨ チ

解説 (1) ある法律や条約の一部から，それぞれの法律名や条約名を答えるには，何度も出てくる言葉に注目するとわかりやすい。この問題では，それぞれのキーワードとなる言葉として，A…合理的配慮，B…発達障害，支援，C…障害者，教育，職業，施策が挙げられる。Aの「障害者の権利に関する条約(障害者権利条約)」は，障害者の人権及び基本的自由の享有を確保し，障害者の固有の尊厳の尊重を促進することを目的として，障害者の権利の実現のための措置等について定める条約である。これは，平成25(2013)年に成立した「障害者差別解消法」の基となる条約である。「障害者差別解消法」は，障害を理由とする差別の解消を推進することを目的として制定された。Bは「発達障害者支援法」である。これは，それまで支援の対象外であった知的障害や，身体障害を伴わない注意欠陥多動性障害，学習障害，高機能自閉症，アスペルガー症候群などを支援の対象として定義した，画期的な法律である。発達障害の早期発見体制と学校や職場での支援体制に関わる施策について，都道府県市町村が責任を持って施行することを義務付け，「発達障害」の認知を広めた。Cは「障害者基本法」である。これは，国としての理念を示し，障害者の自立及び社会参加の支援等のための施策について，国と地方公共団体等の責務を定めた法律である。 (2) Aの「障害者権利条約」は，障害者の権利保護のための初の国際条約であり， 平成18(2006)年に国連総会において採択された。関連する法律である「障害者差別解消法」は，平成25(2013)年の成立である。併せて覚えておくこと。Bの「発達障害者支援法」は，平成17(2005)年に施行された。その後は，平成28(2016)年に改正されている。①発達障害者の支援は，社会的障壁を除去するために行うこと ②乳幼児期から高齢期まで切れ目のない支援を行うため，教育・福祉・医療・労働などが緊密に連携すること ③司法手続きで意思疎通の手段

を確保すること　④国及び都道府県は就労の定着を支援すること　⑤教育現場において個別支援計画，指導計画の作成を推進すること　⑥支援センターの増設を行うこと　⑦都道府県及び政令市に関係機関による協議会を設置すること　などがポイントとして改正された。Cの「障害者基本法」は，昭和45(1970)年に制定された心身障害者対策基本法が改定され，平成5(1993)年に施行された法律である。従って，古い順に並べるとC，B，Aとなる。　(3)　法律や条約は，教員採用試験において頻出問題である。そのため，基本となる法律や条約の特徴や内容をまとめておき，それぞれの関連付けも含めて，把握しておくとよい。

特別支援教育マスター　医学・生理学・病理学

教員採用試験においても，医学的・生理学的・病理学的知識を問う問題は毎年出題されているので，基本的事項はしっかりと学習しておく必要がある。まず，目や耳の構造，脳のしくみ，体の動きの基本となる骨や筋肉の構造，などはおさえておきたい。加えて，それぞれの障害の原因となる病名や疾患名，およびそれぞれの症状についても覚えておかなければならない。ただし，医学・生理学・病理学の細部にまでわたって学習することは困難であろう。そこで，まず第一に，障害別に各章が構成されている特別支援教育の概論書に目を通すと，各章には必ずそれぞれの障害に関する医学・生理学・病理学の基本的な事項について記されているので，その内容を覚えることが先決である。そのあとで，障害ごとに細かな内容の理解を深めていくと効果的であろう。

問題演習

【1】運動発達の過程でみられるモロー反射の記述として適切なものを，次の①～④から1つ選べ。

① 仰向けになると，体幹が反りぎみになり手足が伸びる傾向となり，うつ伏せにすると，体幹が丸くなり手足が曲がる傾向になる反射である。

② 仰向けに寝た状態で頭を持って，顔を左右のどちらかに回すと，顔の向いた側の手足が伸び，反対側の手足が曲がる反射である。

③ 大きな音などで驚いたときに，全身を反らせて，抱きつくように両腕を広げ，大きく口を開く反射である。

④ 抱き上げて体を支え，前方に落下させると，両手を伸ばし，手を開いて体を支えようとする反射である。

【2】平均聴力レベルが40〜60dBの聴覚障害の特徴の記述として最も適切なものを，次の①〜④から1つ選べ。

① 話声語を4〜5m，ささやき語を50cm以内で聞き取れるが，日常生活面では聞き返しが多くなる。

② 通常の話し声を1.5〜4.5mで聞き取れるので，言語習得前に障害が生じた場合でも，生活上の支障はそれほど大きくないが，学習上では，言語力不足が問題になる。

③ 通常の話し声を0.2〜1.5mで聞き取れるので，補聴器の装用が適正であれば，耳だけでの会話聴取が可能である場合もある。

④ 耳元30cmの大きな声は聞こえ，補聴器の装用によって会話を聴取できるが，聴覚のみでは理解できないことが多く，重要な内容の伝達ではメモの併用などが必要になる。

【3】知的障害とは，「発達期に起こり，知的機能の発達に明らかな遅れがあり，適応行動の困難性を伴う状態」をいうが，その内容の記述として適切なものを，次の①〜④から1つ選べ。

①「発達期」とは，知的障害の多くが胎児期，出生時及び出生後の比較的早期に起こることから，3歳以下と規定されることが一般的である。

②「知的機能の発達に明らかな遅れがある」とは，情緒面に同年齢の児童・生徒と比較して平均水準より明らかに遅れが有意にあるということである。

③「適応行動の困難性」とは，日常生活や社会生活，安全，仕事，余暇利用などについて，その年齢段階に標準的に要求されるまでには至っていないことである。

④「適応行動の困難性を伴う状態」は，環境的・社会的条件との関係で変わるものではなく，不変で固定的なものである。

【4】次の文は，脳と人体の構造や運動機能とその障害について述べたものである。文中の(　①　)〜(　⑤　)に入る語句の組み合わせとして最

も適切なものを，それぞれ下のa～eの中から一つずつ選びなさい。

脳性まひのうち，頸部と上肢に(　①　)がよく見られるものを(　②　)と呼ぶ。また，平衡機能の障害と運動の(　③　)なコントロールのための調節機能の障害を特徴とするものを(　④　)と呼ぶ。さらに，上肢や下肢を屈伸する場合に，鉛の管を屈伸するような抵抗感があるものを(　⑤　)と呼ぶ。

a	①　不随意運動	②　アテトーゼ型	③　微細
	④　失調型	⑤　固縮型	
b	①　脊髄反射	②　失調型	③　粗大
	④　固縮型	⑤　アテトーゼ型	
c	①　不随意運動	②　固縮型	③　粗大
	④　アテトーゼ型	⑤　失調型	
d	①　不随意運動	②　アテトーゼ型	③　微細
	④　固縮型	⑤　失調型	
e	①　脊髄反射	②　固縮型	③　微細
	④　失調型	⑤　アテトーゼ型	

【5】次のような聴覚障害のある児童に関して，あとの問いに答えよ。

平均聴力レベルは，右90dB，左101dBで，左右とも高音漸傾型である。右耳は，8000Hzで，左耳は，4000Hz以上が測定不能であった。聴覚障害以外の障害はない。

(1)　この児童のオージオグラムとして適切なものを，次の①～④から1つ選べ。

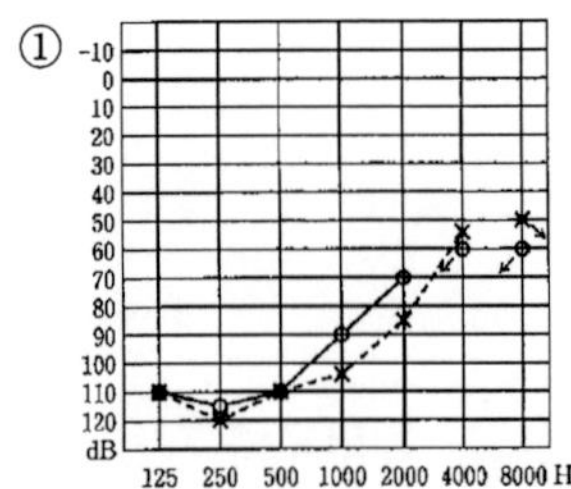

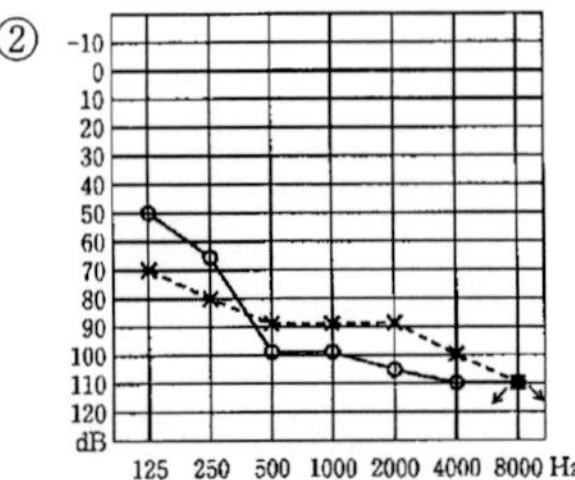

③ 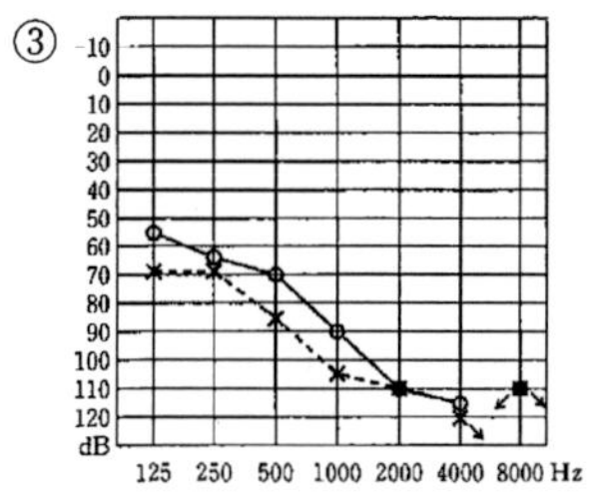

④ 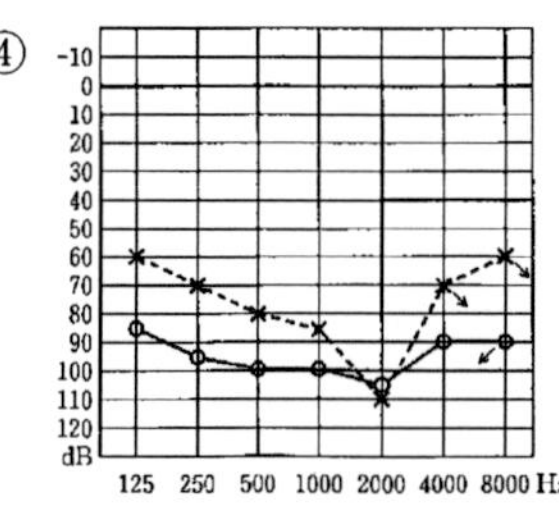

(2) この児童が有することができる身体障害者手帳の障害程度の等級として適切なものを，次の①～④から1つ選べ。

① 1級　② 3級　③ 4級　④ 7級

(3) この児童の聴力の程度に合わせた聴覚活用に関する指導の記述として適切なものを，次の①～④から1つ選べ。

① 補聴器を活用して聞くことには困難があるので，必要な時以外は，補聴器を装用させずに指導する。

② 口話による指導は難しいので，音声言語は用いず，指文字やキュード・スピーチ，手話のみで指導する。

③ 補聴器の活用効果が大きいので，耳への負担を考えると，音楽は聞かせず，必要な音だけを聞かせる。

④ 補聴器を活用して聞くことが可能なので，補聴器の適切な調整の下，指文字やキュード・スピーチ，手話なども併用する。

【6】眼疾患の特性とその配慮に関する記述として適切なものを，次の①～④から1つ選べ。

① 視神経萎縮は，暗順応に問題が見られ，夜盲を訴えるものが多いので，暗いところでの活動では，夜間歩行用強力ライトの使用などの配慮が必要である。

② 網膜色素変性症は，虹彩や眼底の低色素により，眼内に入った光がハレーションを起こすため，虹彩付きコンタクトレンズの装用等の配慮が必要である。

③ 白内障は，水晶体が混濁した状態となり，光の散乱により網膜像

が不鮮明になるので，コントラストの良い教材を準備するなどの配慮が必要である。

④　小眼球は，ぶどう膜欠損を伴い，視野の下半分の広い部分が見えないことが多いので，足下をよく見て歩くよう指導するなどの配慮が必要である。

【7】障害の状態に関する記述として適切なものを，次の①～④から1つ選べ。

①　プラダー・ウィリー症候群は，発達の退行が明瞭な障害で，行動の特徴として，常同行動があり，手もみや手を口に入れる，歯ぎしり，息止めや過呼吸などが目立つ。

②　レット症候群は，高機能の広汎性発達障害であり，早期の言語・認知発達に遅れはないが，年齢が上がっても，対人関係の乏しい傾向や執着的傾向などは残る例が多い。

③　ターナー症候群は，性染色体異常の疾患で，女性のみに限られ，通常，幼児期以降から低身長が目だちはじめるとともに，思春期では，二次性徴の遅れがある。

④　アンジェルマン症候群は，男児のみに起こる遺伝病であり，首がすわらず，1歳頃になると，興奮したり，緊張した時に体をひねったり，手足を突っ張ったりする動きが目立つ。

【8】次の記述ア～エは，脳性まひの病型別の随伴障害についての説明である。その内容の正誤の組合せとして最も適切なものを，あとの①～④のうちから選びなさい。

ア　痙直型：この型は知的障害，てんかん，視覚障害，言語障害などが随伴することもある。身体的には，成長につれて関節拘縮や脱臼・変形を来すことがよく知られている。

イ　アテトーゼ型：この型はしばしば色覚異常を伴う。身体的には，年齢が高くなると，けい髄症による頸部痛の他，上肢のしびれ感や筋力低下を訴えることがある。

ウ　失調型：この型は知的発達の遅れ，視覚障害を伴い，話し言葉が同じ調子になる等の特徴が見られることがある。

エ　固縮型：この型は知的発達の遅れ，皮膚症状を伴うことがよく見られる。

① ア－正　イ－正　ウ－誤　エ－誤
② ア－正　イ－誤　ウ－正　エ－誤
③ ア－誤　イ－正　ウ－誤　エ－正
④ ア－誤　イ－誤　ウ－正　エ－正

【9】聴覚器官についての記述として最も適切なものを，次の①～④から選べ。

① 耳小骨はキヌタ骨，ツチ骨，アブミ骨からなり，鼓膜の振動をテコの原理でさらに増幅して蝸牛に伝えている。

② 耳小骨と蝸牛は中耳に存在している。

③ 中耳や内耳に何らかの原因があって難聴になった場合は伝音難聴となるが，伝音難聴と感音難聴が併存する混合性難聴もある。

④ 耳管はのどに通じている管で中耳腔と外耳道の気圧に差が生じるように空気圧の調整をしている。

【10】次のオージオグラムで表された右耳，左耳それぞれの平均聴力レベルを求め，［ A ］及び［ B ］に記入せよ。また，[　ア　]に当てはまる適切な語句をあとの語群から選び，記号で答えよ。ただし，平均聴力レベルの算出方法は，国内で一般的に用いられている四分法によるものとする。(単位も記入すること。)

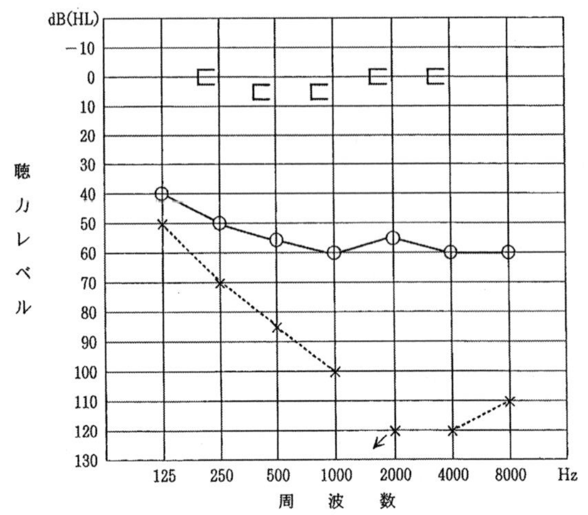

(1)　右耳(気導)の平均聴力レベル　A

(2)　左耳(気導)の平均聴力レベル　B

(3)　このオージオグラムから，被検者の右耳は[　ア　]であると考えられる。

《語群》

a　感音難聴　　b　伝音難聴　　c　混合性難聴

【11】てんかん発作の対応の記述ア～エについて，その内容の正誤の組合せとして最も適切なものを，あとの①～④から選べ。

ア　発作中は呼吸がしにくくなるため，衣服を緩めて呼吸がしやすい体位を取らせる。

イ　発作中は歯を食いしばることにより，口の中に入れた物を噛(か)みちぎったり，歯を折ったりすることがあるので，口の中にタオルなどを入れる。

ウ　発作が収束した後は，いびきをかいて深く眠ることが多いため，名前等を呼び掛けて意識をはっきりさせるようにする。

エ　意識なく動き回る(自動症)ときは，顔色などが良好であれば，刺激せずに安全面に配慮して見守る。

① ア－誤　イ－正　ウ－正　エ－誤
② ア－誤　イ－誤　ウ－正　エ－正
③ ア－正　イ－正　ウ－誤　エ－誤
④ ア－正　イ－誤　ウ－誤　エ－正

【12】次の文はある疾患について述べたものである。その疾患名を，下の①～⑤から1つ選べ。

筋肉が壊れていく遺伝性の疾患の総称で，症状は進行性の筋萎縮と筋力低下である。遺伝形式，症状，経過により幾つもの「型」に分類されている。代表的な型が男子にだけ症状が出るデュシェンヌ型である。デュシェンヌ型は3歳前後より，主に腰や臀部(でんぶ)の筋(腰帯筋)の筋力低下が現れ，歩き方がぎごちないとか，倒れやすいとか，階段上がりができないとか，運動能力の低下で気付かれることが多い。

① ウィリアムズ症候群
② 筋萎縮性側索硬化症
③ 脊髄性筋萎縮症
④ 筋ジストロフィー
⑤ アンジェルマン症候群

【13】肢体不自由について，次の(1)，(2)の問いに答えなさい。

(1) 次の表は，「障害のある子供の教育支援の手引」に示された，脳性まひの病型について，神経症状と随伴障害を述べたものである。[1]～[4]にあてはまる最も適当な語句を，以下の解答群からそれぞれ一つずつ選びなさい。

病型	特徴
[1]	上肢や下肢を屈伸する場合に，鉛の管を屈伸するような抵抗感があるもので，四肢まひに多い。この型は知的発達の遅れ，てんかんを伴うことがよく見られる。
[2]	手や足，特に足のふくらはぎの筋肉等に伸張反射が異常に亢進した状態が見られ，円滑な運動が妨げられていることを主な症状とする脳性まひの一群である。この病型に属する者には，知的障害，視覚障害，言語障害などが随伴することもあり，てんかんを伴うことがある。
[3]	バランスをとるための平衡機能の障害と運動の微細なコントロールのための調節機能の障害を特徴とする。この型は知的発達の遅れ，視覚障害を伴い，話し言葉が同じ調子になる等の特徴が見られることがある。
[4]	不随意運動を主な特徴とするサブタイプと筋緊張変動を主な特徴とするサブタイプの二つがある。この型には知能が高い者がしばしば見られる。意思疎通の面では，他者の話すことは理解できるが構音障害があるために，他者には聞き取りにくい。しばしば難聴を伴う。

<解答群>

① 失調型　② 固縮型　③ ベッカー型
④ 肢帯型　⑤ アテトーゼ型　⑥ 痙直型
⑦ 積極奇異型

(2) 次の文章は，「食に関する指導の手引－第二次改訂版－(平成31年3月)」に示された，肢体不自由のある児童生徒についての指導上の留意点について述べたものである。文章中の(ア)～(オ)にあてはまる最も適当な語句の組合せを，以下の解答群から一つ選びなさい。

自分に合った自助食器を使って食べることで，(ア)や意欲が高まります。そのためには，可能な限りその児童生徒に合った(イ)の工夫をした給食が提供できるよう，検討することが必要です。また，咀嚼や(ウ)がしやすくなる事前の(エ)など，とても有効です。(オ)など，専門家の診断や助言に基づき，食形態や指導方法について，保護者と学校の関係者間で十分な検討を行うことが重要です。

<解答群>

① ア 手指の操作性　イ 食事量
　ウ 嚥下　エ ガムラビング
　オ 言語聴覚士
② ア 見る機能　イ 栄養バランス
　ウ 発音　エ コミュニケーション
　オ 栄養士
③ ア 食べる機能　イ 食事量
　ウ 滑らかな舌の動き　エ 口腔マッサージ
　オ 栄養士
④ ア 見る機能　イ 食形態
　ウ 発音　エ コミュニケーション
　オ 歯科医
⑤ ア 手指の操作性　イ 栄養バランス

ウ　滑らかな舌の動き　　エ　ガムラビング
オ　歯科医

⑥　ア　食べる機能　　イ　食形態
ウ　嚥下　　エ　口腔マッサージ
オ　言語聴覚士

【14】病弱・身体虚弱について，次の(1)，(2)の問いに答えなさい。

(1)「病弱・身体虚弱教育」について述べたものとして，適当なものを次の①～④のうちから全て選びなさい。

①　病気等により，継続して医療や生活上の管理が必要な子供に対して，必要な配慮を行いながら教育を行っており，病院に隣接又は併設されている学校が多くあります。

②　学校と離れた病院においては，病院内に教室となる場所や職員室等を確保して，分校又は分教室として設置したり，病院・施設，自宅への訪問教育を行ったりしています。

③　治療等で学習空白のある場合は，グループ学習や個別指導による授業を行ったり，病気との関係で長時間の学習が困難な子供については，学習時間を短くしたりするなどして柔軟に学習できるように配慮しています。

④　入院中は，身体面の健康維持とともに，病気に対する不安感や自信の喪失などに対するメンタル面の健康維持のための学習が必要なため，自立活動のみで教育課程を編成します。

(2) 次の表は，「障害のある子供の教育支援の手引」に示された，病弱教育の対象となる病気等の説明についてまとめたものである。［ 1 ］～［ 5 ］にあてはまる最も適当な語句を，以下の解答群からそれぞれ一つずつ選びなさい。

病名	症　状
1	療養中の子供には，入院という生活上の大きな変化・長期間の療養のほか，副作用として脱毛等の外見の変化などを伴うことが多い。発達段階に応じた指導を展開することにより，子供の晩期合併症等への不安を軽減させ，QOL の向上につながるものにすることが大切である。
2	筋肉が壊死と部分的な再生を繰り返すことにより萎縮を生ずる遺伝性疾患の総称で，主症状は進行性の筋萎縮と筋力低下である。筋肉の機能低下により摂食・嚥下障害も起こるので，食べ物にとろみを付ける・細かく刻むなど調理方法を工夫することも必要である。学校生活では，残存機能を最大限に活かし，個性を伸ばすことが重要である。
3	非常に早い周期で気分の波が現れたり，そうかと思うと完全に症状が無くなる間欠期が，見られたりする場面もある。子供が情動不安定になっても，病気の症状のために自己制御が困難であるとの認識に基づいて，教員が子供の行動に振り回されずに，いつも変わらず落ち着いた態度で接することが求められる。
4	大量の蛋白尿により血清蛋白が減少する疾患で，むくみを認めることが多い。ステロイド薬の副作用として，ムーンフェイス，多毛，にきびなどの薬をやめれば治るものと，感染やショック，骨がもろくなる，緑内障や白内障などの目の障害，身長の伸びが抑制されるなどの，重大な合併症も存在する。過労やストレスも再発の誘因になることがあるため，合併症や副作用が存在する場合の配慮と同様に生活指導にも配慮が必要である。
5	発作を起こさないようにするには，発作を誘発する危険性の高い刺激を減らすことである。次に長期管理薬を毎日定期的に使用する。吸入ステロイド薬や抗アレルギー薬が中心で，発作がなくなっても継続する必要がある。運動などを継続することも重要である。夜間睡眠の障害や運動の制限，学校欠席などを余儀なくされている子供が多い。適切な医療的管理を継続できるようにするため，適宜教員等が指導するなどして，子供を支援する必要がある。

＜解答群＞

①　精神疾患　　②　糖尿病
③　ネフローゼ症候群　　④　肥満
⑤　悪性新生物　　⑥　気管支喘息
⑦　筋ジストロフィー　　⑧　川崎病

【15】視覚障害は，眼球及び視路(視神経から大脳視覚中枢までを含む。)で構成されている視覚機構のいずれかの部分の障害によって起こる。次の図は眼球の水平断面図である。下の(1)から(2)の問いに答えよ。

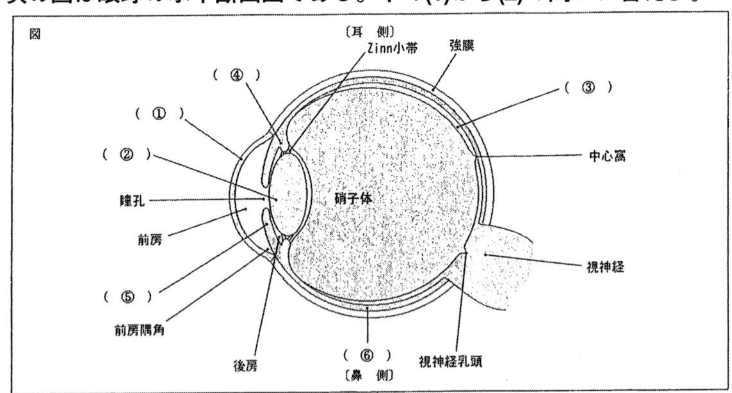

(1)　次のaからeの文は，図にある視覚器官の役割を述べたものである。図の(　①　)から(　⑥　)と，文aからeの(　①　)から(　⑥　)には

同じ語句が入る。(①)から(⑥)に当てはまる語句を下のア～シからそれぞれ1つ選び，記号で答えよ。ただし，同じ番号には同じ語句が入るものとする。

a (①)と(②)は透明で光線を屈折し，カメラのレンズの役割を果たす。

b (③)はフィルムに相当し，(③)にある視細胞のうち色や形を主として感じる錐体細胞は黄斑中心窩付近で，暗所で光を主として感じる杆体細胞は(③)中間部で密に配列している。

c ピント合わせは，(④)筋やZinn小帯の働きで，(②)の弾性により屈折力が変化して行われる。

d (⑤)，(④)，(⑥)は色素に富んでいて，眼球内部を暗箱にしている。

e (⑤)の働きで瞳孔径が大きくなったり小さくなったりするが，これはカメラの絞りに相当する。

ア 視索　　イ 黄斑部　　ウ 角膜　　エ 涙点
オ 脈絡膜　　カ 虹彩　　キ 毛様体　　ク 水晶体
ケ 外眼筋　　コ 内直筋　　サ 眼輪筋　　シ 網膜

(2) 次のAからCの文は視覚に関する疾患について述べたものである。AからCに当てはまる語句をあとのア～ケからそれぞれ1つ選び，記号で答えよ。

A 高度の夜盲症と進行性の視野狭窄を主症状とする遺伝性の病気である。進行の程度には個人差があり，高齢になるまで視力の良いものから，非常に早期に視覚障害となってしまうものまである。

B 先天性で子どもの生命にかかわることがある重篤な眼病である。出生直後から3歳ぐらいに両眼性または片眼性に発生し，瞳孔が猫の眼のように白く光ることから気づくことが多く，「猫眼」といわれる。

C 眼圧が高いために視神経繊維が障害され，視力，視野に障害をおこしたもので，放置すれば失明にいたる疾患である。先天性と後天性がある。

ア　緑内障　　　　イ　網膜色素変性症　　ウ　強度近視
エ　網膜芽細胞腫　オ　視神経萎縮　　　　カ　網膜黄斑変性症

解答・解説

【1】③

解説 ①は緊張性迷路反射の説明である。　②は(非対称性)緊張性頸反射の説明である。　④はパラシュート反射の説明である。

【2】②

解説 ①と③は平均聴力レベルが40dB以下の場合の説明である。　④は平均聴力レベルが60dB以上の場合の説明である。

【3】③

解説 ①にある発達期とは，18歳以前の時期である。　②の知的機能の発達の遅れとは，一般的な知能検査によって測定された知能が平均的な水準よりも明らかに低いと考えられる状態にあることをさす。
④の適応行動の困難性を伴う状態については，不変で固定的なものとは考えられていない。

【4】a

〈解説〉(1)　脳性まひはアテトーゼ型，痙直型，固縮型，失調型，混合型に分類される。頻度が高いのがアテトーゼ型と痙直型で，アテトーゼ型では四肢の不随意運動，筋緊張の変動などが見られ，知的発達は比較的保たれる。痙直型と固縮型では，四肢の動きが少なく，筋緊張が全体的に高く，知的発達の障害の程度は様々である。混合型は，アテトーゼ型と痙直型の症状をあわせ持つなど，2つ以上のタイプが同時に混在している場合を指す。

【5】(1) ③　(2) ②　(3) ④

解説 (3) ①は，補聴器を活用して聞くことが可能であり，常に補聴器を装用させる必要がある。②は，口話による指導が可能なので，音声言語を用いないのは間違い。③は「音楽は聞かせず，必要な音だけを聞かせる」が間違い。補聴器の効果が大きいので，むしろ様々な音を聞かせるようにする。

【6】③

解説 ① 網膜色素変性症の説明。② 白子症の説明。④ 小眼球では，視野の上半分の広い範囲が見えない。

【7】③

解説 ①の説明はレット症候群の症状である。プラダー・ウィリー症候群は低身長，乳幼児期の筋緊張の低さ，軽度から中度の知的障害，認知・情緒面の発達障害，過食と肥満といった点を特徴とする。②のレット症候群は広汎性発達障害の一つではあるが，乳児期に退行を生じ，症状は重く，高機能ではない。レット症候群の特徴は上述の通り①の記述にあるものだが，加えて女児のみにみられるという点も特徴的である。高機能の広汎性発達障害で，記述内容に該当するのはアスペルガー症候群である。④の記述はレッシュ・ナイハン症候群のものである。アンジェルマン症候群は重度の知的障害，言語発達の遅れ，動作や平衡の異常を特徴とする。腕を上げながら歩くことがあり，操り人形様歩行と言われる。多幸感があり，何もないときでも笑うことがある。

【8】②

解説 脳性まひは，筋緊張や姿勢の違いからいくつかの病型に分けられる。アテトーゼ型の大きな特徴は，筋緊張の制御が難しいことにより，不随意運動が生じることであり，「色覚異常を伴う」は誤りである。固縮型は，関節の多動運動に対する抵抗が鉛を曲げるように強いという特徴をもつ。問題文では「皮膚症状を伴う」という部分が誤りとなる。

【9】①

解説 ② 耳小骨は中耳に存在しているが，蝸牛は内耳に存在している。

③ 伝音難聴は外耳や中耳で構成される伝音器の障害が原因であり，感音難聴は内耳や聴神経などで構成される感音器の障害が原因である。そして，伝音難聴と感音難聴が混合したものを混合性難聴という。

④ 耳管は中耳腔と上咽頭をつなぐ管であり，中耳腔内と外気の気圧を調整するはたらきがある。

【10】(1) A 58dB (2) 103dB以上 (3) b

解説 (1)～(2) オージオグラムの「○(右)・×(左)」は気導聴力検査の結果，上にある長方形の横一辺をとったような形は骨導聴力検査の結果である。また，平均聴力の算出では四分法が一般的であり，算式は$\frac{500\text{Hz}+(1000\text{Hz}\times 2)+2000\text{Hz}}{4}$である。したがって，右耳の平均聴力レベルは，$\frac{55+60\times 2+55}{4}=57.5$〔dB〕となる。一方，左耳では2000Hzでスケールアウトがみられる。この場合，その値(120dB)に5Hzを加えて平均聴力を算出し，結果の数値の最後に「以上」と記載する。したがって，$\frac{85+100\times 2+125}{4}=102.5$〔dB〕以上，となる。

(3) 骨導聴力検査結果で聴力の低下はみられないことから，伝音系の異常による伝音性難聴であることがわかる。感音性難聴の場合，骨導・気導ともに聴力の低下がみられ，その値はおおむね一致する。混合性難聴でも，骨導での聴力の低下がみられる。

【11】④

解説 イ てんかん発作時には，呼吸をするため気道の確保を優先しなければならないが，口の中にタオルを入れると，そのタオルで窒息してしまう可能性があるので入れないほうがよい。 ウ てんかん発作後，いびきをかいて眠った場合は，そのままにしてもよい。ただし，眠りが2～3時間を超える場合は救急車を要請するといった対処が必要になる。

【12】④

解説 筋ジストロフィーはデュシェンヌ型のほかに，ベッカー型，福山型，筋強直性型などがある。なお，ウィリアムズ症候群は7番染色体の一部欠損が原因であり，視空間に関連する課題の遂行に支障が生じることがある。筋萎縮性側索硬化症(ALS)とは，手足・のど・舌の筋肉や呼吸に必要な筋肉がだんだんやせて力がなくなっていく病気である。脊髄性筋萎縮症(SMA)とは，脊髄の運動神経細胞(脊髄前角細胞)の病変によって起こる神経原性の筋萎縮症で，ALSと同じ運動ニューロン病の範疇に入る病気であり，体幹や四肢の筋力低下，筋萎縮を進行性に示す。アンジェルマン症候群は15番染色体が原因であり，知的発達の遅れのほか，言語障害，歩行失調，笑い発作などが伴う。

【13】(1) 1 ② 2 ⑥ 3 ① 4 ⑤ (2) ⑥

解説 (1) 固縮型は「鉛の管を屈伸するような抵抗感」，痙直型は「足のふくらはぎの筋肉等に伸張反射が異常に亢進した状態が見られる」，失調型は「平衡機能と調整機能の障害」，アテトーゼ型は「不随運動を主な特徴とするサブタイプと筋緊張変動を主な特徴とするサブタイプの二つがある」が特徴といえる。なお，③ベッカー型と④肢帯型は筋ジストロフィー，⑦積極奇異型はアスペルガー症候群の型である。(2) 食形態や嚥下については言語聴覚士の専門である。ガムラビングとは，指を口に入れて行う歯ぐきのストレッチのことである。

【14】(1) ①，②，③ (2) 1 ⑤ 2 ⑦ 3 ① 4 ③ 5 ⑥

解説 (1) ④ 入院中の場合，病院内にある特別支援学級に通うことがある。各教科の他，健康の回復・改善等を図るための自立活動の指導も行われている。 (2) なお，⑧川崎病は，乳幼児期に好発する小児の代表的な後天性心疾患で，発熱や目の充血，唇の発赤，発疹などの症状が現れる。冠動脈瘤と合併すると長期的な内服薬の使用や，運動制限などが必要となる場合もある。

【15】(1) ① ウ　② ク　③ シ　④ キ　⑤ カ
⑥ オ　(2) A イ　B エ　C ア

解説 (1)　眼に関する問いで最も難しいのは膜の位置についてであろう。前房を覆っているのは角膜であり，眼球内の最も内側に位置しているのが像を映す網膜，最も外側に位置するのは脈絡膜である。

(2)　Aの網膜色素変性症は発症してから視力が落ちていく，進行性の疾患という特徴を持つ。Bの網膜芽細胞腫は網膜にできる悪性の腫瘍であり，腫瘍に光が反射することで瞳孔が白く光る。Cの緑内障は進行が急速で，永続的な視覚障害を起こすことがある。なお，ウの強度近視は先天的な強度屈折異常により，目を近づけても鮮明に見ることができない疾患。オの視神経萎縮は視神経乳頭が蒼白化し，視力の低下や視野欠損がみられる疾患。カの網膜黄斑変性症は，網膜細胞の毛細血管が異常な発達を見せる疾患。キの未熟児網膜症は予定日よりも早く生まれた乳児で網膜の異常な発達が見られる疾患。クの小眼球は，先天的に眼球の小さい疾患。ケの白内障は，水晶体が白濁してしまうことにより視界が濁る症状の疾患である。

●書籍内容の訂正等について

弊社では教員採用試験対策シリーズ（参考書，過去問，全国まるごと過去問題集），公務員試験対策シリーズ，公立幼稚園・保育士試験対策シリーズ，会社別就職試験対策シリーズについて，正誤表をホームページ（https://www.kyodo-s.jp）に掲載いたします。内容に訂正等，疑問点がございましたら，まずホームページをご確認ください。もし，正誤表に掲載されていない訂正等，疑問点がございましたら，下記項目をご記入の上，以下の送付先までお送りいただくようお願いいたします。

① **書籍名，都道府県（学校）名，年度**
（例：教員採用試験過去問シリーズ　小学校教諭 過去問　2025 年度版）
② **ページ数**（書籍に記載されているページ数をご記入ください。）
③ **訂正等，疑問点**（内容は具体的にご記入ください。）
（例：問題文では“ア～オの中から選べ”とあるが，選択肢はエまでしかない）

〔ご注意〕
○ 電話での質問や相談等につきましては，受付けておりません。ご注意ください。
○ 正誤表の更新は適宜行います。
○ いただいた疑問点につきましては，当社編集制作部で検討の上，正誤表への反映を決定させていただきます（個別回答は，原則行いませんのであしからずご了承ください）。

●情報提供のお願い

協同教育研究会では，これから教員採用試験を受験される方々に，より正確な問題を，より多くご提供できるよう情報の収集を行っております。つきましては，教員採用試験に関する次の項目の情報を，以下の送付先までお送りいただけますと幸いでございます。お送りいただきました方には謝礼を差し上げます。
（情報量があまりに少ない場合は，謝礼をご用意できかねる場合があります）。

◆あなたの受験された面接試験，論作文試験の実施方法や質問内容
◆教員採用試験の受験体験記

送付先	○電子メール：edit@kyodo-s.jp ○FAX：03-3233-1233（協同出版株式会社　編集制作部 行） ○郵送：〒101-0054　東京都千代田区神田錦町2-5 協同出版株式会社　編集制作部 行 ○HP：https://kyodo-s.jp/provision（右記のQRコードからもアクセスできます）	

※謝礼をお送りする関係から，いずれの方法でお送りいただく際にも，「お名前」「ご住所」は，必ず明記いただきますよう，よろしくお願い申し上げます。

教員採用試験「過去問」シリーズ

奈良県の
特別支援学校教諭 過去問

編　集　　© 協同教育研究会

発　行　　令和6年3月25日

発行者　　小貫　輝雄

発行所　　協同出版株式会社

〒101-0054　東京都千代田区神田錦町2 - 5

電話　03ー3295ー1341

振替　東京00190ー4ー94061

印刷所　　協同出版・POD工場

落丁・乱丁はお取り替えいたします。